我与皇帝侃大山系列

成功无借口

我与赵匡胤侃机遇

姜正成◎主编

中国财富出版社

图书在版编目（CIP）数据

成功无借口：我与赵匡胤侃机遇 / 姜正成主编. —北京：中国财富出版社，2015.1

（我与皇帝侃大山系列）

ISBN 978-7-5047-5044-0

Ⅰ. ①成…　Ⅱ. ①姜…　Ⅲ. ①赵匡胤（927～976）-生平事迹-通俗读物　Ⅳ. ①K827=441

中国版本图书馆 CIP 数据核字（2013）第280244号

策划编辑　宋　宇　　　**责任印制**　方朋远
责任编辑　于　淼　宋　宇　　　**责任校对**　饶莉莉

出版发行　中国财富出版社
社　　址　北京市丰台区南四环西路188号5区20楼　　**邮政编码**　100070
电　　话　010-52227568（发行部）　010-52227588转307（总编室）
　　　　　　010-68589540（读者服务部）　010-52227588转305（质检部）
网　　址　http://www.cfpress.com.cn
经　　销　新华书店
印　　刷　北京柯蓝博泰印务有限公司
书　　号　ISBN 978-7-5047-5044-0 / K · 0140
开　　本　710mm × 1000mm　1/16　　**版　　次**　2015 年 1 月第 1 版
印　　张　15.25　　**印　　次**　2015 年 1 月第 1 次印刷
字　　数　227千字　　**定　　价**　36.00元

前　言

在人生道路上，成功与个人的努力是密不可分的，更与机遇有着千丝万缕的联系。有人说，人生的道路虽然很漫长，但关键的地方就那么几步。在那些关键时刻，对机遇的捕获能抵得上平时几次、几十次的努力，一年的奋争能抵得上几年甚至十几年的、几十年的奋争。从这一意义上讲，在关键时刻把握住人生就实现了人生的飞跃。

思路决定财路。只要做一个有心人，就能在别人看不到希望的地方，发现闪光的机遇；就能在别人认为不可能出现奇迹的地方，创造出奇迹；就能在不起眼的平凡小事上，做出不平凡的辉煌成绩。

成功离不开机遇。当机遇蓦然降临时，敏锐的头脑就显得更为重要。机遇总是照顾那些有心人，它总是在那些无意留心的人身边匆匆溜走。当然，有心还要有魄力，假如你觉得这是一个机遇，却总是瞻前顾后，犹豫不决，生怕失败了会血本无归，那么，你怎样期待它停留下来都是无济于事的。有些人认为，一些人之所以不能成功，并不是因为没有机遇，并不是得不到命运之神的垂青，而是因为他们太大意了。他们的大意使他们的眼睛浑浊而呆滞，因而机遇一次一次地从他们的眼前溜走而自己却浑然不觉。

对于某些想要成功的人来说，要想捕捉机遇，就必须擦亮自己的眼睛，只有这样，才能够在机遇到来的时候伸出自己的双手。成功的人之所以能够每每抓住成功的机遇，完全是因为他们在生活中处处都很留心，他们具有一双捕捉机遇的慧眼，当机遇来临的时候能迅速地做出反应，从而把机遇牢牢地抓在自己的手里。

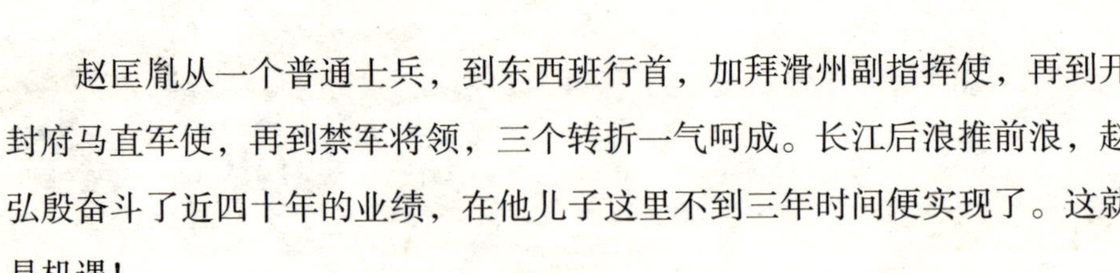

赵匡胤从一个普通士兵，到东西班行首，加拜滑州副指挥使，再到开封府马直军使，再到禁军将领，三个转折一气呵成。长江后浪推前浪，赵弘殷奋斗了近四十年的业绩，在他儿子这里不到三年时间便实现了。这就是机遇！

这种机遇很多人一生中都遇不到，而机遇面前，赵匡胤牢牢地把握住了，他步步为营，一点一点地将机遇转化为现实。他敏锐地观察着形势，妥当地控制着政局，按照自己的意志，一扫前朝弊政，振兴天下，振兴民生！

人生充满了机遇，谁抓住了机遇，谁就占有了先机，成功的大门就会向他敞开。跑道上的第一步很可能意味着最后的领先，也许可以决定你一生的成败得失，关键是你是否敢于伸出双手，抓住机遇。

机遇是可遇而不可求的，往往比才干更重要。一个人由于有了机遇，往往在短时间内就可以完成一生中的历史性转变。

我们对赵匡胤的发展历程进行了简要的整理，对其中能够给予我们现今时代的人以启迪的部分加以解析，希望广大读者通过对本书的阅读，能够透过历史，对赵匡胤的人生选择以及对时机的利用有所感悟，并且能够从中吸收有益于自己发展的东西，进而指导自己的人生发展之路。

目　录

第一章　把握当下，让人生与机遇结缘

一个人想要获得成功，就要在建立梦想的基础之上不断充实自己，不断发展自己，这就是我们要谈到的个人发展之路。纵观历史，每一个伟人都有自己的发展之路，可能有与人相同的方面，也可能有自己的独到之处，但是这并不重要，重要的是我们要从它们的发展之路上学习什么。

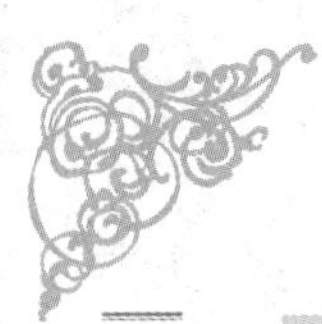

第二章 卓越品质，开启机遇之门

从某方面来说，机遇就是财富。谁拥有了机遇，谁就拥有财富。其实人与人之间之所以有如此大的差别是因为对待机遇的态度不同。或许那些成功的人不是最聪明的人，但他们却是善于抓住机遇的人。因此，如果你想要成为一名成功人士，就需要抓住每一次机遇，甚至还要创造机遇。

第三章 敢于拼搏，赢得有利机遇

“机遇面前人人平等”这句话，常常被人提起，并被广泛接受。但事实上，机遇并不是普洒甘露的慈善家，只有那些善抓机遇勇于拼搏者，才能最终赢得机遇的青睐，并通过奋勇拼搏开创新局面。

第四章 顺应时代，宽厚“理”天下

赵匡胤是一位宽厚和易的天子，他胸怀宽广，具有雄才伟略，依靠着自己的实力一步一步走向成功。在治理国家的过程中，他又能把握时代的潮流，以宽厚管理天下，其成功的经历很值得后人学习。

第五章 巧用机遇，曲径通“权”道

曾经有很多人都认为一旦没有了权力，什么都会成了泡影。因此，他们为了实现自己的理想，首先要做的就是争取权力。在日常生活中，这种现象极为普遍，有时候不想与别人争，但是还是要沦为别人权力之争的牺牲品，出现“我不杀伯仁，伯仁却因我而死”的局面。纵观历史，赵匡胤就是一位很会利用权力的帝王，他不仅可以准确把握时机，而且还能在把握时机之后很好地经营自己所取得的成果。

第六章 选准时机，用尽天下良才

明君治国，人才为本。赵匡胤的用人方针是知人善任，选贤任能，以忠诚为根本原则。他认为只有重用贤才，才能治理好国家，忠臣是明君的明镜，奸臣是误国的小人，用人不问出处，凡是有才能的人，都有机会得到重用。现代社会，用人同样重要，无论是一个企业，还是一个国家，或者是个人的发展，都离不开人才的帮助。

第七章 严明纪律，创造发展良机

纪律是在一定社会条件下形成的、一种集体成员必须遵守的规章制度、条例的总和，是要求人们在集体生活中遵守秩序、执行命令和履行职责的一种行为规则。纪律是一切制度的基石，组织和团队要长久生存和发展的重要维系力量就是团队纪律。严明有序的纪律，可以为企业带来发展的良机。

第一章 DI YI ZHANG 把握当下，让人生与机遇结缘

一个人想要获得成功，就要在建立梦想的基础之上不断充实自己，不断发展自己，这就是我们要谈到的个人发展之路。纵观历史，每一个伟人都有自己的发展之路，可能有与人相同的方面，也可能有自己的独到之处，但是这并不重要，重要的是我们要从它们的发展之路上学习什么。

胸怀理想，立志高远

理想是指路明灯，没有理想就没有坚定的方向，没有方向就没有成功的人生。古往今来，有无数杰出人物胸怀梦想，立志高远，引领自己光辉的人生历程，成就千秋帝业，青史留名，用自己卓越的贡献在人们心中树起了不朽的丰碑。古代帝王中，赵匡胤在小的时候就有一统天下的理想。

927年3月21日，时令已是仲春，乍暖还寒，阵阵北风吹来，仍使人觉得寒意逼人。

这本是极为寻常的一天，但是对于洛阳夹马营赵氏府第来说，这一天却不同寻常。恐怕谁也没有想到，就是在这座不太起眼的府第中发生的一件极为平常的事，会对后来的中国历史产生巨大的影响。

此时，整个府第都笼罩在一片紧张不安的气氛中。仆从们轻手轻脚忙碌有序地进出着，而客厅中的家主赵弘殷，听着内室里夫人由于临产的阵痛而一声紧似一声的呻吟声，不禁忧心如焚，坐立难安。历代帝王中，多数的皇帝出生都会有一些祥瑞的记载，赵匡胤作为封建皇权的拥有者，当然少不了这方面的记载。

据历史记载，赵匡胤出生时，有像太阳光一样的红光环绕产房，并且有异香扑鼻，经月不散，连续三天，这个刚出生幼儿的身体上闪耀着金光。赵弘殷夫妇经过再三斟酌，给自己的孩子起了个乳名：香孩儿。

赵匡胤11岁时（937年），杜氏又生一子，取名匡义，后避宋太祖讳，改为光义。十分有趣的是，这又是一个“香孩儿”。《宋史·太宗本纪》称，赵光义出生的那个夜晚，“赤光上腾如火，闾巷闻有异香”。

《宋人轶事汇编》还杜撰了这样一个故事：某日，溃兵逃至夹马营，烧杀掠抢，无恶不作。其时，赵弘殷外出，只有杜氏带着赵匡胤、赵光义兄弟二人在家。为避兵祸，杜氏用箩筐担着兄弟二人逃出夹马营，路上遇到隐士陈抟，他一眼看见坐于箩筐中的赵家两兄弟，仰天长歌道："莫道当今无天子，都将天子上担挑。"意即杜氏一担挑着两个天子。赵光义即后来的宋太宗，一母生二帝虽属罕见，但以上记载，只能姑且听之，因为此等离奇的故事很难找到事实上的依据，那位奇人陈抟也不大会有如此高远的预见。

赵光义小的时候，特别爱看书，但是赵匡胤却不是。或许是受家庭的影响，赵匡胤从小就喜欢习武，最不爱看的就是书本。他不喜欢整天坐在学堂之中听私塾先生去讲那些了无生趣的东西，他喜欢舞枪弄棍，骑马奔腾，在他看来，外面的世界要远远比学堂有趣得多。赵匡胤读书的时候从来都是心不在焉的，当私塾先生陈学究提问的时候从来都不知所云，受到训斥的时候，他心里特别不是滋味。也正因为如此，赵匡胤才如此讨厌私塾教学。这种情况让陈学究也不知道如何是好，只能感叹道："孺子不可教也！"在赵家搬到汴梁之后，陈学究也曾经被招去当门客，但是赵匡胤对其爱搭不理。在赵匡胤登上皇位之后，陈学究仍至陈州村舍开馆聚徒教书为业。当时，他的弟弟赵光义却喜欢与陈学究谈论事情，这令赵匡胤很生气，于是就给他一些钱财，让他走了。没想到迂腐的陈学究在路上遇到了强盗，所有的钱财都被抢光了，此后，陈学究只好重操旧业，继续过着平淡的生活，后来他独自饮闷酒，在醉倒之后就再也没有醒过来。

在陈学究的私塾里，赵匡胤并没有学到什么东西，他讨厌那种没有生气的学习环境和老师，觉得听陈学究讲课比受罪还痛苦。在放学之后，赵匡胤就变得活泼起来，他把那些私塾里的同学组织起来，然后排成一队，让他们喊着口号整齐前行。这些学生就如同是将要出征的士兵，而赵匡胤像是一名带军的将领。走在大道上，围观的群众都敬佩这个领队小孩子的能力。此时是赵匡胤最高兴的时候，俨然是一个小大人，他已经忘记了自己所受的呆板说教，也忘记了陈学究冷冰冰的面孔，他希望自己将来可以

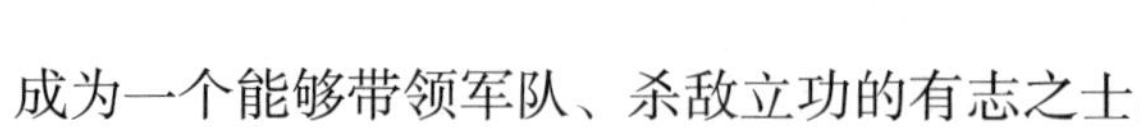

成为一个能够带领军队、杀敌立功的有志之士。

赵匡胤幼年的时候，特别喜欢玩游戏，其中最为钟爱的是斗草。每当春夏草长高的时候，赵匡胤就会跟小伙伴们到草地上拔草，然后每人手持数茎，勒在一起比输赢。那个时候为了赢，赵匡胤就会细心选取那些韧性强、抗拉拽的草。由于他每次都能赢，小伙伴们都非常羡慕他。

除了玩草之外，赵匡胤对斗蟋蟀也非常感兴趣。在他小的时候，洛阳城中的蟋蟀有很多，当时卖蟋蟀的主要是乡民，他们以此来往为生。但是，赵匡胤所玩的蟋蟀不是买来的，而是自己捉来的。每当抓蟋蟀的时候，赵匡胤都会准确地找到蟋蟀的藏身之处，然后悄悄地走近，迅速地抓住它们。每次抓完之后，赵匡胤就会跟小朋友开斗场，一边用草棍逗弄陶罐中的蟋蟀，一边观看两蟋蟀相斗。玩得高兴的时候，他也会大喊起来，如果斗赢了，他会高兴地跳起来。

在离赵匡胤家不远的地方有一与真马大小相近的石马，半身露出地面上。听这里的老人说，这尊石马已经在这里埋藏很久了，是古时一位大将军宅邸前的雕塑。这个将军成绩显赫，在当时也是大众眼中的英雄。当时，将军的坐骑是天下少有的良骥，每次作战的时候都可以灵活处理事情，为主人尽力，所以在这匹马的陪伴下，他在很多战争中获胜了。对于这匹马，将军充满了喜爱和尊敬。但是，在一次战事中，此马却中了从暗中射来的毒箭，等到它驮载着将军冲出重围时，却因箭毒发作死去了。将军特别痛苦，为了表达对其的思念，他命令人仿照那马的样子雕刻了这尊石马，将雕像立在门前，每天都能看到它，俨然它还在自己身边。

这个英雄故事深深地打动了赵匡胤幼小的心灵，对那位不知名的大将军和那匹通人性的战马怀有深深的敬慕之情。每至这石马前，他总要伫立有顷，浮想联翩，威武悲壮的一幕如在眼前。他还不止一次地骑在这石马上，遥想战马当年，耳畔似有杀声响起。此时，他内心中便平添了几分对战场的向往，他痴迷地憧憬着，将来有一天他也要骑上一匹这样的战马，冲杀于刀光剑影的沙场，建立绝不逊色于那位大将军的英雄业绩！

赵匡胤小时候的这些兴趣与爱好，就体现出他将来就是一个不凡的

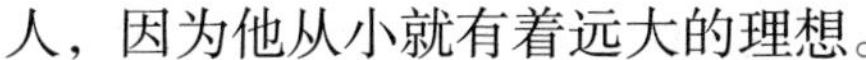

人，因为他从小就有着远大的理想。

周恩来12岁时就有远大的理想，“为中华之崛起而读书”的铮铮誓言就是他理想的体现；毛主席风华正茂时，书生意气，挥斥方遒，指点江山，激扬文字，曾充满豪情地写下：“江山如此多娇，引无数英雄竞折腰。惜秦皇汉武，略输文采，唐宗宋祖，稍逊风骚。一代天骄，成吉思汗，只识弯弓射大雕。俱往矣，数风流人物，还看今朝。”这是怎样的一种气魄啊！有了“数风流人物，还看今朝”的远大理想，毛主席在无数的艰难困苦中前行，超越苦难，点亮了自己的一生，当然，他的千秋功业更点亮了中国的未来。

理想是行动的方向，理想是行动的指南。作为现代的我们，每个人都应该带着梦想上路，为了梦想的实现而努力。人生无搏不精彩，我们从小就会有许多五彩斑斓的梦想，并为未来勾画着一个个美丽的蓝图。如何拥有一个成功的人生，这是人人都向往的。人因理想而伟大，人更因实现梦想而快乐，没有人可以阻碍我们成功，使我们倒下的只有我们自己，在自己努力的奋斗过程中，一定要相信：自己就是奇迹。

在实现理想的过程中，我们应该认识到：实现理想的过程一定不是一帆风顺的，孤独、寂寞、挫折、苦难、失意等总是如影随形，《孟子》曾说道：“天降将大任于斯人也，必先苦其心志，劳其筋骨，饿其体肤，空乏其身，行拂乱其所为，所以动心忍性，增益其所不能。”没有各种苦难的磨砺又怎么会有能力的提升？没有刻骨铭心的疼痛怎么能够成就珍珠的璀璨光泽？一颗坚定的、勇往直前的心一定能够支持你乘风破浪，披荆斩棘，走向成功的终点。

人生就是一个不停奋斗的过程，奋斗就需要有理想和目标，只有胸怀理想，才能实现人生的成功和跨越。人的一生，要像一直追求远方的飞鸟一样，要飞越白雪皑皑的雪山，穿过一望无际的大海，翱翔在那碧蓝如洗的天空。在你领略过人生的风景后，终有一天，你会到达成功的彼岸，让你亲手摘下那梦想中胜利的果实。这就是成功的历程，这就是理想实现的历程！

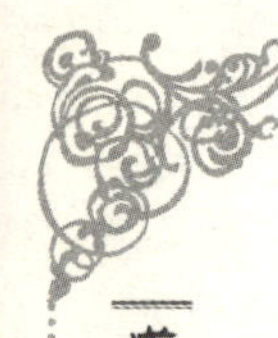

成功就是每天在各方面持续不断地进步一点点，每天进步一点点就是卓越的开始，每天创新一点点是领先的开始，每天多做一点点是成功的开始。只要你愿意在任何条件下都不放弃超越的信念，用理想作基础，以行动为梦想护航，相信一定会“长风破浪会有时，直挂云帆济沧海”。

坚忍执着，百折不挠

坚忍执着是一种非凡的意志力，它是帮助一个人面对反复失败后的失落以及跨越成功路上的无数阻碍的重要法宝。在无数成功者的性格词典里，“顽强的意志”无疑是他们迈向成功的可贵性格之一。赵匡胤在少年的时候就具备着这种百折不挠的精神。

少年赵匡胤看上去根本不像个儒雅文弱的学子，他长得很像他的父亲，身体强壮，个子很高，力气很大，天生适合耍刀弄枪。《宋史·宋太祖本纪》这样描述道：“既长，容貌雄伟，器度豁如，识者知其非常人。”

赵匡胤很会骑马，他骑马时往往不配马鞍和笼头，连他的父亲也自叹不如。曾有一匹尚未驯化的烈马，一般人很难接近它。赵匡胤听闻，决定去试一试。他把这个想法讲给了父亲，父亲赵弘殷先是摇头不允，后来，经不住儿子的百般缠磨，只好勉强答应下来。

小匡胤镇定自若地走近了那烈马，他先是用征服者的目光将那马审视了一回，然后趁其不备，飞身而上，稳稳地骑在马背上。这时，烈马被激怒了，“咴咴”地吼叫着，四蹄猛烈地腾踏，试图将小匡胤甩下来，小匡胤却用两腿紧紧夹住马腹，任凭烈马怎样折腾，岿然不动。烈马又使出全身力气拼命奔跑，赵匡胤照样镇定自若。不甘役使的烈马又奔向城门内，赵匡胤因来不及防备，一头撞在城楼门楣上，被烈马甩出几丈之外。在场的人都惊呆了，赵弘殷更是惊骇万分，以为儿子头已撞碎，定死无疑。正在这时，奇迹出现了：只见赵匡胤从容地从地上站了起来，“更追马腾上，一无所伤”。

《宋史》的这段记述可谓惊心动魄，足见其骑术不凡，性情坚毅。由此我们可以想见，赵匡胤从小便不惧艰险，不甘服输，有着强烈的征服欲和百折不挠的奋争精神，只要是他认定了的目标，一定要勇猛向前，努力实现。可见赵匡胤从小就有着坚忍的品质。

坚忍勇敢，是所有伟人的共同特征。没有坚忍品质的人，不敢抓住机会，不敢冒险，一遇困难，便会自动退缩；一获小小成就，便感到满足。

有人曾说，在所有成功的要素中，一个人的性格是否坚忍至关重要。

在世间，有无数因坚忍而成功的事实：坚忍可以使柔弱的女子们养活她们的全家；使穷苦的孩子努力奋斗，最终找到生活的出路；使一些残疾人也能够靠着自己的辛劳，养活他们年老体弱的父母。除此之外，山洞的开凿、桥梁的建筑、铁道的铺设等，没有一件事不是靠着坚忍而成功的。人类历史上最大的功绩之一——美洲新大陆的发现也要归功于开拓者的坚忍。

秉性坚忍，是成大事立大业者的特征。这些人获得巨大的成就，也许没有其他卓越品质的辅助，但肯定少不了坚忍的特性。坚忍使从事苦力者不厌恶劳动，使终日劳碌者不感到疲倦，使生活困难者不感到沮丧，从而使他们战胜困难，走向成功。

以坚忍为资本而终获成功的人，比以金钱为资本而获得成功的人要多得多。人类历史上全部成功者的故事都足以说明：坚忍是克服贫穷的最好药方。

已故的克雷吉夫人说过：“美国人成功的秘诀，就是不怕失败。他们在事业上竭尽全力，毫不顾忌失败，即使失败也会卷土重来，并立下比以前更坚忍的决心，努力奋斗，直至成功。”

有些人遭到了一次失败，便把它看成拿破仑的滑铁卢，从此失去勇

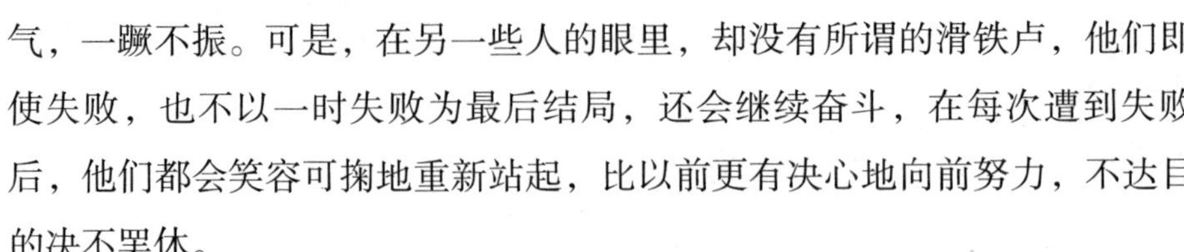

气，一蹶不振。可是，在另一些人的眼里，却没有所谓的滑铁卢，他们即使失败，也不以一时失败为最后结局，还会继续奋斗，在每次遭到失败后，他们都会笑容可掬地重新站起，比以前更有决心地向前努力，不达目的决不罢休。

历史上许多伟大的成功者，都是由于坚忍而造就的。世界上一切伟大的事业，都在坚忍勇敢者的掌握之中——当别人开始放弃、无法再做时，他们却仍然坚定地去做，直到成功。

因此，坚忍不拔、持之以恒是一切成功者的美德。

成功最致命的敌人，便是碰到困难时心理意志的流失。其实，生活中难免碰到困难，我们只要有战胜它的意志和信心，那么它便不再可怕。一般人处于逆境之时，往往会让恐惧、怀疑、失望的思想来捣乱，从而丧失了自己的意志，以至于使自己多年以来的计划毁于一旦。因此，对于一般人来说，应当注意在逆境中、在困难时有意识地挖掘、培养意志力。

每隔一段时间，总有人从百老汇大排长龙的寻找职业的人群中脱颖而出，然后又风靡百老汇。但是，风靡百老汇不是一朝一夕就可以成功的。只有在一个人拒绝就此罢休之后，百老汇才会用金钱回报，认同其天赋才华。

在芬妮·赫斯特的奋斗史里，就有这样一则故事：

芬妮·赫斯特1915年来到纽约，她要在这里化写作为财富。然而，她并没有在一夕之间成功，而是历经了4年之久。赫斯特小姐踩遍了纽约的人行道，夜以继日地工作并怀抱梦想。当希望变得黯淡的时候，她没有说“好吧！百老汇，算你赢了”，而是说“很好，百老汇，你可能打倒不少人，不过，那可不是我！我会逼你放弃”。

在她能有一篇故事刊登在周六晚邮报之前，她已经被该报退稿36次。如果是一般作家，碰到第一次退稿，就放弃了，而她却没有放弃，仍然坚持4年向该报投稿。

之后，回报来了，魔咒一下子解除了，出版商络绎不绝地往来于她家大门。然后是拍电影的人邀请她写剧本，她收获了成功，也收获了金钱。

可以由此看出坚强的意志力可以使人办到什么事。芬妮·赫斯特不是特例，任何人若累积了大笔财富，你都可以一口咬定此人必定坚忍不拔。百老汇可以给任何一位乞丐一杯咖啡和一块三明治，但百老汇要求那些想做大赢家的人必须坚忍不拔。

如果一个人失去了坚忍的品格，则他必然会沉沦在失败的苦海之中，一蹶不振。人若是畏惧失败，丧失与困难作斗争的不屈品行，也就必当丧失人生的辉煌。人拥有了坚忍的品质，即使再坎坷的人生，也会塑造传奇。

有一个人在19岁的时候，在滑雪的过程中与朋友做游戏，没想到当他从朋友张开的双腿间滑过去的时候撞在了朋友的身体上，最终导致自己全身瘫痪。自此，这个英俊的青年就变成了残疾者，接下来的日子必须依靠轮椅的陪伴。

第二个人不仅会驾驶汽车、开轮船，并且还成了飞行员，他能开着飞机到自己想去的地方。在其33岁的时候，他成功竞选温哥华市的议员。在做了12年的议员之后，他被市民推选为温哥华的市长。

第三个人是工商管理硕士，他不仅创建了非营利助残团体，而且还发明了多种助残设备，他擅长做公益，无论到哪里，他都受到热烈的欢迎。

你觉得之上提到的这三个人怎么样呢？或许你会说他们之间的区别很大，但是殊不知，他们就是一个人，是加拿大的萨姆·苏利文，是典型的传奇人物。

苏利文是如何由一个重症残疾人变成一个奇人的呢？

在成为残疾人之后，他整天待在家里，异常郁闷，在自己痛苦难耐的时候，他把受伤前打工赚的钱都取了出来，买了辆专门为残疾人设计的汽车。为了防止父母过于伤心，他想通过开车坠崖的方式来结束自己的生命，但是天不遂人愿，他并没有成功。为了不让父母过于辛劳，苏利文坚持离开了家，搬到了一个半公益半营利性的公寓中独自居住。

一天晚上，苏利文又一次独自在房间中品味绝望的痛苦。他盯着空白的四壁，感觉自己的生命就像它们一样空虚。他坐着轮椅来到户外，看到

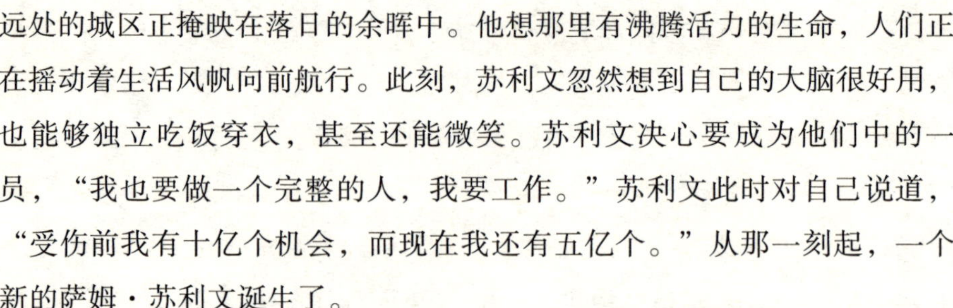

远处的城区正掩映在落日的余晖中。他想那里有沸腾活力的生命，人们正在摇动着生活风帆向前航行。此刻，苏利文忽然想到自己的大脑很好用，也能够独立吃饭穿衣，甚至还能微笑。苏利文决心要成为他们中的一员，“我也要做一个完整的人，我要工作。”苏利文此时对自己说道，“受伤前我有十亿个机会，而现在我还有五亿个。”从那一刻起，一个新的萨姆·苏利文诞生了。

从那以后，苏利文广泛涉猎知识，勇于挑战生活。他不但学会了驾驶飞机，而且还教会了另外20位残疾人飞行。由于温哥华的华人超过三分之一，在加拿大土生土长的苏利文还学会了中国广东话，这在他以后的竞选中收效奇特。苏利文一讲广东话，就会得到华人的掌声和鼓励，市长选举中，华人几乎把选票都投给了苏利文。

究竟是何种力量使萨姆·苏利文成为传奇人物呢？这个问题的答案是努力与生活抗争的精神。他曾经说：“一个人能走多远取决于他面对挑战时的表现，这与他是否坐轮椅无关。”

成功是有前提的，那就是必须要在逆境中坚忍地与失败抗争。爱迪生取得了成功，然而桑提亚哥的故事却没有结局。但是他这种无畏不屈的精神，最终必将给他带来胜利的果实。当我们在面临命运考验的时候，要冷静地去面对它，这样会让我们成为一个更有毅力，意志力更坚强的人。一定要永远记住，百折不挠的坚忍品格是走向成功的基石，这是一种博大的精神。

看准时机，不断进取

人生是一条布满荆棘的长路，稍不留心就会误入歧途。怎样走完自己的人生完全取决于自己的选择。生命之所以有意义，就在于有着许多的偶然，许多的不可知性，许多的变数，人生才显得多姿多彩。而我们在生命的河流中，有时候遇到一个安静的港湾，就有很多人选择留下来，沉浸在这片安逸中，默默地过完一生；还有些人则勇敢地选择继续漂流，一直在风浪中搏击，直到冲出陆地的限制，看到成功的汪洋。在我们的生命中，一定要有拼搏的激情，不要随遇而安，而是要不断进取。

五代十国时期是中国历史上最为混乱的历史时期之一，朝代更迭之快，犹如走马灯一般。这就出现了一个作为反面教材很成功的皇帝——石敬瑭。

石敬瑭在中国历史上是一个卑贱无耻的角色。他被耶律德光册立为晋帝以后，对契丹毕恭毕敬，将燕云十六州割让给契丹，每年输帛三十万匹。石敬瑭还向耶律德光献媚说："若使晋得天下，将竭中国之财以奉大国。"石敬瑭对契丹的奴颜婢膝为世人所不齿，但因他拥兵在手，又有契丹做靠山，也奈何不得。石敬瑭建晋后，很快举兵南下，直指洛阳。后唐的兵力远不是石敬瑭的对手，不战而降。后唐废帝李从珂见大势已去，携传国玉玺登宣武楼自焚而死，洛阳城落入石敬瑭手中。

洛阳城在一日之间更换新主，使少年赵匡胤受到极大的震撼，他又一次看到了强权和武力的神威，更加坚定了自己的选择。

后晋天福三年（938年）七月，石敬瑭向契丹上表称臣，谓契丹主为"父皇帝"，契丹主令其称"儿皇帝"，厚颜无耻的石敬瑭竟然接受了这一屈辱的称谓。这年十月，后晋迁都汴州，以汴州为开封府，称东京；以东都洛阳为西京，以西都长安为晋昌军节度，随着后晋迁都，赵匡胤全家也迁至开封龙巷。

在告别洛阳的时候，赵匡胤很是恋恋不舍。他舍不得这块生于斯、长于斯的土地，舍不得和他一起读书习武的伙伴。洛阳的山川名胜、风土人情留给他的记忆太深了，他甚至觉得这是他生命中极可宝贵的滋养。走那天，他怀着依依惜别的深情，去看了看那尊石马，脑海中又浮现起那威武雄壮的英雄故事。他依恋地抚摸着那尊石马，喃喃地说："日后我若得了天下，一定要建都于此，让洛阳成为天下人向往的都城！"

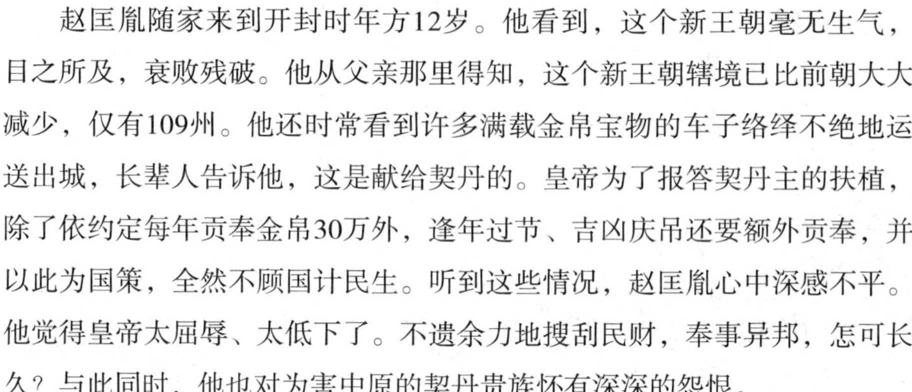

赵匡胤随家来到开封时年方12岁。他看到，这个新王朝毫无生气，目之所及，衰败残破。他从父亲那里得知，这个新王朝辖境已比前朝大大减少，仅有109州。他还时常看到许多满载金帛宝物的车子络绎不绝地运送出城，长辈人告诉他，这是献给契丹的。皇帝为了报答契丹主的扶植，除了依约定每年贡奉金帛30万外，逢年过节、吉凶庆吊还要额外贡奉，并以此为国策，全然不顾国计民生。听到这些情况，赵匡胤心中深感不平。他觉得皇帝太屈辱、太低下了。不遗余力地搜刮民财，奉事异邦，怎可长久？与此同时，他也对为害中原的契丹贵族怀有深深的怨恨。

在赵匡胤一家初到开封的那几年，天下很不太平，天灾人祸严重，百业凋敝，民不聊生。天福六年（941年）九月，黄河在滑州决口，东泻千里，百姓死伤无数。次年五月的一个月里，就有5个州郡发生大水，18个州郡遭旱、蝗灾害，一时间饿殍盈野，流民遍地。也就是在这一年，一向愤恨契丹的成德军节度使安重荣大集境内饥民，举兵造反，后因兵败被杀，首级被涂抹上油漆，献给了契丹。石敬瑭这样做本想得到契丹主的宽恕，但耶律德光仍然派人前来谴责，石敬瑭忧虑成疾，于天福七年（942年）六月死去。

石敬瑭的继承人少帝石重贵也是个无能之主。他只知享乐，不问国事，大权被少数几个有实力的大臣操纵。少帝石重贵承袭了他父亲的做法，尽力讨好契丹，卑称“孙皇帝”。但因晋与契丹早有嫌隙，朝臣对向契丹称臣之事怨愤已久，少帝在大臣的劝说下也有意准备对契丹的战争。天福八年（943年）晋国形势十分恶劣，春夏旱，秋冬水，百姓流离失所，饥馁而死者数十万人，县令们往往因为征不到粮食，挂印逃去。契丹得知后晋国内的情况，遂于次年初南下攻晋，后晋于是又处于战争之中。

这一年，赵匡胤19岁。

按照汉末以来的早婚习俗，赵匡胤已过了成亲的年龄，这主要是因为战乱的影响。年复一年的兵荒马乱打乱了人们的正常生活秩序，早成家室、早生贵子的传统习俗已渐被淡忘，人们关心的是生计，担忧的是全家老小的颠沛流离，婚龄大都因此而推迟。

因为社会上已不把晚婚当回事，赵弘殷夫妇在决定给儿子成亲时并不觉得为时太晚。赵弘殷夫妇选定的儿媳是右千牛卫率府率贺景思的长女。右千牛卫率府是东宫六率府之一，千牛，佩刀名，据说锐利可屠千牛。贺景思因系禁卫军校，和禁军将领赵弘殷同居护圣营，两家关系甚密。赵弘殷看好了贺家长女“性温柔恭顺，动以礼法”，因此“为太祖聘焉”。

先是由媒人以草帖子相通，双方各在帖子上写明三代官品职位及名讳、生日等情况，进行占卜，两家通报，择日过帖。接着便是相亲、下定礼、送聘等程序，定下了这门亲事。在一个阳光灿烂的日子，赵家按照规定的吉时，在乐队的引导下，将贺家长女迎进赵家。

赵匡胤的婚礼简朴又合乎礼仪。赵匡胤很满意自己的妻子，新房之内，他感受到前所未有的温馨和快慰，仿佛已超然于乱世之外，进入一个安详静谧的世界。贺氏比赵匡胤小2岁，在赵匡胤面前温顺而恭敬，脉脉温情和深深爱意使赵匡胤沉浸在幸福之中。但是，赵匡胤也不免有些遗憾：成家而未立业，岂不愧对祖宗？

赵匡胤成亲的第二年的夏天，天气异常炎热。少帝石重贵满足于阳城之战反击契丹的胜利，自以为天下平定，愈益骄奢淫逸。他把各地贡献都收入内库，修宫室，饰后庭，肆意挥霍。他专门修建了一座织锦楼，令数百织工编织地毯。石重贵尤其喜爱优伶，赏赐无度。而对于战场上重伤的军卒却很冷落，故使士卒离心，怨声四起。开运三年（946年）七月，契丹再度南侵，石重贵以杜威为元帅出兵御敌，杜威贪恋契丹主关于扶他作中原皇帝的许诺，卑鄙地决定投降。他先让诸将在降表上签了字，接着令军士齐聚帐外，军士们原以为要与契丹决战，无不振奋，但听到的却是让他们放下武器的命令，顿时捶胸痛哭，声振原野。杜威投降后，马上引契丹军南下，挺进开封。

对于契丹的入侵，石重贵毫无准备。惊慌失措中，石重贵急令人在宫中放火，并准备与宫人一起自焚。正在这时，契丹主派人送来书函，说：如能屈身投降，可免杀身之祸。石重贵活命心切，马上令人灭火，率文武百官迎契丹军入城。契丹主将石重贵及其家属掠至契丹境内的建州，后晋

遂告灭亡，石重贵在度过了20多年流放生活后客死异域。

后晋灭亡后，晋河东节度使刘知远在晋阳称帝。六月，刘知远顺利地经洛阳进入开封，在此建都，是为后汉。

短命王朝又一次出现更迭，赵匡胤也又一次感受到这个世道的动荡不定，又一次认识到武力足可改天换地，扭转乾坤。于是，不甘寂寞的他热烈地萌生出一种闯荡天下的欲望。他决计走出安乐窝，到社会风浪中去经受一番检验，寻找一个可以施展才能的用武之地。

赵匡胤又想到了洛阳街巷中那尊半埋于土中的石马和那个激动人心的英雄故事。他不甘心让自己的远大抱负和一身武艺埋没于户牖之下，他要为自己的前程而奋争。他觉得，自己正当青春年华，贪恋似水柔情无异于葬送自己的未来，应该像那位未知名的英雄一样，到疆场上去寻找自己的位置。

这天，他跃跃欲试地来到父母跟前，和盘托出了自己的想法。赵弘殷夫妇听罢，先是一惊，继而不约而同地表示反对。这些年，赵弘殷的官职一直未得到提升，他从自己在仕途中的坎坷经历出发，认为当今乱世虽是武人的天下，但能够建立功业或称王称帝者多是根基深厚、割据一方的枭雄。作为一个禁军校尉之子，位卑势小，很难有所作为。杜氏则担心儿子的安全，她说，“现在到处动刀用兵，只身一人到哪里去？不如待在家中，守在父母娇妻身边，安安静静地过日子，等以后太平了再图进取。”

赵弘殷夫妇的一番劝说并未动摇赵匡胤的决心。但他觉得一时又难以说服父母，只好点头应诺而去。

赵匡胤又把自己的想法告诉了新婚不久的妻子，一向恭顺的贺氏只是低头垂泪，默默不语。后来，她小声告诉丈夫，她已有了身孕。望着这位柔弱多情的妻子，赵匡胤一阵心痛。他岂愿与妻子作新婚之别？怎不希望看到自己孩子的出世？但是，燃烧在胸中的热望最后还是使他割断了似水柔情。他只是没有马上告诉贺氏，他怕伤害她。

一个雾蒙蒙的黎明，20岁的赵匡胤身背简单的行囊，走出了他从小厮守着的家门，走出了后汉都城开封。他没有过多的留恋，只知昂首前方，大步前行。

在日常生活中，我们可以经常看到这样一些人，他们虽然没有很好的生活状态，但也不算坏；虽然生活质量说不上高，但是也不低；整个人生说不上是成功，但也不能归为失败。或许他们最大的愿望就是可以保持这种情况并且不会有什么大的改变。为了使自己的生活更加丰富多彩，他们也会考虑去冒险。可见，他们最想要做的就是追求一种生活安全感。

如果从客观方面来说，随遇而安、过普通的生活也是一种人生，因为这是每个人必将经历的。然而，如果只是把随遇而安和安全感放在人生所追求目标的地位上，长此以往就会导致我们心理上形成一种安全感。即使有机会来临，我们也不懂得把握。

所以，从某个方面来说，安于现状并不是一件好事，它会阻碍我们前进的步伐。

所有喜欢安于现状的人都有着共同的心理特征，即普遍缺乏控制想象的能力。他们能够打开自己的心扉向他人诉说自己的情况，在短短的时间里，他们就能想出关于自己的未来可能发生的情况。然而那些有着远大目标的人却能够控制自己的各种想象，对未来的一切美好事物可以自己预见。

如果我们把人生中可能出现的风险都消除了，那么由此而产生的惊奇和害怕也会随之消失。对于很多无趣的人而言，生命是那样苍白无力。其实，如果我们早已经弄清楚生活中可能发生的事情，那么整个生命就会变得更加无趣。对于未来的人生，我们只要弄清楚一件事情就可以，即生命会有终结的一天。然而，在这之前，所有的可能性都是存在的。

因此，如果我们想要改变现在的状况，就应当尝试一种新鲜的、有声有色的生活方式。

在日常生活中，很多人都喜欢做一些体育运动，如足球或者是拳击；另外，人们也会尝试新鲜刺激的娱乐设施，如蹦极或者是坐过山车，在这个过程中享受刺激的感觉。因此，在结束之后，很多人都会用“花钱买罪受”来总结。其实，虽然受到了惊吓或者是刺激，但是其对我们各方面都

是很有益处的。

其实，如果一个人想要成功就要勇于面对困难。只有经历了磨砺和考验之后，一个人才会更加有毅力，变得越来越坚强。即使处于顺境中也不会感到满足，这也是成功者的重要素质。

在身处困境中的时候一定不要悲观失望，而是要选择充满热情地面对困难。在身处顺境时候也不能得意忘形，而是要勇攀高峰。只有这样，才能真正做到“胜不骄，败不馁”。

逐鹿问鼎，自信人生

坚定不移的积极心态是打破和超越自我限制，创造人生新境界的原动力，是把思考变成力量的源泉。一旦我们具备了积极的心态，这就为自己的人生点亮了一盏成功的心灯，使我们更加坚定地前行。“自信是成功的第一秘诀。”这是爱默生的一句名言，自信的确能够推动着我们走向成功之路，因为它能够产生一种让人无法想象的力量。成就大事者必须要有自信这盏心灯。赵匡胤不但有着百折不挠的精神，他还对自己的人生特别自信。

古老的黄河，像一匹桀骜不驯的烈马，一路上涤荡着山岩，裹挟着泥沙，波翻浪卷，奔腾咆哮。经过了千回百转的冲波逆折，浩浩荡荡千里奔泻，不屈不挠地向着既定的目标前进、冲刺，决不停步，更不退缩。

赵匡胤离开汴京之后，正是沿着黄河大堤，由东向西，逆流而上。他没有目标，不知道路在何方，更不知道归宿在何处。他怀着一腔热血，踌躇满志，只身一人闯天下。赵匡胤深信不疑，外面的世界一定很精彩，因为那是无数英雄叱咤风云、建功创业的大舞台，是自古以来，无数风流人物纵横驰骋、逐鹿问鼎的大战场。“天生我材必有用”，他坚信自己一定会像中华历史上那些风云际会的英雄人物一样，在这个大舞台上一展身手。

赵匡胤背着一个简单的包裹，手提一条哨棒，大步行进在黄河大堤上。略带湿润的河风吹在他那红色的脸庞上，扑在他那敞开的微微起伏的胸膛上，他感到十分惬意和自得，来到这个世界上24年了，今天才真正迈出了人生的第一步。

他看着河床里那汹涌澎湃、翻滚喧逐的浑浊浪涛，心中平添了无限感慨。这条凶悍而又温驯、狂放而又多情的河流，中原大地的生命之源，炎黄子孙的母亲河，它浩浩东流，不舍昼夜，孕育了华夏的古老文明，阅尽了历史的风雨沧桑。在它流经的大地上，既创造过盛世的繁荣辉煌，也上演过乱世的凄惨悲剧。不知有多少英雄豪杰在此饮马，然后扬鞭驱驰，奔向成功人生的终点；也不知有多少败军之将在此磨刀霍霍，最后却折戟沉沙，身败名裂。这里是英雄的摇篮，也是庸者的坟墓。他对着黄河发誓说：“我赵匡胤今日也是从你身边出发，你黄河作证，不创出一番惊天动地的事业，我今生今世誓不还乡。”

赵匡胤在闯荡期间就对着黄河发出“不创出一番事业就不回故乡”的誓言，可见他年少时期的自信。

一个人要想获得成功，就要学会自信。没有自信便不可能成功，自信，就是人生成功的入场券。爱默生说过：“自信是成功的第一秘诀。”可以说，人生最大的缺憾莫过于失去自信。

约翰逊经营一个小本杂货店，日子虽然平凡却也算幸福，但他一直觉得对妻子和孩子很内疚，总觉得他妻子和孩子本该更幸福。就是那种歉疚的心情激励他有了今天的成功。现在，约翰逊有了一所占地8000多平方米的漂亮新家，对他们来说空间已经够大了，而家里的设计能让人感觉很舒适。他和妻子再也不会为能否送他们的孩子上一所好的大学而发愁了，他的妻子在花钱买衣服的时候也不再有压力了。有一年，他们全家都去欧洲度假，并在欧洲度过了一个难忘的圣诞，约翰逊感到自己已经过上了真正的生活。

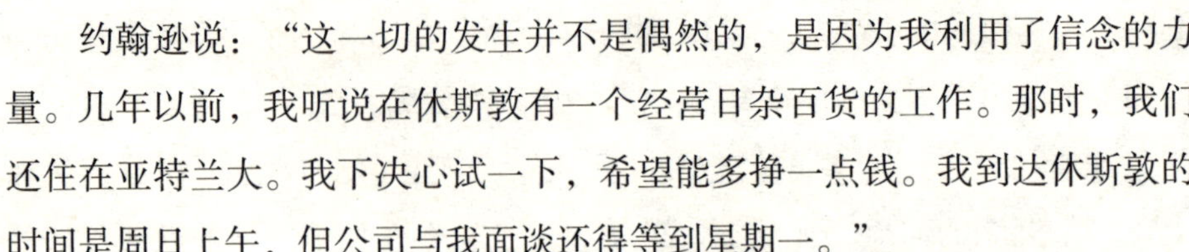

约翰逊说："这一切的发生并不是偶然的，是因为我利用了信念的力量。几年以前，我听说在休斯敦有一个经营日杂百货的工作。那时，我们还住在亚特兰大。我下决心试一下，希望能多挣一点钱。我到达休斯敦的时间是周日上午，但公司与我面谈还得等到星期一。"

"晚饭后，我坐在旅馆里静静思考，突然觉得自己是无比可憎。'这到底是为什么，上帝怎么能这样对我？'我问自己，'为什么我总是逃脱不了失败的命运呢？'"

约翰逊不知道那天是什么力量促使他做了这样一件事：他取了一张旅馆的信笺，写下几个他非常熟悉的，在近几年内远远超过他的人的名字。

这几个人取得了更多的权力和工作职责，其中一个原是邻近的农场主，现已搬到更好的边远地区去了；另一位约翰逊曾经为他工作过；最后一位则是他的妹夫。约翰逊问自己：什么是这三位朋友拥有的优势呢？他把自己的智力与他们作了一个对比，约翰逊觉得他们并不比自己聪明多少；而他们所受的教育，他们的性格、个人习惯等，也并不具有任何优势。终于，约翰逊想到了另一个成功的因素——主动性。不得不承认，他的朋友们在这点胜他一筹，而他总是被逼无奈时才采取某些行动。

那时已经是深夜2点钟了，可约翰逊的脑子却还十分清醒。他第一次发现了自己的弱点。他深深地探查自己的内心，发现缺少主动性是因为在内心深处他并不看重自己，对自己没有信心，更别谈什么远大的抱负了。

约翰逊回忆着过去的一切，就这样坐着度过了一夜。从记事起，约翰逊便缺乏自信心。他发现过去的自己总是在自寻烦恼，自己总对自己说不行，不行，不行！他总在表现自己的短处，几乎他所做的一切都表现出了这种自我贬值。

他终于想通了：如果自己都不信任自己，那么将没有人信任你！

于是，约翰逊作了一个决定："我一直都是把自己当成一个二等公民，从今以后，我再也不这样想了，我要成为一个优秀的公民，一个优秀的丈夫，一个优秀的父亲。"

第二天上午，约翰逊仍保持着那种高昂的自信。他心中暗想把这次

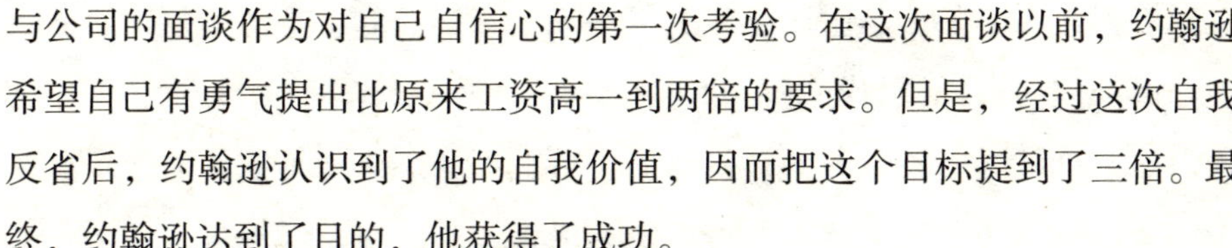

与公司的面谈作为对自己自信心的第一次考验。在这次面谈以前，约翰逊希望自己有勇气提出比原来工资高一到两倍的要求。但是，经过这次自我反省后，约翰逊认识到了他的自我价值，因而把这个目标提到了三倍。最终，约翰逊达到了目的，他获得了成功。

所以，人生是需要自信的。自信者，可望获得成功；不自信者，与成功无缘。自信是成功的秘诀，成功参透了自信的真谛，就算是已定的“事实”也有翻身的希望。自信是一种力量，一种潜在的、可贵的、强大的力量，有了它，就可以干出一番惊天动地的伟大事业来。自信是做人的原则，一个人不可能事事顺利，不管遇到什么困难，不管历经多少失败，都要努力去战胜困难，要像那无所畏惧的苍松一样傲然挺立。自信是一种拥有，一股勇气，就是凭借着这股激情，我们才能开拓自己的人生道路，尽情描绘明日的七彩世界。

正视苦难，正视人生

苦难连接着生活与命运，是孕育灵魂和生命的土壤，缺乏苦难的人生便失去了光彩。苦难让我们对生命的体验不再浮于表面，而是触到了本质，体验到更深邃的人生境界。赵匡胤的青年时期也经历了苦难和磨炼。

根据前文所述，赵匡胤显然是不想依靠父亲的帮助来实现自己的愿望，他先是南下投奔随州刺史董宗本，董宗本虽收留了他，可董宗本的儿子董遵海却处处与赵匡胤作对。寄人篱下，难以伸展其志向，赵匡胤不得已只好离开随州。

随州之行没有结果，赵匡胤便继续南下来到复州（今湖北天门市）。复州防御使王彦超也没有接纳他，只叫人给了他一些钱就打发他走人。

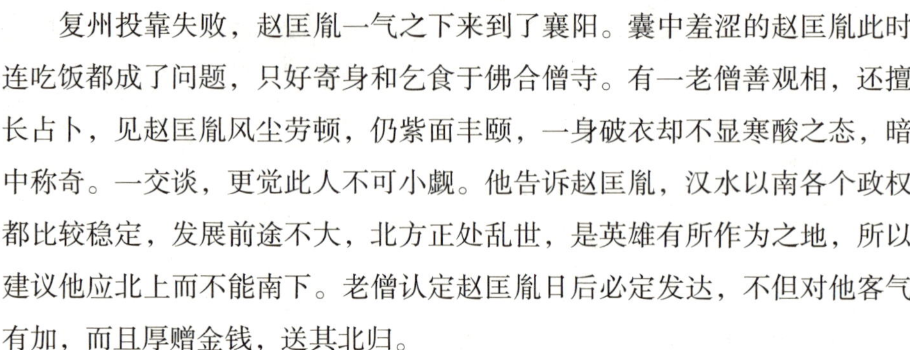

复州投靠失败，赵匡胤一气之下来到了襄阳。囊中羞涩的赵匡胤此时连吃饭都成了问题，只好寄身和乞食于佛合僧寺。有一老僧善观相，还擅长占卜，见赵匡胤风尘劳顿，仍紫面丰颐，一身破衣却不显寒酸之态，暗中称奇。一交谈，更觉此人不可小觑。他告诉赵匡胤，汉水以南各个政权都比较稳定，发展前途不大，北方正处乱世，是英雄有所作为之地，所以建议他应北上而不能南下。老僧认定赵匡胤日后必定发达，不但对他客气有加，而且厚赠金钱，送其北归。

赵匡胤在此四处奔波、一无所获之际，却获得了如此大的精神安慰，于是便从襄阳离去，来到应天府（今河南商丘市）。有天他喝了点酒，乘着酒兴来到一座名为高辛庙的寺院占卜，看看自己是否能做个小校（初级军官），后又求神让他能当上节度使，结果都不见回应。赵匡胤急了，脱口问：“做节度使都不行，难道能做天子吗？”猛地一掷，竟然得到了回应。

赵匡胤心情十分亢奋。高辛庙一卜给这位茫茫无助的流浪者平添了许多信心。在当时，要当皇帝，首先要成为一名军人。在投奔朋友均宣告失败后，他只得去寻找父亲了。

此时赵弘殷正在西北追随郭威讨伐李守贞。赵匡胤只好沿着黄河溯流西上，靠着这个惊人预言的慰藉，开始了艰难的闯荡。精神的力量战胜了漫漫长路所带来的种种疲劳和困顿，此时赵匡胤怀揣着大干一番的雄心壮志。

赵匡胤流浪至长安，食不果腹、衣不遮体。时值冬日，饥肠辘辘的他实在无法咽下手里仅有的两块干馍，走着走着，来到一家卖熟羊肉的店铺前，希望掌柜能动恻隐之心。掌柜见他可怜，就让他将馍掰碎，然后用煮过的肉汤浇，赵匡胤接过香喷喷的肉汤浇馍，感激万分，吃完后向掌柜深深作揖致谢。这就是西安流传下来的关于羊肉泡馍的传说。

赵匡胤这次出走，最远到了泾州（今甘肃泾川）、原州、镇州（今甘肃镇原）一些地区。在泾州长武镇一座寺庙中，僧人守严见他气度不凡，便偷偷派人在寺院墙上画下了他的肖像。当时的赵匡胤头戴青巾，身着粗衣，在其当上皇帝后，该寺才把画像上的衣着改过来。在镇州潘原县，赵匡胤与当地人赌钱，他大占上风，很是博了些彩头，但当地人见他是外乡人，便联合起来将他狠揍了一顿，将他赢来的钱洗劫一空。当了皇帝后，赵匡胤对这次所受的欺负仍记忆犹新，曾一度动念头要将此地人全部迁徙。在原州，疲惫不堪的赵匡胤实在难以迈开双腿，便躺在树下睡觉。据说树木对这位潦倒的年轻人也格外照顾，连投下的阴影也不随太阳的变化而移动，始终不懈地为这位进入梦乡的未来皇帝遮着阴凉。

长年的闯荡，除了冥冥之中的慰藉外，赵匡胤一无所获，他灰溜溜地回到了他的出生地洛阳。世态炎凉和备受欺凌的经历使他欲哭无泪，在这座充溢着帝王之气的九朝古都，赵匡胤思绪万千，深感前程渺茫。他倚着长寿寺大佛殿的巨大木柱，无奈而疲惫地合上了双眼。藏经院主僧路过，看见一条红蛇从赵匡胤的鼻孔中钻来钻去，惊诧不已，待赵匡胤醒后，便细细询问他的去向。赵匡胤如实相告：想去澶州找柴荣，苦于没有盘缠。僧人立即以毛驴和钱币相赠。

几经周折之后，赵匡胤投奔到后汉大将郭威门下，当了一名普通士兵。

一个人的早期经历对其一生都有相当重要的影响。赵匡胤有了将近两年在外闯荡世界的经历，这段苦难人生，不仅使他开了眼界，洞悉了各种政治关系，也使他对社会生活有了种种实在的体验，更重要的是使他萌发了出人头地的念头，立下了雄心壮志。

苦难是人生的常态，它往往伴随着我们的一生。如果能理解了这一点，那么我们就不会对人生的苦难耿耿于怀，就能实现人生的超越。

大部分人都不愿正视苦难，遇到苦难的时候，他们要么怨天尤人，要么抱怨自己的不幸。他们总是抱怨为什么有这么多的麻烦、压力、困难与其为伴，并认为自己是世界上最不幸的人。其实，之所以会抱怨苦难，是因为他们还不曾明白苦难也是我们寻找观察世界的方式，痛苦是人的一种本质体验。

上帝有一天心血来潮，来到他所创造的土地上散步。

一位农夫说："仁慈的上帝，这50年来，我没有一天停止过祈祷，祈

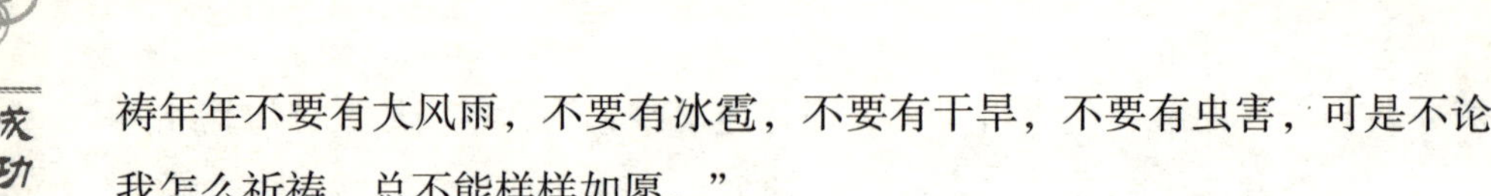

祷年年不要有大风雨，不要有冰雹，不要有干旱，不要有虫害，可是不论我怎么祈祷，总不能样样如愿。”

上帝回答：“我创造世界，也创造了风雨、干旱、蝗虫与鸟雀，我创造了不能如你所愿的世界。”

农夫突然跪下来吻着上帝的脚：“全能的主呀，明年您可不可以允诺我的请求，只要一年的时间，不要大风雨，不要烈日干旱，不要有虫害？”

上帝说：“好吧，明年不管别人如何，一定如你所愿。”

第二年，果然如农夫的所愿，他的田地结出许多麦穗，农夫兴奋不已。可等收割的时候，奇特的事情发生了，农夫的麦穗里竟是瘪瘪的，没有什么籽粒。

农夫含着眼泪跪下来，向上帝问道：“仁慈的主，这是怎么一回事？您是不是搞错了什么？”

上帝说：“我没有搞错什么，因为你的麦子避开了所有的考验，麦子变得十分无能。对于一粒麦子，风雨、烈日是必要的，甚至蝗虫也是必要的，因为它们可以唤醒麦子内在的灵魂。”

人的灵魂也和麦子的灵魂一样，如果没有任何苦难考验，人也只能是一个空壳而已。每一个人，从出生以后，就开始面对各种考验，并开始收获各种考验所带来的宝贵人生特质。那些普通的麦子尚能昭示不普通的生物延续哲学，一个人若能经受苦难的考验，经历某些可贵的坚持，能不孕育一些珍贵的人生积淀吗？

因此，只要我们敢于正视人生是苦难的这一事实，并且以一种积极乐观的态度面对它，就再不会被它困扰，反而会将它看成是人生的瑰宝。

苦难，作为人生的消极面，人人唯恐躲之不及，然而它在人生中的意义并不是完全消极的。苦难常常能够唤醒我们的灵魂，在通常情况下，我们的灵魂是沉睡着的，一旦我们感到幸福或遭到苦难时，它便醒来了。如果说幸福是灵魂的叹息和歌唱，那么苦难便是灵魂的呻吟和抗议，但两者凸显的都是对生命意义的强烈体验。

一群少年非常喜欢捕鱼，他们常常结伴在一泓深潭边钓鱼。但是，每次忙碌大半天，都只能捕到一些小鱼。可他们却看到集市上的一位中年渔夫天天卖大鱼，于是很好奇地问：“你这些大鱼是从哪里来的？”中年人说：“当然是从河里得来的！”

少年好奇地问：“我们也是经常在河里捕鱼，为什么半天钓的鱼加起来还没有你的一条鱼重呢？”渔夫神秘地说道：“我有门道！不是谁想弄到大鱼就能够弄到大鱼的！”

少年们央求中年人说：“那你教教我们吧！我们只是喜欢捕鱼，保证不会在这集市上来卖鱼抢你的生意！我们只是想感受一下捕到大鱼的感觉。”在少年们的再三请求下，渔夫终于答应等集市散了，到河边为少年们传授秘诀。

集市散了，渔夫收拾好自己的鱼篓，带着少年们来到了河边。

“你一般都在哪里捕鱼？”中年人问。少年们指一指河面比较平静的那一段，说：“当然是那里了，水流比较缓，鱼肯定比较多！”

渔夫哈哈大笑，说：“你知道我在哪里捕鱼？”渔夫指一指潭上边不远的河段里。那是一个水流湍急的河段，雪白的浪花哗哗地翻卷着。

少年们都觉得这渔夫很可笑，在浪大又湍急的河段里，怎么会捕到鱼呢？

渔夫笑笑说：“潭里风平浪静，所以那些经不起大风大浪的小鱼就自由自在地游荡在潭里，潭水里那些微薄的氧气就足够它们呼吸了。而这些大鱼就不行了，它们需要水里有更多的氧气，没办法，它们只有拼命游到有浪花的地方，浪越大，水里的氧气就越多，大鱼也越多。”渔夫又得意地说：“许多人都以为风大浪大的地方是不适合鱼生存的，所以他们捕鱼就选择风平浪静的深潭。可他们想错了，一条无风无浪的小河里是不会有大鱼的，而大风大浪恰恰是鱼长大长肥的唯一条件。大风大浪看似是鱼儿们的苦难，但这些苦难却是鱼儿们的天然给氧器啊！”

水流平静的河流是不会有大鱼的，只有风大浪急的河流，才有大鱼出现。这就像一个人不经历苦难，永远成不了大气候，只有经历一定的挫折

和失败，才能够真正让一个人取得成功。所以每个人需要做的，就是要正视生活中的风浪，把每一次遭遇都当成是心灵成长的精彩设计。

李嘉诚曾经说："苦难的生活，是我人生的最好锻炼。"正是了解了苦难对自己是很有作用的，因此，李嘉诚才取得了巨大成功。正因为这样，比尔·盖茨才决定把自己的财产捐出去，只有这样，才能督促自己的儿孙们更加努力，否则就是对他们不负责任。

其实，在正视困难的同时也是在正视自己的人生。在人的成长过程中，苦难是最好的老师，它会让你在短时间内变得更加成熟，最终取得成功。在困难面前一定要采取积极的心态，只有这样，苦难才会转化为一笔财富。

抓住机遇，改变命运

"机不可失，失不再来"是为大众所共识的，要想在第一时间内通过机会来改变自己的命运只有依靠破釜沉舟的精神。"人生能有几回搏，此时不搏何时搏"是很多人的座右铭，机会摆在面前的时候一定要抓住它，否则就会失去更多的机会。赵匡胤正是抓住了当兵的这次机遇，他的人生才得到了彻底的改变。

虽然三年的流浪生活对于赵匡胤来说是苦不堪言的，但是也是有一定好处的。因为曾经的他过惯了舒服的生活，在流浪过程中，赵匡胤感受了人间冷暖。他曾经被人欺负遭受毒打，受过寄人篱下时的冷嘲热讽，因为忍受不了饥饿而去偷食物，更因为没有地方睡觉，只好露宿在树下。但是，也是因为这些经历使他获得了更多的阅历和体验，让他了解了世态炎凉，也磨炼了自己。如此种种都为其以后的统军治国打下了良好的基础。

人们常说："机会总是青睐刻苦努力的人。"《封神演义》中有这样一个故事：姜子牙学艺归乡后，一直过着平淡而清贫的日子。凭他的才学，出将入相绝对是轻而易举的，但他一直默默无闻，直到年届七旬也无所作为。一天，姜子牙在渭水河边垂钓，半天未见有鱼上钩。等到姜子牙收拾工具准备回家时，一路的人看到姜子牙的渔钩竟然是直的，于是惊诧之余便向他讨教。姜子牙只说了一句"该来的总会来"。路人都以为姜子牙疯了，但他们哪里知道，姜子牙之意不在鱼，他在等待贤明的君主。这就是我们常说的"姜太公钓鱼，愿者上钩"的故事。后来便有了周武王请贤出山、灭商而建周的真实故事。

对于武将来说，战争就是一种机遇。武艺和兵法是武将谋生的基本条件。正当赵匡胤苦闷彷徨之际，他抓住了一个小机遇，加入正在四处招兵买马的郭威军中，成为一名普通士兵。郭威是五代时期后周王朝的建立者，951年建立周国，即历史上的后周。正是这个小机遇，中国的历史也因此改变了。

一日，赵匡胤正在邺都中闲逛，忽见不远处竖有一杆大旗，旗下有一桌案，一小校正与几个兵士向围观的青年人鼓动宣讲，煞是热闹，便凑上前去。那小校年方二十，一副英武之气，他眉飞色舞地对众人说，"当今天下，国难深重，契丹的兵马屡犯中原，抢掠财物，杀戮百姓，搅得人心惶惶，百业不兴。有志之士应以国运为念，投军报国，上阵杀敌，建功立业。"他还说，"邺都留守乃天下帅才，饱富韬略，爱兵如子，若能投奔其名下，必将大有作为。"

人群之中的赵匡胤也深深地被感染了，他不禁想到，难怪说郭留守善治军旅，良将云集，连这位小校也如此精明强干！我现在正前途无着，何不应募投军，追随郭留守，干出一番事业？

赵匡胤又油然想起了高辛庙的占卜和老僧人的指点。出于一种对天命和神祇的深信和笃诚，他加入了应募者的行列，投军于郭威麾下。

赵匡胤就是紧紧握住这次机遇，在军中当了一名兵士，从此大展自己

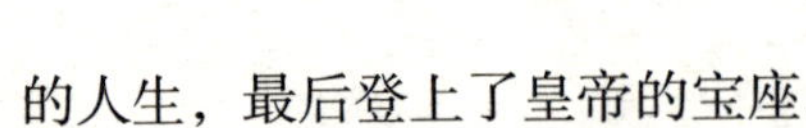

的人生，最后登上了皇帝的宝座。

一个人只有善于抓住机遇，才能有机会实现自己的理想。在充满竞争的信息时代，帮助人们成功的机会有很多，但机会就像过眼云烟，失去了就不会再回来。所以，在机会面前一定要坚决果断、义无反顾、当机立断，千万不要延迟和等待，更不可优柔寡断。

机遇对每个人都是公平的，但为什么有的人总是能抓住机遇使自己成功，而有的人却对机遇视而不见、无动于衷呢？其关键就是各自的思维不同。对于没有正确思维的人来讲，即使有许多机遇摆在他面前也毫无用处，而具备杰出思维的人却能在最平凡的小事里发现机遇，有时这个机遇甚至可以改变他一生的命运。

实现目标或取得最佳成绩的人，他们被认为是杰出者，但他们往往不是掺杂在人流之中去竞争，而是独辟蹊径，发挥优势，用超出常人的思维去实现自己的目标。

有一年，但维尔地方经济萧条，不少工厂和商店纷纷倒闭，被迫低价抛售自己堆积如山的存货，价钱低到1美元可以买到100双袜子。

约翰·甘布士是一家织造厂的小技师。当他把自己的积蓄用于收购低价货物时，人们都嘲笑他是个蠢材！

约翰·甘布士对别人的嘲笑漠然置之，依旧收购各工厂抛售的货物，并租了一个很大的货场来存货。

妻子劝他，不要再收购这些别人廉价抛售的东西，因为他们历年积蓄下来的钱数量有限，而且这笔钱是准备用作子女教养费的，如果此项生意血本无归，那么后果便不堪设想。

对于妻子忧心忡忡的劝告，甘布士笑着安慰她道：“三个月以后，我们就可以靠这些廉价货物发大财。”

过了10多天后，那些工厂找不到买主了，便只好把所有存货用车运走烧掉，以此稳定市场上的物价。

妻子看到别人已经在焚烧货物，不由得焦急万分，抱怨起甘布士。对妻子的抱怨，甘布士一言不发。

两个月后，美国政府终于采取了紧急行动，稳定了但维尔地方的物价，并且大力支持那里的厂商复业。

这时，但维尔地方因焚烧的货物过多，存货欠缺，物价一天天飞涨。这时，约翰·甘布士马上把自己库存的大量货物抛售出去，一来赚了一大笔钱，二来使市场得以稳定，不致暴涨不断。

当初他决定抛售货物时，妻子曾劝告他暂时不忙把货物出售，因为物价还在一天一天飞涨。

他平静地说："是抛售的时候了，再拖延一段时间，就会后悔莫及。"

果然，甘布士的存货刚刚售完，物价便跌了下来。妻子对他的远见钦佩不已。

后来，甘布士用这笔赚来的钱开设了五家百货商店，生意非常红火。

现在，甘布士已经成为美国重要的商业领军人物，他曾经写给青年们一封公开信，在信中他意味深长地说："亲爱的朋友，我认为你们应该重视那万分之一的机会，因为它将给你带来意想不到的成功。有人说，这种做法是傻子的行径，比买奖券的希望还渺茫。这种观点是有失偏颇的，因为开奖券是由别人主持，丝毫不由你主观努力，但这种万分之一的机会，却完全是靠你自己的主观努力去争取的。"

这个故事充分地说明了杰出者的思维方式，说明他们是怎样抓住机遇的。我们应当像他们一样，善于抓住机遇，把握机遇，创造机遇，直到成功。

不过你得注意，要想把握这万分之一的机会，你必须做到：

目光远大。鼠目寸光是不行的，不能只看见树叶，而忽略了整个森林。

做好准备。有一句名言说："机遇偏爱有准备的头脑。"在机遇来临之前先提升自我，在机会到来时才能牢牢把握。

锲而不舍。没有持之以恒的毅力和百折不挠的信心，是难以取得成功的。

对机遇，必须看准时机及时把握它并付诸行动，将它变成现实的成功，这才是杰出人士的明智选择。

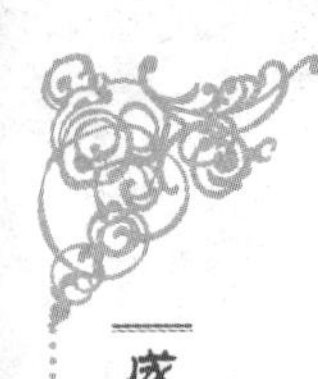

善用机会，大展自我

人生是平淡无奇的，如何能让平凡的人生变得非凡呢？这就需要你综合所有的能力，练就非凡眼光，抓住机遇，踏实苦干，为自己积累走向非凡的筹码。加入郭威的麾下之后，赵匡胤就抓住这次机会，在军队中努力实现自我，大展自己的才华。

郭威在后汉王朝可算得上是一个了不起的人物，他以枢密使身份统率大军平定李守贞叛乱后，后汉隐帝对他厚加赏赐，加封他为检校太师兼侍中，其地位之高可说是独一无二。特别是朝廷倚重他抵御契丹入侵而任命他为邺都（今河北大名）留守，委以宰相兼方镇。

功高自然会震主，历史上许多著名人物的悲剧都是由此而来。

郭威镇守河朔、主政邺都，执政颇有起色。随后被封为天雄军节度使。其养子柴荣在邺地进行了一些改革，地方政务井然有序，一方晏然，大大提高了政治声誉，也由此引起了汉隐帝的猜忌。

后汉乾祐三年（950年）十月，汉隐帝派使者持密诏斩杀郭威，并把郭威留在京城开封的家人全部杀害。郭威一怒之下，统率大军，自澶州（今河南濮阳）、滑州（今河南滑县），一路过关斩将，招降纳叛，直取京师，最终推翻后汉，自己做了君主，成为后周王朝的开国帝王。

在拥立郭威的过程中，后起之秀赵匡胤立功不小，因而被提升为东西班行首，做了禁军的一名小军官，接着又被提升为滑州驻军的副指挥使，为他日后飞黄腾达奠定了基础。

郭威称帝后，因其家属全被杀戮，便将继承王位的希望寄托于他的侄子兼养子柴荣身上。当郭威率大军南下攻打开封时，柴荣被郭威留在邺都稳定后方。建立后周政权后，柴荣以“皇子”身份担任澶州节度使，后周广顺三年（953年）又被任命为开封尹（首都最高行政长官）。

年轻有为并且身份特殊的柴荣相中了同样年轻的赵匡胤。柴荣的眼光果然不凡，赵匡胤在后来的高平之战中力挽危局，保住了后周的江山。

柴荣经常出入宫廷，对这位屡立战功的年轻士兵抱有很大期望。在征得郭威的同意后，柴荣又将赵匡胤调到自己身边，提任为开封府马直军使（骑兵军官）。由地方军事副官改任京畿卫部队军官，并为柴荣所知遇，这便是赵匡胤发迹的关键一步。是年，赵匡胤27岁。

广顺三年（953年）十二月，郭威突然身患重病，他才只当了三年皇帝便自知身体不行了，只好把治国的重担交给了柴荣。次年元旦，柴荣在郭威的灵柩前即位。

抱负很大的柴荣需要网罗自己的班底，这又给赵匡胤提供了一个机会，他荣幸地得以入围。

后周显德元年（954年）二月，周世宗柴荣即位不久，潞州（今山西长治市）边关就传来敌情，北汉主刘崇趁后周国丧，内部未稳，领兵打过来了。

刘崇是后汉高祖刘知远的弟弟，一直坐镇河东，为太原留守，郭威起兵攻灭后汉隐帝刘承祐后，曾一度假意立刘崇之子刘赟为帝，后来又废为“湘阴公”，最后又杀了刘赟。郭威的所作所为，刘崇相当痛恨。

后来刘崇便认契丹主为叔父，依附契丹长年与后周作对。他占据河东一隅之地，自称皇帝，继承后汉国统，并时刻不忘复仇南侵。

郭威一死，新天子难以驾驭局面，刘崇觉着机会到了，便立即禀报契丹主，契丹派杨衮率一万多骑兵相助，刘崇自己点兵三万，以张元徽为先锋两军会合，挥师南下。

消息传来，后周朝廷一片慌乱，柴荣立即召群臣商讨对策，准备统兵亲征。但此时满朝一片反对声：刘崇乃先帝手下败将，遁逃太原后，势蹙气沮，必不敢轻举妄动。陛下刚刚即位，先帝寝陵未安，人心易动，不宜

随便亲征，派手下将领抵御即足以退敌。

柴荣不以为然地说："这次刘崇是来者不善，趁先帝身殁，轻朕年少而来，乃意在图谋天下，我不可不往。"考虑到自己毕竟年轻，怕压不住阵势，柴荣又补充说："昔唐太宗平定天下，未尝不亲征，朕何敢偷安！"

资深老道的冯道从心底里有些瞧不起新皇帝："陛下未必能学得了唐太宗。"这话激怒了柴荣："以我军之强大，迎战刘崇的乌合之众，无异于以山压卵，你为何讲这话？"

"陛下能充当一座大山吗？"冯道仍不服气。受到如此轻侮，柴荣下定决心要进行亲征，他需要让事实说话。

长期跟随郭威的柴荣对打仗的事情很在行，他果断地作出部署，命天雄军节度使符彦卿领兵袭击北汉军后路；命河中节度使王彦超自晋州（今山西临汾）东下，夹击刘崇；命禁军都指挥使樊爱能、步军都指挥使何徽、宣徽使向训率军从正面前往泽州（今山西晋城）迎战敌军。

三月十一日，柴荣率军从开封出发。

刘崇从太原出发一路比较顺利，先在邢州打败了昭义节度使李筠的部队，迫使李筠逃到潞州，闭城自守。

为了争取时间，刘崇没有攻打潞州，而是引兵绕道南下，直抵高平（今山西晋城东北）。柴荣从开封出发后日夜兼程，十八日到达泽州，当夜即宿于潞州城东北15里外的村舍。次日，在高平与北汉契丹联军进行交战。

两军前锋在高平县遭遇，周军小有胜利。柴荣深受鼓舞，将万余周军分成三路：以侍卫亲军马步军都虞侯李重进、滑州节度使白重赞为左军，侍卫马军都指挥使樊爱能、步军都指挥使何徽为右军，宣徽使向训、郑州防御使史彦超率精锐骑兵部队为中路军。中路军是柴荣坐镇的部队。禁军将领赵匡胤在殿前都指挥使、郭威女婿张永德指挥下，担负着保护柴荣的重任。

此时，刘崇亦在高平县南列阵迎战周军。契丹杨衮部队居西翼为右军，先锋张元徽居东翼为左军，刘崇亲率三万大军为中路军。双方严阵以待。

战幕拉开之后，由于后周河阳节度使刘词所率的后路大军尚未到达，敌我力量相差悬殊，有些将领便有了怯阵心理。刘崇见后周兵少，先骄傲起来。后悔不该拉上契丹，心想自己几万军队对付周军已绰绰有余。杨衮劝他不要轻敌，他不但不听，反倒叫契丹骑兵不必出战。他感到胜券在握，决定要让后汉部队收取全功。

果然不出刘崇所料，交战不久，后周右军首先被打败。张元徽仗着勇猛和连打几次胜仗的锐气，一马当先冲杀过来。樊爱能和何徽一看北汉士兵漫山遍野不计其数，顿时慌了阵脚。起初想让统领后军的刘词增援，不料援军未到，阵线就被冲垮了。于是东厢骑兵大乱，步军数千人逃之不及，纷纷向汉兵投降。樊爱能和何徽则早已扔下部队，率数骑逃离阵地。两人边逃边放风，说后周已战败投降，试图阻止后军刘词部队向前推进，以推卸责任。

右军溃败，“危机之势，顷刻莫保”，千钧一发之际，28岁的禁军将领赵匡胤勇敢地站了出来。他大声疾呼：“君危臣死，为何不拼死效忠！”并当机立断地向张永德建议，兵分两路，由他本人率兵作为右翼，请张永德引兵占领高地，作为左翼，发挥神箭手的优势，形成两军合击之势。张永德当即采纳了他的建议，下令执行。

于是两人各率两千人出击以挽救危局。赵匡胤跃马出击，身先士卒，直冲敌营。士兵见指挥官如此冲锋陷阵，也都奋不顾身，拼死力战，无不以一当百，汉将被周将一箭射中，摔倒在地的张元徽被周军乱刀砍死。

汉兵见先锋败阵，士气顿时一落千丈，全军溃败。契丹援军望而生畏，不敢救援，便引兵而返。

刘崇败退，周军声威更壮，再加上刘词后军赶到，汉兵被杀得尸骨遍野。赵匡胤在力挽危局后越战越勇，率兵斩杀了后汉枢密副使王延嗣，并乘胜攻打高平城，直到自己左臂中箭、周世宗下令收兵方才罢休。

在战场上，赵匡胤带头冲锋陷阵，化险为夷，此举深深感动了将士，特别是周世宗本人。在高平之战中，赵匡胤采取了关键的行动，他的胆识、谋略在此表现得淋漓尽致。

机会往往钟情于有能力、有胆略的人，如果你没有真本领，即使有了机会也不一定能成功。赵匡胤本有壮志，又能见机行事，在得到皇帝的赏识后，又伺机展示才华渐渐进入政界高层，并由此而发迹。

作为现代的我们，当机会来临时要善于把握，也要在机遇中踏实苦干、努力表现自己。

很多知名人物一开始也是做着默默无闻的小事，最后成就了非凡伟业。

1908年，年轻的希尔在上大学的同时，还在一家杂志社工作。因为他在工作上的杰出表现，被杂志社派去访问美国钢铁大王安德鲁·卡内基。卡内基十分欣赏这位积极向上、精力充沛、有闯劲、有毅力、理智与感情平衡的年轻人。他对希尔说："我要你用20年的时间，专门用在研究美国人的成功哲学上，然后得出一个答案。但是，现在我除了写介绍信为你引荐这些人外，我不会为你提供任何经济支持，你肯接受吗？"

年轻的希尔勇敢地接受了任务，然后他在卡内基的引荐下，遍访了当时美国最富有的500多位杰出人物，对他们的成功之道进行了长期研究，终于在1928年，完成并出版了专著《成功定律》一书。《成功定律》这本书震动了全世界，曾激发了千千万万的人成功和致富。7年以后，希尔做了罗斯福总统的顾问。

从这个故事中我们可以看出，单靠机遇是不能成功的，还需我们后天的努力，只有这样才能成就非凡的事业。

第二章 DI ER ZHANG 卓越品质，开启机遇之门

从某方面来说，机遇就是财富。谁拥有了机遇，谁就拥有财富。其实人与人之间之所以有如此大的差别是因为对待机遇的态度不同。或许那些成功的人不是最聪明的人，但他们却是善于抓住机遇的人。因此，如果你想要成为一名成功人士，就需要抓住每一次机遇，甚至还要创造机遇。

认真态度，赢取机遇

只要具有做事认真的态度，每个人都可以把眼前的事情做好。除此之外，在别人的反馈中不断认清自己，就能看到自己的逐步成长。与其他皇帝相比，赵匡胤是一位心思缜密、做事也很认真的皇帝。正是因为他做事认真才为他带来了很多发展机会。

历史上，曾经有评论家对赵匡胤颇有微词，说他这个人诡计多端、善谋略、私欲极强，谁也没有他狡猾；他表面上为人宽厚、谦恭礼让，颇有仁爱之心，实则这都是笼络人心的手段而已。比如，他当了皇帝后，见到前朝旧臣，立即痛哭流涕，表示自己当皇帝，实在是不得已，深有“负天地，无限愧疚之感”，骗得这些老臣听从他的摆布。

一般而言，新皇帝登基后，往往对前朝的一班人马予以清除。可是，赵匡胤却没有这样做，而是事先让翰林替周恭帝拟发禅位诏书，举行仪式后，这才合理合法地穿上龙袍，登上皇帝宝座。他让恭帝和符后迁入西宫，授恭帝为郑王，符后为周太后，把他们养起来，并对天下实行大赦。

对他有非议的评论家认为，这些只不过是赵匡胤收买人心的手段罢了。或许，诚如他们所说，但是赵匡胤身上还是有很多令人佩服的地方，就说他办案时的认真态度，就不是一般人所具备的。

登基后，赵匡胤经常便服出宫。大臣极力劝他，说：“出宫太危险了。”赵匡胤却说：“皇帝只待在宫里，不了解外面的情况，怎么能治理好国家呢？我不树敌、不欺压百姓，哪会有人加害于我？”

一天，一个乞丐向一家商铺讨钱，嫌给的钱少，于是大骂店主，围观的人很多。这时，突然蹿出一个人拔刀杀死了乞丐，然后慌忙逃走。事情传到赵匡胤耳朵里，他说："人命关天，不能草率敷衍，一定得认真追查，尽早破案。"

皇上的圣旨谁敢怠慢，命案不久就告破。原来是店主恼羞成怒叫人杀了乞丐。

赵匡胤接见了办案人员，说："你们辛苦了，可这命案马虎不得，千万别冤枉好人，你们再认真审查审查。"

过了几天，办案的官员又来了，说案子已经彻底查清了，确定是店主让人杀死了乞丐，还带来了杀人的刀。

赵匡胤说："再审了吗？"

官员回答道："再审了。"

赵匡胤问："真查清了吗？"

"是，没错！人证物证俱在，皇上看这杀人的刀……店主已经交代清楚了，还亲手写了供状。"

赵匡胤对身边的侍从说："去！把我的刀鞘拿来！"

侍从把赵匡胤的刀鞘拿来了，赵匡胤把那把刀顺利地插进刀鞘里，生气地说："你们看，这刀是朕这鞘里的。那天，朕也在场，不小心把随身带的刀落在了现场。你们都没有细查，就一口咬定说这是凶器。你们这样办案能不冤枉好人吗？"

办案人傻了眼，连忙磕头请罪。

赵匡胤命他们重新彻查，戴罪立功，才免除了他们敷衍办案的罪责。由此可见赵匡胤办案的认真态度。正因为他的这种态度，才没有冤枉了无辜者。作为国君的他能如此做，实属难能可贵。这一优点，也为他在治理国家上赢来了很多发展机会。

很少有人把认真与机遇联系在一起，但在市场经济的今天，只要我们深入想一想，就会发现认真与机遇有着必然的联系，因为认真已经成为商业竞争和人才竞争的重要手段，认真在不同人眼里有着不同的分量。在领导或老板眼里，部下的认真体现了对企业的忠诚和精心，在用户和顾客

眼里，认真体现了诚信和厚道。所以认真一旦被认可，一定会改变在“上帝”心目中的地位并留下与众不同的美好印象，不仅可能带来机遇，甚至可能改变命运，下面举个例子也许能说明这个问题并有所启示：

我们都知道大明星成龙，他也不是天生下来就是大明星，也有他平凡而又艰难的起步。他曾回忆说：“我的路是从演死人开始的。”在演艺圈恐怕没有比演死人更简单的角色了，但要演好也离不开认真二字，成龙细心琢磨，一遍又一遍地尝试，功夫不负有心人，成龙终于成了“死”得最像的人，得到了导演很高的评价和后来的重用。但是成龙并不满足这些，他的梦想是武术指导，想跟当时一位很有名的武术指导学武艺，于是千方百计找机会接近这位武术指导，每天都在武导的必经之路等待他，终于被武导看出了成龙好学的决心，并给了他一次擦汽车的机会。虽然是极普通的伺候人的工作，但在成龙心里却看成是难得的机遇，他不放过汽车上的每一个污点，所有擦不到的每一条缝隙都用牙签挑剔得干干净净，他说：这是他一生中擦得最干净的一辆汽车，从此他成了武导身边的红人，为他学武艺和当武术指导奠定了必要的基础，现在的成龙仍然没有忘记认真两字对他的人生道路所起的重要作用！

当我们赤手空拳刚起步还没有任何资本的情况下，我们用什么来证明自己呢？只有认真是我们每个人都可以拥有又可以感人的重要武器！

珍惜机会，善于学习

在现代社会，只有你自己独特的个人资源，刻苦努力读书所获得的回报，才是你源源不断的个人财富，谁都无法代替，这才是自己真正的幸福之本！所以我们平时一有机会，就不要忘记学习。

宋太祖“严重寡言”，性格比较内向。他虽然出身行伍，但与那些缺少文化素养的赳赳武夫有所不同，他酷嗜观书，虽行军打仗，也手不释卷。听说民间有奇书，往往不惜千金购得。后周显德年间，跟随周世宗攻打淮南，有人在周世宗面前揭他的短，说：“赵匡胤攻下寿州，私自运载货物，达数车之多，都是一些贵重的东西。”周世宗将信将疑，派遣使臣前往检查，打开所有的箱子一看，只有书籍数千卷，没有其他东西。周世宗急忙召见赵匡胤，对他说：“你刚刚做我的军事将帅，为我开辟疆土，应当努力坚甲利兵，要这么多书干什么？”赵匡胤顿首道：“我没有奇谋上赞圣德，承蒙皇上重用为将帅，常常害怕完不成任务，因此聚书观看，为的是从中学到知识，广见闻，增智虑。”

即位后，宋太祖更喜欢读书，经常派人到史馆去借书看。兵部郎中、知制造卢多逊担任史馆修撰、判馆事后，总是预先派人打听宋太祖所要借阅的书目，然后及时通读，在心中记下有关书籍的内容，等待宋太祖问询。而每当宋太祖问到涉及书中内容的问题时，卢多逊自然是对答如流，往往令同僚佩服不已。

宋太祖不仅自己好学不倦，还劝导文武臣僚和皇室子弟读书。赵普听从他的劝导，养成了读书的习惯，终日手不释卷。赵普在年轻时，没有多少学问，只是对吏事较为精通。做了宰相后，宋太祖经常劝他多读点书，否则在朝廷难以立足。赵普于是有了好学不倦的习惯，每天处理完政事回到家中，就关起门户，从书箱中取出书来，“读之竟日”。由于有了丰富的书本知识，“少习吏事”的赵普临政处事，更是如虎添翼，得心应手。赵普去世后，家人打开箱子一看，原来是《论语》20篇，所以有赵普半部《论语》治天下的说法。对于武臣，宋太祖也鼓励他们读书，他说：“今之武臣，欲尽令读书，贵知为治之道。”皇室子弟也应读书，他曾对秦王侍讲说：“帝王的后代，应当多读经书，知道历史上治乱的情况。”

宋太祖读书的目的十分明确，即广见闻，增智虑。劝导文武臣僚读书的目的也十分明确，就是知为治之道，知治乱大体。这两点说得具体一点，就是吸取书本上的知识以及历史上的经验教训，提高自己的知识水平

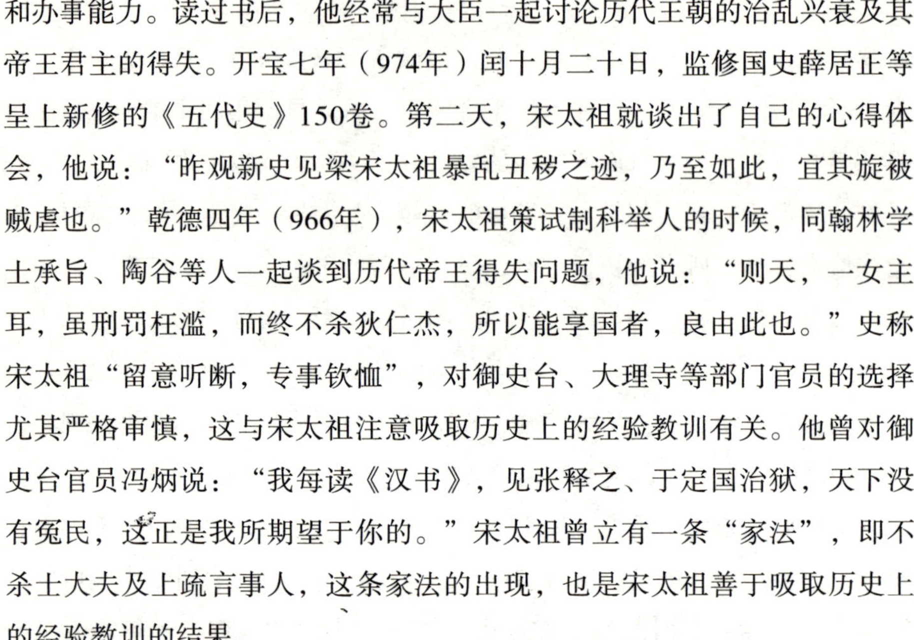

和办事能力。读过书后，他经常与大臣一起讨论历代王朝的治乱兴衰及其帝王君主的得失。开宝七年（974年）闰十月二十日，监修国史薛居正等呈上新修的《五代史》150卷。第二天，宋太祖就谈出了自己的心得体会，他说："昨观新史见梁宋太祖暴乱丑秽之迹，乃至如此，宜其旋被贼虐也。"乾德四年（966年），宋太祖策试制科举人的时候，同翰林学士承旨、陶谷等人一起谈到历代帝王得失问题，他说："则天，一女主耳，虽刑罚枉滥，而终不杀狄仁杰，所以能享国者，良由此也。"史称宋太祖"留意听断，专事钦恤"，对御史台、大理寺等部门官员的选择尤其严格审慎，这与宋太祖注意吸取历史上的经验教训有关。他曾对御史台官员冯炳说："我每读《汉书》，见张释之、于定国治狱，天下没有冤民，这正是我所期望于你的。"宋太祖曾立有一条"家法"，即不杀士大夫及上疏言事人，这条家法的出现，也是宋太祖善于吸取历史上的经验教训的结果。

宋太祖爱好读书，对书籍的搜罗和收藏非常重视。唐末五代之际，兵火战乱相继，图书散亡甚多，部分流落民间。在统一战争过程中，宋太祖对各国的图书极为珍视，想尽办法加以保护和搜罗。平蜀后得书1.3万卷，平江南后得书2万卷。乾德四年（966年），宋太祖专门为搜求、征集民间藏书颁布诏令，凡是官吏、百姓献上的书籍，由史馆查看篇目，凡馆中没有的书就加以收纳。为了鼓励人们献书，规定献书人都可到学士院接受关于做官道理的策试和询问，适合担任相应官职的，记录下姓名，然后上报宋太祖。这一年，涉弼、彭干、朱载应诏献书，共计1228卷，受到奖励，赐给科名。通过向民间征集书籍，迅速丰富了国家藏书，仅史馆藏书量即很快增至8万卷。丰厚的藏书为随后大型类书的编纂准备了物质条件。

宋太祖读书较多，文化水平比较高，有时善于借助诗来表达自己的志向和想法。他早年四处漫游，一天，看到几个文人对着冉冉升起的太阳吟诗。听着，看着，他禁不住也吟出几句来：

欲出未出光辣达，千山万山如火发。

须臾走向天上来，赶却残星赶却月。

这首《日》诗文辞朴实，吟出了朝阳不凡的气势，也吟出了宋太祖希望找到机会一展才华的心情。

赵匡胤的治国方针和策略大多都是在读书的过程中形成的。作为一个草莽英雄，通过孜孜不倦地好读书、读好书，才可以转变成为见识广博的治世明君。他的仁义之名和权术之精，大多得益于此。

读书是一件幸福的事，它往往决定着一个人未来的命运以及生活道路。对每一个人来说，努力既是为了今天也是为了将来，而读书学习则是为了明天。知识本身没有什么力量，唯有化为自己的行动，才能产生巨大的力量。要想一生拥有幸福和快乐，那么现在就得不断地去刻苦学习，别让无知无能的烦恼和痛苦在以后不断地光临。

让我们来看一则故事：

小张和小王初中时是一个班的同学，小张来自农村，家里非常穷，因此，读书非常刻苦，成绩常常是年级前几名。

小王就不一样了，他的父母是生意人，家里非常有钱，因此，小王就常常有一种优越感，觉得自己家里条件好，努力读书和不努力读书一个样，迟早自己会成为家里事业的继承人。于是常常玩游戏、上网，初中毕业就不再上学了。

和小王相比，小张刻苦学习，最终被首都的一所重点大学录取。他大学毕业后，被一家知名软件公司聘请为工程师。工作后的第二年，他还自主创业，创办了属于自己的软件公司，最终成为了一名年轻的企业家。

而辍学后的小王不学无术，整日游荡于社会。有一次在与别人打架时将别人误伤，被判处有期徒刑8年，成为了一名可耻的少年犯，出狱后对自己当初的行为悔恨不已。

可见，处于青少年时期，如果不好好读书，极易走向歪门邪道，甚至可能最终葬送自己一生的幸福。

所以，我们要谨记：读书不会使人呆傻，而是增长智慧。读书不会使

人贫瘠，而是增加财富。如果不读书就没有获得知识的机会。缺乏知识，就会致人愚笨，甚至陷入困顿，不能更好地生存，更别谈更好地享受生活了。知识贫乏者要想在社会上生存有着一定的困难，因为缺乏知识，人生就没有希望。

抓住机遇，实事求是

实事求是就是务实、讲究实际，这是中国农耕文化较早形成的一种民族精神。孔子不谈“怪、力、乱、神”，就已把目光聚焦在社会生活上。

宋太祖在位期间，抓住国家太平的机会，勤谨务实，“夙夜畏惧，防非窒欲”。他为求国家统一，极力克制骄傲之心和欲望，量力而行，脚踏实地，开拓进取。

在平定南方后，金帛珠玉被源源不断地运往东京汴梁。对这些金银珠宝，宋太祖并没有用来炫耀和挪用，而是在京城设立封桩库，将缴获来的金银以及国家财政的盈余部分，一并存入此库。设立封桩库的目的，宋太祖本人说得极为清楚：“石敬瑭为一己之私利，割让幽蓟十六州以贿赂契丹，使一方之人独陷外境，朕对他们甚感怜惜。打算待此库中蓄满三五十万，便遣使同契丹交涉。如果能将这一地区的土地归还民众，我便拿出库中所藏当作赎款，以补偿辽朝。如果契丹不同意归还，我就散尽库中钱财，招募勇士，以武力攻取。”他还说：“辽兵数次侵扰边境，如果我用二十匹绢的价钱收购一名辽兵首级，辽军精兵不过十万，总共只需花费二百万匹绢，而辽兵便会被我消灭殆尽了。”在整顿军备方面，宋太祖也本着务实思想，要求兵器制作必须精良。在战争中，除了指挥得当和人数多寡外，最重要的要数兵器的质量了。中国近代以后受尽列强的欺凌，其直接原因就是武器落后，用陈旧的大刀长矛去对抗欧洲列强精良的大炮火枪，只有被动挨打的份，毫无还手之力。在这一点上，宋太祖算是比较有远见的君主。

为适应频繁的战争需要，宋太祖下令，在开封城内专门设置管理兵器制造的工署，包括南、北作坊和弓弩院，由禁军、厢军士兵和专门招募的工匠，负责兵器的制造和改良。每个作坊都规定了生产任务，并要求保证质量。为确保兵器的数量和质量，宋太祖还经常亲自到作坊指挥监督，史载：宋太祖每天下南、北作坊和弓弩院巡检一次，称为旬检。制造完毕的各种武器都陈列在武器库中，等待皇帝亲自过目检查。这样一来，制造武器的人没有敢不尽心尽力的，所以造出来的武器异常坚固锋利，且完成的数量也很多。

正是由于宋太祖对武器的重视，宋代初期的兵器制造出现了两大飞跃，即近距离兵器向远距离兵器的飞跃，以及冷兵器向热兵器的飞跃。

弓箭，是当时战争中普遍应用的远距离兵器。在宋太祖时期，弓箭的性能得到进一步加强，主要体现在床子弩的改进上。以前的床子弩射程只有500步，经过宋代改进后的床子弩，其射程开始达到700步，不久又达到三里之遥，而当时中世纪欧洲所使用的弓，其射程最远才仅仅为180米。

随着火药的发明，宋代开始将其用于军事上。据载，宋太祖开宝三年（970年），就有兵部令史冯继升等人进献制造火箭的方法，后经试验，造出了可以燃烧和爆炸的火箭，大大提高了军队的战斗力。冯继升也因此受到赏赐。

宋太祖时期制造的武器在质量上是非常精良的，即使封存百十年后，仍保持优良的性能。当初宋太祖讨伐李重进时，便将一批多余的弓弩各约千张，封存于扬州作为储备，并下令“非有缓急，不得辄开”。过了140多年，方腊率众起义，宋军才打开军器库，取出这批封存的弓弩，发现这批弓弩不仅外表如同新制，而且性能要远远超过当时制造的弓弩。

宋太祖务实的作风还体现在戒奢崇俭方面。按照礼制，祭祀礼是一项

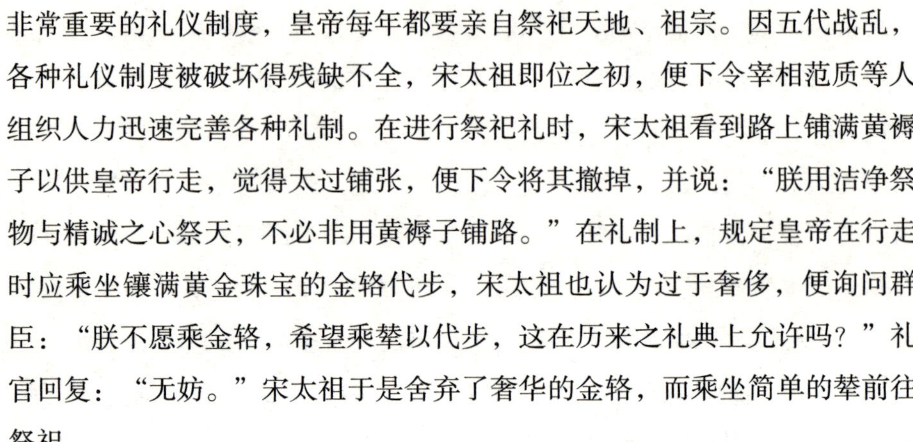

非常重要的礼仪制度，皇帝每年都要亲自祭祀天地、祖宗。因五代战乱，各种礼仪制度被破坏得残缺不全，宋太祖即位之初，便下令宰相范质等人组织人力迅速完善各种礼制。在进行祭祀礼时，宋太祖看到路上铺满黄褥子以供皇帝行走，觉得太过铺张，便下令将其撤掉，并说：“朕用洁净祭物与精诚之心祭天，不必非用黄褥子铺路。”在礼制上，规定皇帝在行走时应乘坐镶满黄金珠宝的金辂代步，宋太祖也认为过于奢侈，便询问群臣：“朕不愿乘金辂，希望乘辇以代步，这在历来之礼典上允许吗？”礼官回复：“无妨。”宋太祖于是舍弃了奢华的金辂，而乘坐简单的辇前往祭祀。

生活在现实社会中，人的思想也必须讲求实效，舍弃那些虚幻的想法和念头。虚名，只是自欺欺人的一种工具，对国家、对个人只能产生麻痹作用，带不来一点益处。所以，务实才是唯一可靠的方法，做人如此，办事也是如此。否则，只能是自取灭亡。

赵匡胤的勤奋务实的精神，很值得我们现代人去学习。“知之为知之，不知为不知，是知也”这句话是孔子用来教育他的弟子的。孔子生活的那个年代，人类是十分信任鬼神的，而他却用自己的在平时生活中所感悟的点点滴滴用作经验之谈来教导弟子，这就是实事求是的精神，是一种智慧。因此，要养成踏实认真的学习态度，实事求是的工作作风，避免鲁莽虚荣的生活习气。

王符的《潜夫论》说：“大人不华，君子务实。”王守仁的《传习录》说：“名与实对，务实之心重一分，则务名之心轻一分。”这些思想就是中国文化注重现实、崇尚实干精神的体现。它排斥虚妄，拒绝空想，鄙视华而不实，追求充实而有活力的人生，创造了中国古代社会灿烂的文明。

在近代历史上，也涌现出许许多多讲究务实的革命先辈。鲁迅，这位用笔来当作武器的革命战士，不论做事还是他的文章，都是表达出了自己的真实感情。在他的文章《藤野先生》中，藤野先生是鲁迅的一个老师，他是一个日本人，在那个年代里，中国人都是憎恶日本人的，可是鲁迅却不是。他在文章里表达了对藤野先生的尊敬以及后来对藤野先生的愧疚之情。他笔下的藤野先生，是一个正直善良，没有民族歧视的人。这可以看出，鲁迅是一个爱憎分明的人，他不会因为大众偏见而改变对某些人的观点，他憎恶日本人，他也尊敬藤野先生。鲁迅讲究实事求是的精神，值得我们学习。

作为现代社会的人来说，我们要学习从古至今拥有务实精神的人，学习他们实事求是的态度。那么，务实精神作为传统美德，一定会在我们当代生活中熠熠生辉。

施与机会，知错能改

古人云："人非圣贤，孰能无过。"在日常生活和工作中，我们每个人都会犯错误，每个人都是不完美的，在做错事情的时候都希望能够得到别人的原谅，获得改正的机会。如果别人对于自己的行为没有好的评价，也不要气馁。当别人犯错误的时候也要考虑给别人改正的机会，这也是完善自我的过程。

赵匡胤一生中没有太多不良嗜好，不像一些昏庸的皇帝耽于酒色，相反，赵匡胤勤于政事，是一个好皇帝。但是毕竟人无完人，再勤政的皇帝也有懈怠的时候。

统一天下的征程中，赵匡胤兢兢业业，天下终于有了一统的雏形。在中原初定的时候，赵匡胤把矛头指向了偏安一隅的西蜀。兵发西蜀之后，赵匡胤有必胜的把握，也就显得有点清闲，每天处理完日常政务之后，便在御书房看看书，偶尔也会召集一些亲信近臣们射猎、蹴鞠，这是他平生最喜欢的两项较力型运动。自登基当皇帝以来，不是戎马倥偬，便是政务繁冗，难得这样清闲。

这日早朝之后，赵匡胤在几个嫔妃宫人们的簇拥下，又来到皇宫后

苑，挟弓弹鸟。

此时已是初冬天气，花草凋零，树木萧条，后苑中略显得有些清冷。但是当日艳阳高照，晴空万里，身边又有这些正值豆蔻年华的妙龄宫女们相伴，赵匡胤觉得心里暖融融的。有许多鸟儿正站在光秃秃的枝头上晒太阳，对这群又说又笑的闯入者毫无戒备。

赵匡胤张弓拈弹，略一瞄准，“嗖”的一声，一粒豆粒大小的弹丸利箭般地射了出去，一只翠鸟立时羽毛纷飞，应声坠落下来。妃嫔宫女们一齐欢呼起来，纷纷向赵匡胤恭贺。赵匡胤只淡淡一笑，又挟弓向另一处走去。一连射了四五次，次次弹无虚发，射下的鸟儿各种颜色都有，有的死了，有的还活着。宫女们捧着这些美丽的战利品，一片啧啧称颂之声，她们是从心底里敬佩自己这位神武英睿的君王。赵匡胤亦十分高兴，脸上漾着从心底泛起的笑意，他有些陶醉了。

就在这时，却有一名太监来报，说是侍御史陈子政求见。赵匡胤认为臣下此时求见，必有大事，便宣他进了后苑，让妃嫔们暂到一旁回避。

陈子政行过大礼，便开始啰啰唆唆地禀奏，说了一件又一件。赵匡胤耐着性子听着，好容易才奏报完了，却都是些无关紧要的琐碎之事。赵匡胤便有些生气地说道：“这算什么大事急事，何必如此着急地前来禀报？”

谁知那陈子政却是个憨直之人，居然当面顶撞赵匡胤道：“此事虽不算甚急，但是总比陛下弹鸟急切些吧？”

赵匡胤登基以来，难得像今天这样清闲，正玩得兴致勃勃，却被这人搅扰了，本就不太高兴，更想不到他会当面顶撞，还带着几分讥讽的口吻。就连那些手握重兵、桀骜不驯的大将军们，以及赵普等那些位高权重的宰相大臣们，在自己面前都是俯首帖耳，言听计从，谁敢如此放肆？赵匡胤顿时勃然大怒，只觉得一腔热血都涌到了头顶上，情急之下，顺手拿起了旁边的一把斧子，用斧柄狠狠地向陈子政脸上捣去。却不料陈子政倔强地立在那里，不躲不闪，竟被撞掉了两颗门牙，一股鲜血立刻从嘴里流了出来。

陈子政既不谢罪，也不说话，却弯下腰把掉落在地上的两颗门牙拾了起来，仔仔细细地擦干净，以手帕包了，放入袖中。

赵匡胤甚感奇怪，余怒未息地问道："怎么？你难道要收集物证，去告朕的状不成？"

陈子政却不急不慢地说道："陛下贵为天子，微臣还能到何处去告？不过还有史官在，他们会将此事载入史册。"

一句话，说得赵匡胤目瞪口呆，他顿时醒悟。是啊，自己身为天子，至高无上，可以为所欲为，臣下都怕自己，可是历史却不怕，它会无情地把自己的功过得失毫厘不差地流传下去。历史上，许多帝王都是因耽于玩乐，荒废朝政，最终导致误国丧权，身败名裂。自己怎能因为弹鸟作乐而不听劝谏，还动手打了臣下呢？想到这里，赵匡胤只觉得悚然心惊，一股冷气沿着脊骨往上蹿，连忙笑着说道："你说得对，朕不该耽于游乐，玩忽职守。"说罢，赵匡胤命人去取来一些金帛，赐给那位陈子政，以示歉意。

这件事给赵匡胤的震动极大。自此以后，他每出一言，每行一事，都会想起那血淋淋的两颗门牙，想到史官会记录在册。

赵匡胤在名节问题上能听取正确的意见，在自己做得不对时，也常常知错能改。

宋皇后是赵匡胤的第三位皇后，号为"开宝皇后"，河南洛阳人，《宋史》称其"近代贵盛，鲜有其比"。宋家三朝国戚，其父为左卫上将军、忠武军节度使宋延渥，生母为后汉宋太祖刘知远之女永宁公主。宋皇后为人谦和善良，性情柔顺，知书达理，赵匡胤虽然比宋皇后整整大了25岁，但他们夫妻相敬如宾，感情甚笃。据《宋史·后妃传》记载，每当宋太祖退朝，宋皇后"常具冠帔候接，佐御馔"。

宋皇后对赵匡胤极为体贴恭顺，是一位十分贤德守礼的皇后，她文静儒雅，不喜游乐。作为皇后的她，贤明庄重，无可挑剔。但是皇帝还需要有擅长声乐、有色有艺、善于陪皇帝娱乐开心的妃嫔，宫中却缺少这样的人，原有的几个妃嫔，都不能使赵匡胤满意。

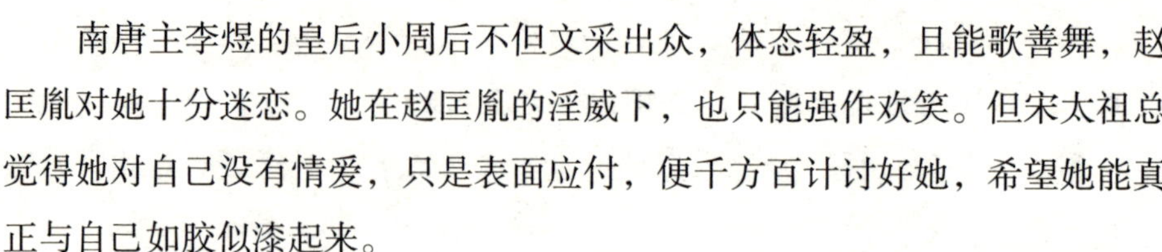

南唐主李煜的皇后小周后不但文采出众，体态轻盈，且能歌善舞，赵匡胤对她十分迷恋。她在赵匡胤的淫威下，也只能强作欢笑。但宋太祖总觉得她对自己没有情爱，只是表面应付，便千方百计讨好她，希望她能真正与自己如胶似漆起来。

后蜀主孟昶的花蕊夫人，媚态十足，有色有艺，也被赵匡胤纳在后宫，但宋太祖总觉得她不如小周后那样纯真可爱。

花蕊夫人曾为孟昶的宠妃，青城（今都江堰市东南）人，后蜀大臣徐国璋的女儿，孟昶曾以“花不足以拟其色，蕊差堪状其容”来描写其倾国的容貌，并赐予她“花蕊夫人”的封号。花蕊夫人不仅天生丽质，而且才华过人，精通诗词。

后蜀亡国时，花蕊夫人以俘虏的身份被押往汴京。赵匡胤早就听说她会做诗，召见她时，命她当庭赋咏，花蕊夫人便做了一首《述亡国诗》：

君王城上树降旗，妾在深宫哪得知。
十四万人齐解甲，宁无一个是男儿。

一次，赵匡胤召她们进宫，十多天了就是不放回去。这天正是中秋佳节，小周后启奏要求回家，赵匡胤笑道：“你和李煜在一起共度中秋已好多次了，这次不能让给朕，与卿过个欢乐的团圆节吗？”

中秋晚上，宋太祖令人在宫内殿前广场摆下香案，放上糕点、水果各色吃食，邀宋皇后一同赏月夜宴，小周后和花蕊夫人也陪侍身边。

忽然太监来报：“晋王和王妃到了。”

晋王赵光义和宋太祖赵匡胤不但兄弟情深，而且赵匡胤谨遵母命，早已打算将来把大宋王朝的帝位传给赵光义。虽没向赵光义说明，但暗中却在努力培养他的权威和能力，现在已把赵光义提升为侍中，位列宰相之上，一切朝政大权、重要决定，都交给赵光义去处理，以锻炼他处理政务的能力。平时，兄弟二人之间更是无话不谈，也不拘泥于君臣之礼。

赵光义看见小周后也在那里，心中便不高兴，对赵匡胤道：“哥哥，你是我们大宋的开国皇帝，兄弟十分希望哥哥能做出一番辉煌事业，为我大宋奠定万年基业，功勋超过唐朝的李世民，为后人万代称颂。可是近来京城中却有人说哥哥有点像殷纣王、隋炀帝！”

赵匡胤一听，脸色一变，说道：“哪个胆敢污蔑朕，兄弟你说出来，我定将其严惩。”

赵光义道：“这没用。人言可畏，杀一两个人，又怎能掩天下人之口？”

赵匡胤问：“说朕是殷纣王、隋炀帝，有什么证据？”

赵光义道：“比如说这两个女子，哥哥，你把她们留在宫内，求一时之快，可知为此将使你英名尽丧。”

赵匡胤说：“亡国之君，有什么了不起，不值得大惊小怪。”

赵光义说：“好事不出门，坏事传千里，哥哥这一时不检点，使得过去传颂天下的侠义美名，都要付诸东流了。一旦民心丧失，社稷危矣！”

赵匡胤听了低头不语。赵光义又说：“自古以来，女人是祸水。纣亡于妲己，周亡于褒姒，吴亡于西施，唐代的杨玉环更是红颜祸水，这样的例子多得不可胜数。如今你留住这两个女子，谁知会产生什么事来。哥哥你乃顶天立地的男子汉，难道不想当个万古流芳的圣君，却要自毁名节，惹人笑骂百世吗？”

这一席话，说得赵匡胤脸上一阵红一阵白，扭头叫过司礼太监，说道：“备轿，把这二位夫人送回家去！”

赵光义见小周后等退下了，才对赵匡胤说：“这样做才不愧为大丈夫。目前，北有契丹强敌虎视眈眈，北汉也时常出兵扰我边境，希望哥哥把精力集中到政务上来，创造出前无古人的丰功伟业，传颂千古。”

赵匡胤被赵光义说得豪气横生，对赵光义说：“朕戎马一生，身经百战，创立大宋，岂甘心自暴自弃，当尽力而为，誓做千古英主。兄弟今日这番金玉良言，为兄十分感谢。”

赵光义说：“兄长能有这番话，我做兄弟的也感到光彩。”

说毕，又举起酒杯道：“为了我大宋万年基业，为了开国英明君主，兄弟敬你一杯！”

赵匡胤也举起酒杯，与赵光义对饮。

身为皇帝的赵匡胤，在名节问题上能听取弟弟赵光义的意见，并立即改过，实在是难得。自古以来，因女色误国的君主大有人在，而能够吸取教训，以社稷为重的帝王却并不多见，赵匡胤不愧是头脑清醒的政治家。

如果是你做错事，你能不能像赵匡胤那样勇于承认自己的错误呢？松下幸之助说："偶尔犯了错误无可厚非，但从处理错误的态度上，我们可以看清楚一个人。"老板欣赏的是那些能够正确认识自己的错误，并及时改正错误以补救的职员。那些一犯错误就辩解开脱的员工，只会引起老板的反感。犯了错误并不可怕，怕的是不承认错误，不改正错误。

能坦诚地面对自己的错误，再拿出足够的勇气去承认它、面对它，不仅能弥补错误所带来的不良结果，在今后的工作中会让自己更加谨慎行事，而且别人也会痛快地原谅你的错误。在犯了错误之后，绝对不要采取下面的行动：犯错后一味地撒谎否认。说谎的人总说："我没做那件事"，或者"不，不，那不是我干的"，再或者"我不知道这是怎么一回事"，还有"我发誓"之类的话。还有一类人犯了错误后，习惯于说："噢，这没什么大不了的，情况会好起来的""出错了吗？哪里出错了""不要着急，事情会如你所愿的"。不敢承认自己的错误，只会指责别人。这种人犯错后会说："这是你的错，不是我的错"。他们也会说："我的雇员对我不忠实""他们说得不清楚""这是老板的错"等。如果我们犯了错，就要迅速而诚恳地承认。这样不但能产生良好的效果，而且比为自己争辩好得多。

当你犯错误的时候如果不敢承认，你可以考虑以下几个方法：如果必须向别人承认错误，与其找理由逃避，还不如勇敢地承认错误，在别人还没有因为你的做法而宣扬出去之前，你应该考虑先对自己的行为负责。如果你的错误影响到其他人的工作或者是利益的时候，一定要主动承认错误，不管别人是否发现，否则就会惹怒对方。在工作中，如果你犯错误了，你应该马上向领导汇报，虽然肯定会被领导批评，但是在领导心中你一定会是一个诚实的人。

犯错是每个人无法避免的，尤其是当你工作过重，精神不佳，压力太沉重时，不小心犯错是很正常的事情。如果我们能在犯错之后正确地面对，就不算什么大事情，甚至还会提升你的形象，对你日后的交往起到大的帮助。

著名的革命家、思想家、政治家列宁有这样一个故事：有一次母亲带着列宁到姑妈家中做客。小列宁把姑妈家的一只花瓶打碎了。于是，姑妈问孩子们："是谁打碎了花瓶？"小列宁害怕受姑妈批评，于是就跟着其他孩子一起说："不是我！"然而，母亲猜到花瓶是淘气的小列宁打碎的，因为这孩子特别淘气，在家里经常发生类似的事情。但是，小列宁向来都会主动承认错误，从未撒过谎。她装出相信儿子的样子，一直没有提起这件事，而是给儿子讲诚实守信的美德故事，等待着儿子能主动承认。

有一天，在妈妈讲故事的时候，小列宁突然哭起来，他告诉妈妈："我欺骗了姑妈，我说不是我打碎了花瓶，其实是我干的。"看到孩子如此羞愧地承认了错误，妈妈安慰他说："你只要勇于承认错误，姑妈就会原谅你。"听到妈妈这样说，小列宁马上起床，在妈妈的帮助下，他写信向姑妈承认了错误。这件事情之后，列宁知道撒谎不是一件好事情，所以从来没有撒过谎，其形成的诚信的品质受到了人民的好评。

虽然承认自己的错误看着非常简单，但是真正实践起来也是不容易的。它需要勇敢和智慧。俗话说"智者千虑，必有一失"。的确，即使一个人再聪明或者是再能干，也不能避免错误的发生，在人们犯错之后，都会有两种可能的态度：一种是拒不认错，找借口辩解推脱；另一种是坦诚承认错误，勇于改正，并找到解决的途径。

其实犯错误并不可怕，可怕的是承认错误的态度。在犯错之后只要能够勇敢地承担责任，而且努力找办法去补救，那么就一定会取得成功。

限制资源，创造机遇

雷诺、日产、西门子、联合利华都是节俭的先驱，“少花钱多办事”是一种改变游戏规则的策略。在紧缩时代，企业必须更加节约。同时，节俭是一种全新的心态，把资源限制看成增长的机遇。

节俭也是一种品质，我国古人一直有节俭的美德，也流传有“静以修身，俭以养德”的警句。源远流长的节俭之风，在我们当今社会同样有着不容忽视的意义，经济的发展，物质的丰富，并不代表我们就可以铺张浪费，以节俭之风修身正己，将每一分物力都用到适合的地方，才是成功之道。

宋太祖具有较强的朴素节俭意识。平定后蜀之后，宋太祖听说孟昶日常服用奢侈惊人，连溺器也用七宝来装饰，非常痛心。便对左右说：“蜀主用七宝装饰溺器，那应当用什么来盛食物呢？自奉如此，想不亡国，可能吗？”下令将其奢侈之物全部打碎，以戒奢侈之心。

平定南汉之后，宋太祖听说刘𬬮的生活穷奢极靡。为了采集玳瑁、珠、翠等物装饰宫殿，刘𬬮曾在某地招募善采珠的渔民2000人，按军队编制，专门为皇室采集珠贝，号称“媚川都”。这些士兵为了满足刘𬬮的奢欲，脚上系着大石沉入几百尺深的水中采珠，非常危险，每年溺死者甚多。宋太祖对此痛心疾首，把此事讲述给朝中大臣听，希望他们以此戒除奢侈，并下令解散“媚川都”，废止采珠业。

对平民百姓，宋太祖也多次下令发扬传统美德，勤俭持家度日，注意节约粮食，不要铺张浪费，婚丧嫁娶也应该一切从简。

有一次，公主、皇后看到宋太祖的乘舆不豪华富丽，便在一起议论说："皇上当了这么久了，难道还不能用黄金来装饰车子吗？"宋太祖听到后说："我以四海之富，宫殿全部用金银来装饰，也可以办得到。但我是为天下守财，怎么可以妄用？古语说得好：以一人治天下，不以天下奉一人。当皇帝的如果只想到把自己奉养好，那么天下的人靠什么生活呢？你们以后不要这样说了。"宋太祖对自己所处的地位，以及自己的行为有可能带来的后果，认识是比较清醒的。所以，宋太祖不仅能在思想认识上树立节俭的意识，而且能以身作则，躬履俭约。经常穿的衣服，是浣濯再三的旧衣服，而且没有华丽的色彩，多是素色。寝殿的苇帘，常用青布，少有艳丽的装饰。宫闱帘幕也无文采之饰。宋太祖经常拿出麻屦布裳赐给部属左右，说："这是我过去穿过的。"弟弟赵光义有一次参加宫中宴会，不经意说了句："陛下服用太草草。"宋太祖却严肃地回答说："你不记得住甲马营中的日子了？"这是提醒弟弟及自己要记住过去艰苦的日子。宋太祖作为一国之君，能这样想，这样做，实在是难能可贵的。

宰相范质以廉洁自持，赵匡胤十分欣赏，在其去世后，赵匡胤评论说："朕闻范质居第之外，不植资产，真宰相也。"

御史中丞刘温叟更以俭朴清廉闻名于世。按照有关规定，御史中丞每月可得公用茶钱一万文，如有不足，可用罚没赃物充抵。刘温叟嫌这种钱来路不正，分文不取。赵光义听说刘温叟清廉，有意试探，曾派遣府吏送刘温叟五十万钱。刘温叟不敢拒绝，却也不用，只是将钱贮藏在西房，叫府吏用封条封上。第二年重阳，赵光义又送去角黍、纨扇，所派府吏便是上一次送钱的那位。他看到去年所贴封条原封未动，回来后告诉赵光义。赵光义感慨道："我送犹不受，况他人乎？"后来，赵光义在一次宴会上评论当世节俭之士，特地将刘温叟辞钱事告知赵匡胤，赵匡胤赏叹不已。

刘温叟去世后，赵匡胤十分惋惜，认为再难找到这样淳厚的人。其所任的御史中丞一职，迟迟难以选定继任者。此职是监察别的官吏的，要想做好此职，首先必须保证自己不被腐化。因此，当太子宾客边光范接替刘温叟时，赵匡胤仍不放心，只授予他兼判御史台事，直到半年之后，才正

式任命他为御史中丞。

宋太祖自己重视节俭，也要求广大人民发扬俭朴这一中华民族的传统美德。他多次下令，劝民勤耕，收打粮食过程中注意节约，不要浪费，丰收之年也不要轻易捐弃粮食，应乘势多储积一些粮食。嫁娶丧葬应从简办事。

赵匡胤不仅自己俭朴，欣赏俭朴之人，而且见不得别人奢侈。赵匡胤这一品德起到了很好的模范作用。最高统治者都这么俭朴，上行下效，对整个社会风气影响巨大。

放眼古今中外，许多历史名人都把节俭当作是自己崇尚的生活准则，并作为一种传统美德加以弘扬。历史上有很多著名人物都明白“成于俭，败于奢”的道理并以身作则。

现代社会中，经济飞速发展，社会生活水平越来越高，但是人们的节俭意识却越来越淡薄了。浪费现象越来越严重，物不能尽其用，甚至有些人以生活中的奢侈浪费为荣，白白浪费了很多资源，这是很值得我们反思的。

古人曾说过：“俭，德之共也；侈，恶之大也。”放眼历史长河，节俭被人们看作是治国之基、兴业之宝、持家之道，历来受到人们的大力提倡。历代帝王在建国之初，多数都实行节俭的作风。唐太宗李世民在建国之初就厉行节俭，贞观初年，李世民打算在洛阳修建一座宫殿，后来他意识到天下初定，这样做劳民伤财，于是就放弃了这个计划。唐太宗一朝，他教化世人“戒奢从简”，不要随意浪费。唐朝皇帝中不乏节俭治国的皇帝，开元初年，唐玄宗统治初期，在施行的一系列改革措施中，其一就是提倡全国节俭。在推行“戒奢从简”的过程中，唐玄宗甚至将宫内的一批珠玉锦绣烧毁，以示自己的决心。唐太宗和唐玄宗以自己的行动支持了节俭的美德。节俭的作风，使得历史上出现了“贞观之治”和“开元之治”的两朝盛世。总之，节俭是传统美德，应该成为人们的生活准则，而且还能够成为人们的财富之道。

现代人生活在经济水平相当高的时代，多数人都不用再为衣食所担忧。但是作为当代人的我们不能放弃节俭的作风，而是更应该明白“一粥一饭，当思来之不易；半丝半缕，恒念物力维艰”的道理，并且应该从小事做起，厉行节约，将节俭作为我们永久的财富。

节俭用到企业上便是一种资源的限制，这样可以为企业带来增长的机遇。联合利华CEO保罗·波尔曼认为，资源稀缺性可以成为激进创新的催化剂——按目前的消耗率，到2030年我们会需要两个地球的资源。波尔曼树立了一个远大的目标，到2020年公司营收翻番，同时将环境影响降低50%。为此，公司把节俭推广到各个业务领域，例如目前近25%的农业原料采用可持续来源，使用低排放的卡车运输，研发团队还改进了所有现有产品，用水更少。在遭受经济危机重创的欧洲国家，引入了许多节俭的产品，比如在西班牙出售小包洗涤剂，在希腊提供小包装的蛋黄酱和土豆泥，还有低成本品牌的茶和橄榄油。

新兴市场如印度、中国、非洲的一些国家和巴西是发展节俭创新理念的沃土，富有创造力的企业在资源受限的情况下努力创建节约型的解决方案，以较低的成本为客户提供更多价值。西方成熟企业也产生了心态的根本转变，雷诺和西门子在这方面是先行者，雷诺的罗根汽车和西门子的SMART（简单、易维护、负担得起、可靠、及时）产品都堪称经典案例。这种节俭创新的趋势，未来几年还会持续。

忧患意识，永葆生机

古人说：“生于忧患，死于安乐。”这句话是教导我们不可以贪图安逸的享乐生活，而是要具备忧患意识，因为在发展中存在的危机感，往往总是生机、转化的开始。

宋太祖即位后，首先对功臣及家人进行了分封。大小分封结束，诸事

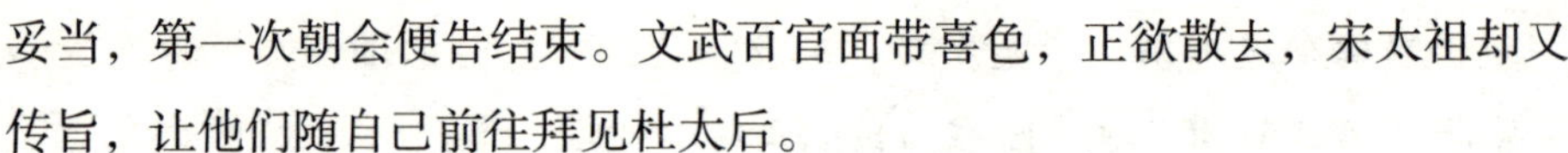

妥当，第一次朝会便告结束。文武百官面带喜色，正欲散去，宋太祖却又传旨，让他们随自己前往拜见杜太后。

宋太祖率百官来到太后宫室，杜太后正在与几个侍女们亲亲密密地交谈着，就像一个普普通通的老妈妈与儿女们娓娓谈心。儿子赵匡胤登基做了皇帝，自己一夜之间成了皇太后，成了天底下最荣宠、最风光的女人。但是，这位老夫人并未因此而兴高采烈，也没有惊慌失措，而是处之泰然，好像这件事早在她的预料之中，是本应如此的一件平常事。

宋太祖长跪在地，向母后磕头，群臣一齐跟随着他双膝跪下，行臣子大礼，一齐欢呼恭贺。

杜太后只淡淡地让儿子和群臣起来，却不多说一句话。众人看时，只见太后满面忧郁，怅然不乐。宋太祖看看母后，深感疑惑不解，站在那里有些不知所措。群臣们也都摸不着头脑，一个个面面相觑，局促不安。赵普因与杜太后较熟些，便上前问道："臣普尝听说，母以子贵。今太后之子已贵为天子，乃天大的喜事，太后缘何怫然不乐？"

杜太后深情地看了一眼宋太祖，这是她素来十分看重的大儿子，他从小胸存大志，她知道儿子久后必成大业。当这一天真正到来之时，做母亲的却又忧心忡忡，怎么也高兴不起来。她叹口气，徐徐说道："古之圣贤有言：'为君难'，天子位在万民之上，若统御有方，治国有道，能造福黎民百姓，便可博得万民爱戴，当这个皇帝自然是尊贵无比；若是稍有不慎，一旦失误，将难以驾驭天下。到那时，别说是泼天富贵、荣宠至尊，恐怕想做个普通老百姓也难了，我之忧虑，正在于此。"

谁也不曾料到杜太后能说出这么一番话，一个个听得悚然心惊，他们深为太后洞悉治道，深明大理而感佩，满宫室里鸦雀无声。

宋太祖听罢，心中怦怦乱跳。他觉得母后提醒得太及时，太重要了，自己这个初登大位的儿子确是获益匪浅。他恭敬有加地再次跪在母后面前，发自内心地再次拜谢，连声说道："谨遵母后教诲，儿子今生今世当永远铭记于心。居安思危，不稍懈怠。"

拜望过杜太后，群臣们纷纷散去，宋太祖独处在御书房里，慢慢地品尝着值勤太监沏上的一壶西湖龙井。几片散溢着清香又略带苦涩的茶尖在他嘴里被反复地咀嚼着。他觉得，自己似乎不是在咀嚼茶叶，而是在咀嚼母后“为君难”三个字的深厚内涵，他陷入了苦苦的思索之中。

从20岁离家出走到现在十几年了，这艰辛备尝的十几年，如今想来恍若梦境。他深知今日的跃登大宝来之不易，更真切地掂出了“为君难”这三个字的分量。

但宋太祖积半生的经验认识到，一切都事在人为。为君难与不难，关键看你怎么“为”法。为君难的核心和根本是当明君难，驭臣使民难，大治天下难，扫除积久弊端难。他忽然记起了唐太宗李世民的名句：“创业难，守业更难。”如今天下粗定，百废待举，有多少大事和难题等着自己去处置？如不能尽快地稳定局势，安定人心，刚刚取得的天下就有可能得而复失。

那么，眼下最要紧的是什么？“君犹舟，民犹水，水可载舟，亦可覆舟。”为君难与不难，关键是看人心的向背。要做唐太宗李世民那样的明君圣主，要创“贞观之治”那样的盛世伟业，眼下关键是先收服人心。

古人有“生于忧患，死于安乐”的感慨，也有“先天下之忧而忧，后天下之乐而乐”的胸怀，忧患意识作为一种管理者必须具备的意识，在中华文明中传承了下来。宋太祖所牢记的“为君难”，恰恰是我们后人所说的忧患意识。什么是忧患意识？那就是在国泰民安时国君仍日理万机的操劳；就是在天下太平的时候严加防守警戒；就是商人在事业成功时仍不停占领市场的竞争；就是寻常百姓过日子时省下的一笔存款。换句话说，这就是居安思危。不能因为身为皇帝就安于享乐，而是要认识到，即使是作为皇帝，也有许多难于处理的地方，这就要长存一种忧患意识，以获得更加长远的发展。

忧患意识是中华传统文明中重要遗产，在现今看来，仍具有四个鲜明的特点：其中最重要的一点就是从安身立命的高度重视忧患意识，将“忧道不忧贫”当作做人和为官的准则，强调“生于忧患而死于安乐”；其二是从历史规律性来认识忧患意识，正所谓“祸兮，福之所倚，福兮，祸之

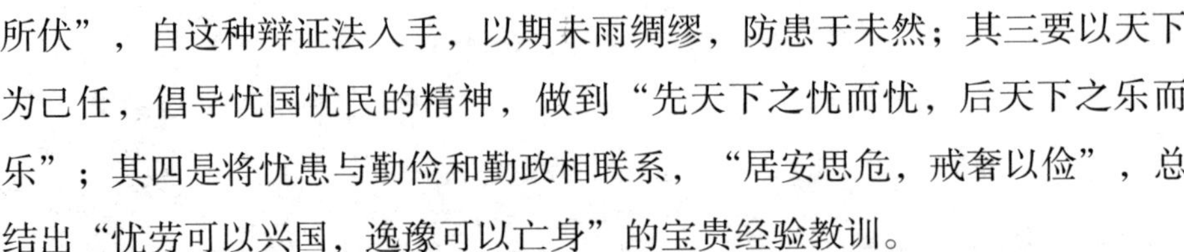

所伏”，自这种辩证法入手，以期未雨绸缪，防患于未然；其三要以天下为己任，倡导忧国忧民的精神，做到“先天下之忧而忧，后天下之乐而乐”；其四是将忧患与勤俭和勤政相联系，“居安思危，戒奢以俭”，总结出“忧劳可以兴国，逸豫可以亡身”的宝贵经验教训。

当今社会，忧患意识并不过时，相反，包含着丰富的时代内涵，站在新的历史起点之上在全球视野中审视我们面临的形势，忧患意识并不过时。忧患意识并不是杞人忧天，不论是谁都要牢记，切不可在一片大好的形势中就迷失自己，沉浸在安逸的享乐中。为人需心中时时有志向，要始终给自己留下一点压力，并将其转化为动力，不能沉迷于享乐，需时时奋进，处处小心，防微杜渐。

生于忧患，死于安乐。永葆勃勃生机和活力，就在于居安思危，始终保持强烈的危机感和忧患意识。

第三章 DI SAN ZHANG 敢于拼搏，赢得有利机遇

“机遇面前人人平等”这句话，常常被人提起，并被广泛接受。但事实上，机遇并不是普洒甘露的慈善家，只有那些善抓机遇勇于拼搏者，才能最终赢得机遇的青睐，并通过奋勇拼搏开创新局面。

当机立断，杜绝犹豫

果断决策的能力，与一个人的才能有着密切的关系。如果没有这种能力，那么你的一生，就像深海中的一叶孤舟，永远漂流在狂风暴雨的汪洋大海里，永远达不到成功的目的地。

赵匡胤为柴荣作部下期间，在攻打南唐时就表现得非常果断。

后周显德二年（955年）年初，柴荣命臣僚写《为君难为臣不易》和《平边策》各一篇，让大臣们群策群力，提供治国方略和进取大计。许多大臣建议首先攻取江淮以及江左的南唐。柴荣采纳了这一建议。

在进攻南唐之前，周世宗有意要试一试这支经赵匡胤整顿过的军队战斗力如何，决定遣将攻取后蜀所占的秦（今甘肃秦安）、凤（今陕西凤县）、成（今甘肃成县）、阶（今甘肃武州）四州。

此时的秦、凤四州因蜀主孟昶为政苛暴，民怨沸腾，许多百姓都请求后周收复此四州。

显德二年（955年）四月，柴荣调兵遣将，向四州进攻。五月，节度使王景率军从陕西大散关出发，直逼秦州。

由于长途劳顿、久宿于外，加之粮运不继，王景部队在攻取秦州以东的黄牛寨后陷于停滞。

是进是退，朝廷内部的意见分歧很大，来自军方和最高行政首长（宰相）的意见是罢兵。柴荣既担心劳师无功，又不愿放弃攻占的机会，一时拿不准主意。于是他派赵匡胤到前线视察战情，以便作出决断。

同以往的临危受命一样，赵匡胤没有任何拖泥带水，即刻起程西行。

确切地说，赵匡胤此行冒着很大的风险，到前线去是一桩费力不讨好的差事，无论他反映的情况是真是假，所提的建议是对是错，总会有人不满意。附和罢兵之议，固然可以博取朝廷重臣的好感，获得他们的信任，但却不会使主战的皇帝满意。迎合皇帝，虽说可得一时之宠，但又会开罪朝廷和部分军方人士，万一军事失利，皇上怪罪下来，就是“欺君之罪”。

来到前线的赵匡胤顾不上这些，他仔细勘查后拿出了具体意见：秦、凤诸州可取。

赵匡胤一出此言，周世宗顿觉底气十足。七月初一，再次下达了进攻的命令。

荒于政事的后蜀主孟昶看出了周军新的攻势之后，顿时慌了手脚。他致信柴荣，欲以两人俱生于太原这一点来叙乡里之谊，请柴荣高抬贵手。

柴荣不予理睬，只是命令加紧进攻。后蜀派大将李廷珪、高彦俦来救援，均被周军击败。秦州节度使韩继勋眼见周军势盛，弃众逃归成都，其部下随即弃城投降。成、阶二州守将见秦州已降，也相继投降。至十一月，周军最后攻克凤州，收复了四州之地。

赵匡胤又一次以他不同寻常的军事判断能力博得了周世宗的青睐。

皇帝主战，重臣主张罢兵，赵匡胤临危受命赴前线视察，处于两难境地。但他大脑清醒，善于分析敌情，敢于断定秦、凤诸州可取，为皇帝出兵提供了参考依据。赵匡胤的军事判断能力和果断决策能力，在当时很快就博得了柴荣的青睐。

果断是一种优秀的品质，它是指一个人能适时地做出经过深思熟虑的决定，并且彻底地实行这一决定，在行动上没有任何不必要的踌躇和疑虑。果断是成大事者积累成功的资本。

威廉·菲浦斯是一个来自美国缅因州的牧羊男孩。有一天，在他跟造船木匠学完手艺之后正在大街上溜达，偶然间听到了几个水手在谈论一艘在巴哈马岛附近海域沉没的西班牙船的事情。听水手们说，在这条船上有很多钱财，于是威廉·菲浦斯决定找到那艘沉船，而且马上行动起来。没

想到在历尽千难万险之后居然找到了那批遗失的宝藏。

那些水手们只是口头上说说，没有实干，可是威廉·菲浦斯却真正采取行动了，可见他是一个具有决策能力的人。在威廉·菲浦斯身上有一种常人所没有的深邃洞察力。在别人什么都发现不了的时候，他找到了好东西，在机遇来临的时候，他能够迅速抓住并利用它。

在我们遇到苦难的时候能够果断决定找到解决困难的方法，勇往直前，那么必然会成功。在困难面前，不同的人会采取不同的态度。有些人只是左顾右盼，而且又顾虑重重，虽然从表面上看起来思考得比较全面，但是实际上没有什么头绪，更找不到什么好的方法来解决问题。而有些人却能够采取果断的措施来缓解尴尬局面，找到解决问题的最好办法，从来不会拖拉，更不会错过最佳解决时间。

如果形势发生了突然的变化，那些具有果断判断力的人也会在短时间内对整个形势进行分析，而且做到当机立断，不失时机地对计划、方法、策略等做出正确的改变，这样就可以适应所有变化的情况。然而，那些优柔寡断之人在情况发生变化的时候会惊慌失措，无所适从。他们不能及时根据变化了的情况重新做出决策，最终错失良机。

毫不夸张地说，有些人的优柔寡断个性简直是到了不可救药的程度，他们不敢对该面对的问题做出决定，更不会担负起应该承担的责任。之所以会出现这种情况是因为他们对整个事情的来龙去脉都不了解。他们往往是杞人忧天，害怕解决了这件事情之后，明天继续发生相同的事情怎么办。因此，没有一件事情能够做好，更不用谈他们的理想和目标了。

有这样一个故事：父亲企图通过金钱来赎回在战争中被敌军俘虏的两个儿子。只要两个儿子被放了，这个父亲什么都愿意做。当他被告知，如果只能救一个儿子的话打算救哪个。但是在这个紧要关头，他无法决定救出哪一个，牺牲哪一个。正在他犹豫不决、异常痛苦的时候，他的两个儿子都被处死了。

虽然快速决策会不可避免地带来恶果，但是也能带来非常明显的有利的结果。作为世界第五大汽车制造商福特公司创始人的亨利·福特有着迅速达成确切决定的个性。虽然他的这种个性被很多人称为是顽固不化，但是他仍然坚持“只要认准了就会去做”的态度。他继续制造他有名的T型车种。

或者在下决定的时候，福特先生花了很多时间，但是从某个角度来看，正是他的坚定不移才使他获得了成功，也获得了财富。在T型车有必要改变造型之前，他已经是著名的汽车大王。正是因为福特先生有着如刚愎自用般的坚定决心，他才会践行自己的理想去获得成功。

因此，如果你想要成功，千万要避免优柔寡断、犹豫不决性格的形成。在它还没有制约你的发展或者是成功之前，一定要将它消灭在萌芽之中。千万不要让其影响你的工作、生活或者是学习。一定要让自己做到做任何事情都可以果断、勇敢和坚定。

美国俄亥俄州一个名叫詹姆士·雷德的摄影师的经历，从侧面也可以证明这一点。有一天，在一张德文报纸上，他了解到波西米亚的艺术家发现了一项新的工艺，这项工艺就是用一种先进的仪器对底片进行润色，这样做可以将作品中的瑕疵消除掉。了解到这个情况之后，詹姆士立即到波西米亚聘请了一名艺术家，将这种新工艺引入到自己的摄影事业中，从而取得了巨大的成功。正是因为他在听到新机遇之后迅速采取行动利用它了，才拓展了自己的业务，获得成功也就是顺理成章的事情。后来，通过自己的努力，詹姆士·雷德在波士顿举行的一次摄影展上，赢得了美国最有名的一项摄影奖。

有这样一个故事也说明了遇事需要果断处理。为了能参加莱斯特的一个戒酒会议，托马斯·库克徒步走15里地。然而，在他步行的过程中，一种想法出现在了他的头脑中：为什么不劝说铁路公司为这些与会者专门开一列车呢？于是，他最先开展了铁路短途客运业务。就是这样一步一步地发展，托马斯·库克后来成为一个全美大公司的领导，可见及时付诸行动才有可能获得成功。

这么多人走过这15里路，但是谁都没有想过这个问题。然而，托马斯·库克不仅想到了，而且还付诸实践了。

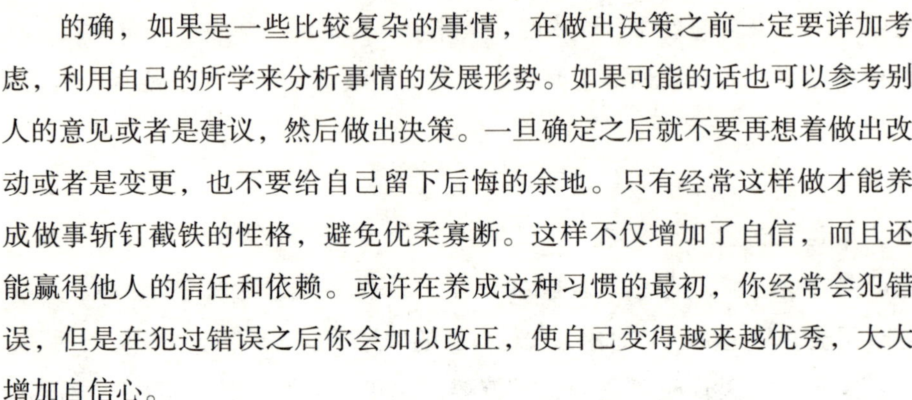

的确，如果是一些比较复杂的事情，在做出决策之前一定要详加考虑，利用自己的所学来分析事情的发展形势。如果可能的话也可以参考别人的意见或者是建议，然后做出决策。一旦确定之后就不要再想着做出改动或者是变更，也不要给自己留下后悔的余地。只有经常这样做才能养成做事斩钉截铁的性格，避免优柔寡断。这样不仅增加了自信，而且还能赢得他人的信任和依赖。或许在养成这种习惯的最初，你经常会犯错误，但是在犯过错误之后你会加以改正，使自己变得越来越优秀，大大增加自信心。

其实，人们总说大事情在做出决定的时候一定要深思熟虑，其实人的一生中真正称得上是大事情的事情并不多，况且很多事情是在事前就是要做出决定的。多想是肯定的，但是应当做到多谋善断，这是最为重要的。在事情解决之前千万不要试图做到完美，否则一事无成。

因此，在日常生活中一定要尽力养成干脆利落、斩钉截铁的行为习惯，只有这样，我们才可能有果断的个性。既然打算做什么事情，一定要马上做，千万不要想来想去。只有做到当机立断，才能形成果断的性格。

查尔斯·古德曾经是一个收藏家，虽然他适合做生意，但是并不富裕。有一次，他以500美元的价格从一个人手中买下了一个自动连接器的专利。那个汽车自动连接器的发明人坚持说："如果这个发明被投入市场的话，作为发明人，我必须要在你的工厂里担任要职。"查尔斯·古德明白，政府专利局已经给多种不同型号的汽车自动连接器发布了专利。然而，他的直觉告诉他，这个一定会与市面上的其他机器是有很大不同的，所以他觉得自己得到了个宝。除了铁路扩张之外，其他的任何东西都无法限制这项发明的广阔发展前景。除此之外，与常人相比，查尔斯·古德有着非凡的决断力，一旦拥有机会，他就会将全部精力投入。因此，在明白自己想要这个发明专利之后，他就与那个发明人签订了合约。此后，查尔斯·古德利用这个汽车自动连接器获得了事业的巨大成功。

舆论造势，创造良机

在现代社会中，要想在众多人才中脱颖而出，利用舆论造势，为自己创造良机不失为一条好的计策。

显德六年（959年）五月三十日，病魔缠身的周世宗返京，至六月十八日，这位年仅39岁的皇帝就匆匆离开了人世。

刚刚出任殿前都点检的赵匡胤已越来越不满足目前的地位了，他感到千载难逢的机遇在向他频频招手。

赵匡胤意识到机会来临的时候，便迅速调整了自己的策略。

他努力抑制住内心的狂喜，让自己处于这样一种态势：不急不躁，掌握主动，进可以攻，退可以守。

他对机会的最细微处进行了认真的策划。

柴荣从发病到不治，不足两月，又正当盛年，对后事没有做出深思熟虑的妥善安排，只好匆匆忙忙地将符氏立为皇后，封年幼的皇长子柴宗训为梁王，显然含有“接班”的意思。

柴荣死后，7岁的柴宗训即位。后周王朝将真正处于“主少国疑”的混乱状态。

再看人事方面的调整，对赵匡胤也非常有利。柴荣在病情加重的时候，对后事粗粗地做了些安排。文臣方面，任命范质、王溥参知枢密院事，魏仁浦兼枢密使。这种安排自然有托孤的意思。

在这三位宰相中，魏仁浦“虽处权要而能谦谨”，性情宽厚，不会咄咄逼人，与赵匡胤关系不错。

赵家与魏家颇有交情，母亲杜氏还是魏家的常客；王溥则早已向赵匡胤靠近，开始巴结赵匡胤。

而对于心直口快的范质，虽无深交，需要小心对付，但他毕竟是文官，在军队中没有派系，没有一点号召力。

最使赵匡胤惬意的是，真正使他畏惧的谏议大夫、开封府尹王朴已在三个月前去世。这等于拔掉了他的眼中钉、肉中刺。

令赵匡胤最不放心的，是军队系统的人事安排，然而此时，也出现了对他十分有利的变动。

张永德被免职，殿前都点检一职已由赵匡胤本人担任，安排赵匡胤做殿前都点检，柴荣显然也带有托孤的意思。

赵匡胤由此权重位荣，办起事来也越来越顺手了。

原来一直空缺的殿前副都点检一职，由慕容延钊出任。慕容是赵匡胤的亲信，关系非同一般。

原来空缺的殿前都虞侯一职，则由王审琦来担任，此人本是赵匡胤的义社十兄弟之一，与当时已担任殿前都指挥使的石守信一样，都是赵匡胤势力圈子中的核心人物。

这样，整个殿前司系统的所有高级将领全部换成了“赵家军”成员。

侍卫司系统中，赵匡胤原来只和韩令坤有兄弟之谊。然而，等到周世宗去世之后，韩令坤升任一直空缺的侍卫都虞侯一职，其空出的侍卫马军都指挥使一职，则由高怀德出任。

原来由与赵匡胤有矛盾的袁彦担任的侍卫步军都挥指挥使一职，此时则由张令铎所取代。

高、张两人在一年后，先后都与赵匡胤结为姻亲，由此可见，他们当时与赵匡胤关系之密切。

在侍卫司系统的五个高级职务中，赵匡胤的亲朋好友就占了三位。

余下的两位，一位是侍卫司的马步军都指挥使李重进，他是侍卫司的最高统帅，但此时正领兵驻守淮南扬州。

京师中实际只剩下副都指挥使韩通一人，自然无法同赵匡胤相抗衡。

赵匡胤还想把事情做得更周密些，而且这样做对他自己也有利。还是在周世宗在位时，就已有“点检做天子”的舆论在传播。

周世宗死后，年仅7岁的梁王在柴荣的灵柩前即位。太后符氏不是梁王的亲生母亲，只是匆促册封的皇后，地位并不稳固。

孤儿寡母充当后周国主，最高权力实际出现了真空。“主少国疑”作为一种失望情绪的宣泄，正在弥漫于京城的每个角落。原来由柴荣主持的北伐大业，此时已不得不中止了。

后周王朝今后何去何从，不仅京城百姓心里没底，连朝廷大臣也心中无数。

当然，赵匡胤也不是没有一点顾虑。当时手握重兵的韩通驻守在开封城内，周围又有一批效忠周室的大臣，要在京城下手，万一不能成功，不仅会身败名裂，连性命也难保住。

显德七年（960年）正月初一，后周君臣正在朝贺新年，京城四处一派节日气氛。

正在这时，一份关于镇、定二州边关军情的紧急密报传到朝廷：契丹入侵，北汉兵自土门东下与契丹军会合组成联军，大举进犯。

新帝刚刚即位，满城官民都在庆祝新年，而军情如此紧急，如何是好？

执掌朝政的宰相范质、王溥一时没了主意，情急之下，也未对这份军情进行核实，便以周恭帝的名义诏命赵匡胤率禁军北上御敌。

一直在寻找机会的赵匡胤终于等到了这一天。

奉命出征后，赵匡胤首先对部队进行了周密的部署。

高怀德、张令铎等都随军出征，但把殿前都指挥使石守信、都虞侯王审琦留在了开封。

这样的安排显然是想由石守信、王审琦等义社兄弟控制局势，以对付韩通可能采取的行动。

为了更加无所拘束地采取行动，对于年龄、资历、声望都比他高出一头的副手、殿前副都点检慕容延钊，赵匡胤则先派他于正月初二率领前军

先行。自己则留在后面，根据形势，采取相应的策略。

慕容延钊率军出发之日，汴京城内就传出了“将以出军之日，策点检做天子”的种种消息。

京都市民听到这类传闻，又将九年前郭威进入开封、纵兵剽劫的往事和不久前有关周世宗得“点检”木牌的事联系起来，产生了丰富的想象。

开封民众对前后两次“点检做天子”的传闻自然异常敏感。一时间，京城四处沸沸扬扬，百姓惊恐万分，害怕遭到抢劫而纷纷搬家躲藏。

赵匡胤对这一切都洞若观火，为防止自己离京后，万一发生变故而祸及家人，赵匡胤事先将家属匿藏在一座寺庙里。

令人奇怪的是，后周宫廷内对京城这一骇人听闻的传言竟然一无所知。

从赵匡胤事先安置家人、对皇宫封锁消息等举动来看，这些传言绝不是无意散布出来的。

正月初三，慕容延钊出发的第二天，赵匡胤正式率大军离京出发，为了给欢送他的京都市民留下一个良好印象，也为了显示他的部队与其他骄兵悍将的区别，他特意下令对部队严加约束。

果然，当成千上万的市民目睹赵匡胤率领禁军秩序井然、军纪严整地离开爱景门时，都不约而同地轻轻出了一口气，浮动的人心稍稍安定下来。

离开京师后，赵匡胤开始有条不紊地行动起来。

禁军军校苗训曾学过星术，善于望气观星，在周围军士中小有名望。他指着太阳对众人说：“天上有两个太阳，它们争斗了很长时间。”并煞有介事地对赵匡胤的亲信幕僚楚阳辅解释道：“一日克一日，这是天命。”

两人一问一答，一唱一和，既形象又逼真，周围士兵很快一传十，十传百地将传闻传播开去。凡干大事，舆论先行。赵匡胤多谋，为了实现自己做皇帝的梦想，利用一批人摇旗呐喊，大造“点检做天子”之势。待赵匡胤走上夺权之路时，这就显得顺理成章了。由此可见赵匡胤的高明之处。

舆论造势往往是成大事者的必经之路，所谓名正言顺就是这个道理。赵匡胤不愧是一位足智多谋的政治家，为了实现自己做皇帝的愿望，他引导下属们制造“点检做天子”的谣言，从而为自己争夺帝位做好充分的舆论准备。在这里，舆论造势成为了政治家惯用的一种手段。

善用时机，先弱后强

现代社会，竞争日益激烈，在竞争的过程中，会涌现出许多不同的竞争对手，在和这些对手的对决中，总要有个先后之别，而这种先后之别如何进行确定，就成了值得探讨的问题了。赵匡胤崛起的过程中，因为正赶上乱世，群雄纷争，一时间围绕在自己周围的对手可谓形形色色、人数众多，赵匡胤在角逐的过程中，抓住有利时机，确定了一种先弱后强的顺序。

我们首先来看一下当时天下的形势。虽说赵匡胤顺利地取代后周做了皇帝，可是实际上，这个皇帝却难以超脱起来，全然没有“普天之下，莫非王土，率土之滨，莫非王臣”的感觉。在他的半壁江山周围，可登基称王的不在少数，有些甚至已经蓄势待发。

在北方，契丹族所建立的辽国，控制了河北北部燕云十六州和长城以北广大地区，久蓄入主中原之志，是赵宋王朝的劲敌。

在西北，党项族所形成的势力正在崛起，开始显露出威胁中原王朝安全的苗头；夹在两者之间的北汉政权，以太原为中心，占据山西、河北、陕西部分地区，仰仗契丹支援，长期以来，与以前的后周和现在的宋王朝处于公开的敌对状态。

在西南，后蜀政权占据了四川全境，一度把势力范围扩展到汉中盆地

和甘肃东南。蜀政权自后唐时期开始经营，几十年来，一直与中原王朝分庭抗礼，使后蜀第二代皇帝孟昶成为五代十国时期在位最长的一任皇帝。

江淮以南，吴越政权以杭州为中心，控制了浙江和苏南的太湖流域；南唐政权经过后周的三次打击，仍控制了以金陵为中心的长江流域地区；此外，荆南、湖南、南汉、漳泉等割据政权分别占据湖北、湖南、广东、广西和福建等地区。

各政权有自己固定的地盘，互有并吞之心。它们并无固定的敌友界限，今日“连横”，明日“合纵”，翻云覆雨，干戈不息。

赵匡胤从邺都投军到开封称帝，度过了十余年的军旅生涯。此间，他侍奉过两代君主，经历过多次战事，他推波助澜并亲眼目睹了郭威建周的一幕，又故伎重演使短命的后周王朝寿终正寝。后周三帝，末帝柴宗训实不足论，可是对周太祖郭威和周世宗柴荣，赵匡胤却始终怀有极大的敬意。这不仅仅因为二帝对赵匡胤恩泽深厚，信任有加，而是二帝的雄才大略和文治武功在赵匡胤心中留下了极为深刻的印象，使他不由得肃然起敬。尤其是世宗柴荣，在致力于整顿改革的同时，仍念念不忘统一大业，亲冒锋镝，征战无休，屡奏捷音，令人叹服。可惜的是，他英年早逝，壮志未酬。

赵匡胤不是后周王朝的继承人，可他在称帝伊始也像柴荣那样立下了削平天下的志向，决心继承柴荣未竟事业。在赵匡胤看来，这不仅仅是一种事业的延续，而且是新王朝的需要。唐末以来200多年大分裂迟滞了社会的发展，阻碍了经济文化的繁荣，而这种局面的继续存在，必将严重地威胁大宋新王朝的安全，这是赵匡胤绝不愿看到的。

环顾四周，赵匡胤深感局势的严峻。他曾对赵普说：“吾睡不能着，一榻之外，皆他人家也。”这句话，道出了赵匡胤的深深忧虑。

赵匡胤在立志统一天下的时候，不禁想起了当初周世宗柴荣制定进取大策的情景。

955年，即位不久的周世宗命群臣计议统一之策。“时群臣多守常偷安，所对少有可取者”，但比部郎中王朴的一篇《平边策》却深得柴荣的赏识。

王朴开宗明义，提出“攻取之道，从易者始”。他认为：“当今吴国东至海，南至江，可挠之地二千里，从少备处先挠之，备东则挠西，备西则挠东，必奔走而救其弊，奔走之间可以知彼虚实，众之强弱，攻虚击弱，则所向无前矣。”他提出首先攻取南唐的江北地区，“既得江北，则用彼之民，扬我之兵，江之南亦不难而平也。如此则用力少而收功多。得吴则桂、广皆为内臣，岷、蜀可飞书而召之。若其不至，则四面并进，席卷而蜀平矣。吴、蜀平，幽州亦望风而至。唯并必死之寇，不可以恩信诱，必须以强兵攻之，但亦不足以为边患，可为后图，候其便则一削以平之”。

比部郎中的建策，句句切中要害，清如泉水，整篇建议，要点是非常明确的：

一是在总体战略中贯彻“先易后难”的原则；

二是在具体步骤上，应先取江南，再下岭南、巴蜀；南方既定，移兵攻取燕云，最后以强兵制服北汉；

三是在战术上，应避实击虚，避强击弱；

四是在策略上，应分别对待，先诱以恩信，后制以强兵。

这个著名的建议，被概括为“先南后北”策略，得到周世宗的赞同，不过在实际执行过程中根据形势的变化作了一些修订。周世宗首先攻取了后蜀的秦、凤、阶、成四州之地。连续两年用兵淮南，于显德五年三月收取了南唐在长江以北的全部土地。但是，按照“先南后北”的战略，周世宗此时应当乘胜攻灭南唐，可实际上，他却在接受南唐降号称藩之后，于四月间班师北返。转而亲率三军直捣幽燕，北上攻取关南之地，直到身染重病，被迫班师回京。

当时，赵匡胤29岁，任职殿前都虞侯，领严州刺史。他十分赞赏王朴的深谋大略，更钦佩周世宗的果断决策。现在，当他也像当年周世宗那样矢志统一的时候，多么渴盼能有王朴这样的近臣为他出谋划策。遗憾的是，斯人已去，往者已矣，赵匡胤的心头不免袭上几分伤感，几分落寂。

在赵匡胤眼里，后周臣僚，也即昔日的同事中，能得到他敬重的人不多，而王朴却是一个。《默记》卷上记载：赵匡胤当了皇帝后，一日路过功臣阁，风开半门，正与王朴画像相对，赵匡胤望见，却立耸然，慌忙“整御袍、襟领，磬折鞠躬顶礼乃过”。随从见赵匡胤如此肃然，大惑不解：“陛下贵为天子，王朴不过前朝之臣，何须如此？”赵匡胤坦言：“此人若在，朕不得着此袍。”老辣的赵匡胤对王朴如此敬畏，在统一问题上，对王朴提出的“先南后北”战略，不会意气用事地将它完全舍弃。特别是他作为这一战略目标的主要实施者，对其中的得失体会应当多于常人。

不过，赵匡胤在采取何种统一方针上还是颇费周章，一时难以决定。

或许是从周世宗身上受到启发，赵匡胤也打算遍询近臣，集思广益。他首先向被他亲切地以“附马”呼之的武胜军节度使张永德密访进攻北汉之策，张永德以为不妥，原因是，北汉兵虽少，但很强悍，“加以契丹为援，未易取也”。他的想法是，“每岁多设游兵，扰其农事”，再“发间以谍契丹，绝其援”。对此骚扰离间之计，赵匡胤表示赞同，不过一时未决。

此后，在一次宴会上，赵匡胤又对宰相魏仁浦说起打算攻打北汉之事，魏仁浦回答说：“欲速不达，唯陛下慎之。”这番话，引起了赵匡胤的深思。

在平灭李筠之后，赵匡胤曾以用兵河东事召见了华州团练使张晖，张晖主张，鉴于泽、潞战争创伤尚未恢复，军务复兴，恐不堪命，不如收兵育民，等时机成熟再图进取。

由此看来，宋太祖赵匡胤在制订统一大计的过程中，曾一度欲将北汉作为首要的进攻方向，然而经过多次征询朝臣的意见和深思熟虑之后，他渐改初衷，开始了对统一方略的通盘设计。

赵匡胤最终下定决心是在走访了谋臣权相赵普之后。

当年十一月，李重进的反叛得以平定，统一战略问题又提到了议事日程。一天夜晚，赵匡胤和弟弟殿前都虞侯赵光义踏着漫天大雪敲开了赵普家门。皇帝雪夜来访，赵普深为惊异，询问原因，赵匡胤如实相告："一榻之外，皆他人家，难以入睡。"于是三人席地而坐，商议统一之策。赵匡胤称："吾欲收太原。"

赵普听罢，猛地愣住了。他用惊异的眼光看看赵匡胤，道："陛下何有此想？非臣所知也！"

赵匡胤忙问其故，赵普道："陛下欲先攻太原，臣以为大不可。太原势强，一时难下，况太原当西北二边，即便一举攻下，则边患我独当之。依臣之见，莫不如先易后难，先南后北，待削平南方诸国，彼弹丸黑子之地，将何所逃？"

赵匡胤道："卿言之有理。朕曾言王朴谢世，谋臣绝矣，今闻爱卿一席话，岂非王朴再生！"

赵普道："臣不敢妄比王朴，愿效赤诚而已。陛下推重王朴，想必是因那篇誉满天下的《平边策》，但陛下却欲先收太原，此与王朴之谋可谓南辕北辙，臣实不解也！"

赵普所持理由，实际上也是赵匡胤长期考虑的一个难题，是张永德和张晖等人想说而未说出的一层忧虑。所以，首攻北汉的用兵设想，赵匡胤正式将它放弃了。

但是，赵匡胤又不愿在赵普面前丢了面子，便故作坦然之态，笑道："吾意正与卿同，姑且试卿耳。"赵普道："陛下神武，愚臣远不及也！"

一席长谈，确定了先南后北统一全国的战略方针。当然，一个关系到赵宋千秋大业的战略方针，不可能就这样简单而富有戏剧性地制定出来，而是经过两年多的酝酿和反复求证，才最终形成的。早在赵匡胤即位不久，就开始"密访策略"，就统一方针问题广泛征求臣僚们的意见。当时的官员大半不赞成先攻北边，而主张应兵锋南指。正是因为他们的建议，才促使赵匡胤定下了先南后北的战略方针。

战略已经制定，余下的问题就是如何付诸实施了。荆湖地区的武平和南平割据势力，成为赵匡胤牛刀小试的初选对象。

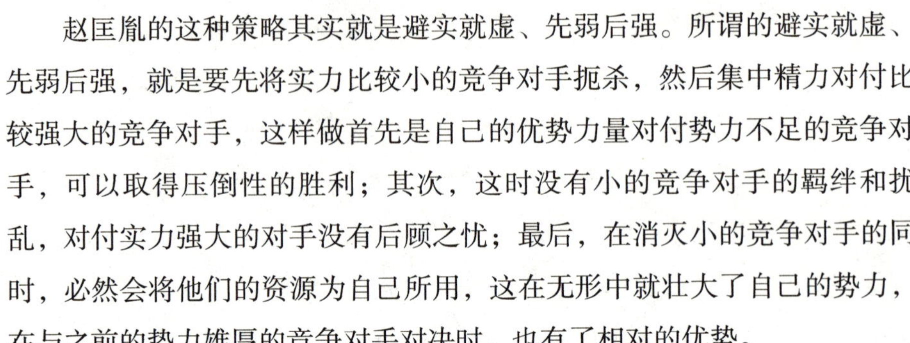

赵匡胤的这种策略其实就是避实就虚、先弱后强。所谓的避实就虚、先弱后强，就是要先将实力比较小的竞争对手扼杀，然后集中精力对付比较强大的竞争对手，这样做首先是自己的优势力量对付势力不足的竞争对手，可以取得压倒性的胜利；其次，这时没有小的竞争对手的羁绊和扰乱，对付实力强大的对手没有后顾之忧；最后，在消灭小的竞争对手的同时，必然会将他们的资源为自己所用，这在无形中就壮大了自己的势力，在与之前的势力雄厚的竞争对手对决时，也有了相对的优势。

我们可以仔细分析一下赵匡胤先弱后强的策略。这个战略方针的制定，根基于赵匡胤君臣对当时各方实力的冷峻思考。战争，首先是交战各方军事力量的竞赛。宋王朝建立之时，神州大地依旧是四分五裂，政权鼎峙。宋和辽虽然都是力量最强的政权，可就辽和宋的力量对比而言，辽的经济、军事实力又显然占据了优势。仅从军力方面讲，辽有军队30万，以擅长骑射的骑兵为主力；宋初军队只有19.3万人，其中步兵占大多数。在燕山以南华北的旷野平原上作战，辽军在数量和兵种构成上，均处于有利地位。再看北汉，兵力不多，却精悍无比，又有辽朝作为后盾，也不是可以轻侮的对象。在这种情况下，如果贸然将兵锋北向，不仅毫无取胜的把握，弄得不好，还有可能损兵折将，动摇新建宋王朝的根基。对此，赵匡胤不能不认真考虑。

战争，还是双方经济实力的较量。没有雄厚的财力作保障，要支撑长期战争，完成国家统一，也不过是一句欺人的大话。赵宋政权虽有后周所奠定的良好基础，不过中原地区自唐中叶以来，兵连祸结，战乱不断，社会生产遭到严重破坏。恢复和发展生产，增强财力，不是一朝一夕可以办到的。而这个时期的南方，虽也有政权的更迭和军事上的冲突杀伐，但时间较短，规模也较小，有些地方甚至几十年干戈不及，对社会经济没有造成特别严重的破坏。加上由于几朝的人口南移，地力开发，经济重心转到南方，南方的经济实力胜过北方。更重要的是，南方各政权政治腐败，军力衰弱，容易攻取。在上述情况下，赵匡胤选择了南方，不过是顺理成章，形势使然。

在现代社会中，我们应该采取像赵匡胤那样避实就虚、先弱后强的策略。在激烈的社会竞争中，将弱小的对手先打垮，吸纳进自己的实力中，然后集中自己的精力，对付自己的主要对手。

借道伐虢，一箭双雕

借道伐虢是春秋时期的典故，我们可以理解为，实力强大的己方，在面对两个弱小的对手时，可以用一方作为跳板，消灭第三方，回过头来再消灭剩下作为跳板的对手。赵匡胤在统一的进程中就用到了借道伐虢的措施，一箭双雕，取得了很好的效果。在现代的竞争中，也可以用这种策略对待我们的竞争对手。

在统一的战略问题上，赵匡胤和谋臣赵普一拍即合，其制定的先南后北之策可称作是他军事谋略的杰作。同时也可以看出，赵匡胤并不是一个独断专行的皇帝，他比较能够虚心听取臣僚的意见，在制定大政方针时也能放眼全局，力争做到积极稳妥，万无一失。

赵匡胤先取荆湖，继攻西川，再图北汉的战略设想也曾向皇弟赵光义表明过。赵匡胤说，我朝自五代以来，兵连祸结，国库空虚，宜先兵锋南指。若先取北汉，则辽国之患必由宋独自承担，先放过北汉可使其为宋之屏障，待宋国家富足之后再及北汉，犹未晚也。赵光义觉得皇兄的话很有战略眼光，深表赞同。

为了确保对荆湖用兵的顺利，防备党项、北汉及契丹从后面侵扰，赵匡胤在建隆三年（962年）四月从禁军选派了一批得力将领，率兵守卫北部边陲要地，加强和调整了北面的防守力量。当时，宋朝四周的割据政权并峙，赵匡胤将荆湖作为统一天下的首要目标，体现了避强击弱的兵家要

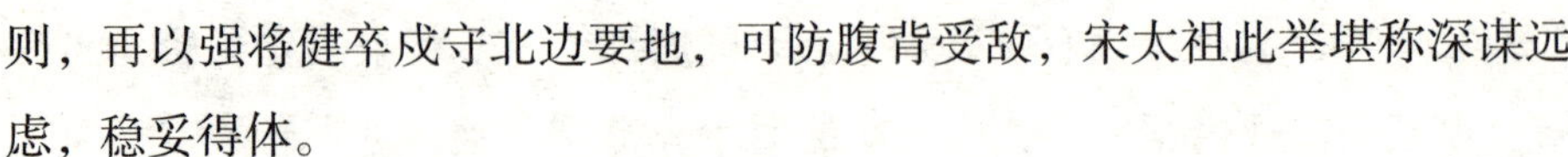

则，再以强将健卒戍守北边要地，可防腹背受敌，宋太祖此举堪称深谋远虑，稳妥得体。

荆州南平割据政权为后梁时高季兴所建，都府设在江陵，据有荆、归、峡三州之地，居江汉一隅，地狭力弱，四向称臣，全靠赏赐和商税生存。

武平割据政权的前身是湖南之楚国，为五代时马殷所建，称武安留侯。后兵乱连连，周行逢继立。周世宗授周行逢为武平节度使，制置武安静江等军事兼侍中，尽有湖南之地，治所仍在郎州。宋朝建立后，周行逢遣使朝宋，赵匡胤加兼周行逢为中书令。

对于荆湖这两个割据政权，赵匡胤早有攻取之意。他认为，湖南和江陵不但仓廪充实，年谷丰登，而且东距建康，西达巴蜀，是挟制南唐和后蜀的战略要地，攻占了荆湖无异于取得进攻南唐和后蜀的前进基地。所以，当他与赵普定下“先南后北”的大计方针以后，便决定将统一战争的锋芒指向这两股割据势力。不过，宋太祖没有仓促用兵，为确保旗开得胜，他还需要出师有名。

宋太祖建隆元年（960年）八月，南平王高保融病重，因他儿子高继冲尚幼，难以胜任政事，高保融就令他的弟弟行军司马高保勖总判内外军马事。27日，高保融一命呜呼，结束了他12年的南平王生涯。

赵匡胤听说高保融去世，便派兵部尚书李涛前去吊丧，李涛回来后，宋太祖问他高保勖能否胜任，李涛以为然。高保勖为讨好宋太祖不断向宋太祖进贡，于是宋太祖授予他代表皇帝权威的符节和斧钺，任命他为荆南节度使。

建隆三年（962年）十一月，在位两年的高保勖病死。高继冲权判内外军马事，他不善弄兵，更不善聚财，高氏统治从此衰落。

湖南武平的情况也很不妙。建隆元年九月，武安节度周行逢病危，他召集文武官员至榻前，以儿子保权相托，说：“我本起自陇亩为团兵，同起者十人皆已诛死，唯有衡州刺史张文表独存，常因没做到行军司马而怏怏不乐。我死之后，文表必叛，当以杨师瑶讨之。如不胜，应固城不战，归附朝廷。”

周行逢提到的这个杨师瑶与他是乡里姻戚，在行逢部下做亲军指挥使，多有战功，深得行逢信任重用。周行逢死后，受遗命继任的周保权记住了他父亲的话，一面提防张文表作乱，一面继续重用杨师瑶，以防不测。同时周保权倍加尊顺北宋王朝，以期得到庇护，得到恩赐，使其在湖南的统治得以延续。

对于武平、南中这两个割据政权的情况，宋太祖赵匡胤一直在密切关注着。他看到，荆湖丧乱迭生，继任的小王且都年少，难以执掌政事，两个割据政权内部又因王位的接继面临危机，深觉用兵的时机已到，便迅速加紧了发兵的准备，进攻荆湖之战有如箭在弦上，一触即发。

促使赵匡胤用兵的直接原因是武平的张文表之乱。

原来，张文表果如周行逢临终预料的那样，待周行逢一死即起叛心。他对周保权继任武平王大为不满，愤然扬言：“我与行逢俱起微贱，立功名，今日安能北面事小儿乎？”恰好，周保权派兵到永州去轮换戍守，路过衡阳，张文表发动叛乱占据潭州。

张文表占领潭州的消息传到武平首府朗州，周保权大惊，即命杨师瑶率领全部兵马去抵抗张文表。临行，周保权将他父亲的遗嘱告诉杨师瑶，杨师瑶大受感动，流着泪对军士说：“汝见郎君乎，年未成而贤若此！”军士奋然，都表示愿意拼力死战。

周保权在命令杨师瑶出兵潭州讨伐张文表的同时，又分别派人到荆南求援，向宋廷乞求出师。张文表也上疏为自己申辩，南平的高继冲也把此事上奏宋廷。

周保权乞师平叛，使宋太祖赵匡胤终于找到了出师的借口。乾德元年（963年）正月初七，赵匡胤以山南东道节度使兼侍中慕容延钊为湖南道行营都部署，枢密副使李处耘为都监，派使者11人发安、夏、郢、陈、澶、孟、宋、亳、颍、光等州兵马会师襄州，开始了对张文表的讨伐。

在平叛大军出发之前，赵匡胤曾派一间谍去了荆南，刺探“人情去就，山川向背”。此人叫卢怀忠，任内酒坊副使。卢怀忠经过一番秘密察

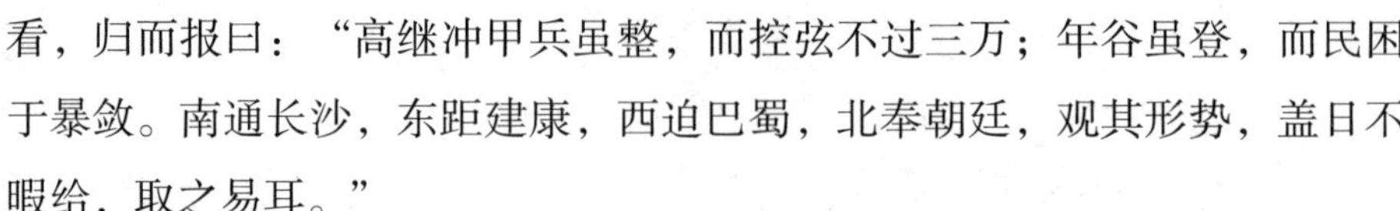

看，归而报曰："高继冲甲兵虽整，而控弦不过三万；年谷虽登，而民困于暴敛。南通长沙，东距建康，西迫巴蜀，北奉朝廷，观其形势，盖日不暇给，取之易耳。"

卢怀忠这个情报非常重要，它使宋太祖定下了先取荆南，后及湖南的决心。宰相范质闻听，谏阻说，宋不能越过荆南而取湖南，这样有越人国土之忌。宋太祖道："荆南乃四分五裂之国，今出师湖南，假道荆南，因而平之，定能成功。荆南既定，再取湖南，此万全之策，怎说是越人国土？"

宰相赵普非常赞同宋太祖的决策，道："此乃'假途灭虢'之计，古已用之，今陛下借用，定会速胜。"

赵普提到的假途灭虢的故事发生在鲁僖公二年（前658年）夏天，荀息是晋国的谋士，他给晋献公出了个主意，可以用屈地出产的马匹和垂棘出产的玉璧去贿赂虞国，向他们借路去攻打虢国。

屈地之马和垂棘之璧是晋献公非常喜爱的宝物，他对这个建议有些犹豫。

荀息劝晋献公："我们把宝物送给虞国，就像把宝物放到了外库，如果向虞国借到了路，等我们打了胜仗回来，回头再来取就是了。"

晋献公终于同意了荀息的计策，于是便吩咐荀息去虞国借路。晋献公对虞公说："虢国无道，在客舍里筑起堡垒，想要攻打我们晋国的南部边境，谨请求贵国借路，以便到虢国去问罪。这些礼物，是我们国君送给大王的，还请大王笑纳。"

虞公高高兴兴地答应了晋国，并派军队给晋国做向导。晋国就派里克、荀息率领军队同虞国军队会师讨伐虢。晋国的军队在灭掉虢国之后，又在回师的路上顺便灭掉了虞国。当然，那用来贿赂虞公的"屈地之马"和"垂棘之璧"又完好无缺地回到晋献公手中。

宋太祖赵匡胤决定重施此计，也当一回晋献公。但是，他却不准备以宝物贿赂荆南的高继冲。荆南称臣已久，高氏纳贡犹恐不及，何须贿赂？宋太祖只派出一使臣前往荆南，向其借道，同时要求高继冲派水军三千配合宋军，助攻潭州。慕容延钊和李处耘是乾德元年（963年）正月初七奉旨出征的，时慕容延钊正在患病期间，所以军事行动多以李处耘指挥宋军把借路之意转告荆州高继冲，并让他准备足够的柴米，以借军用。

高继冲没想到朝廷的兵马会来得如此迅速。经与官佐属吏商量，答复是：“敝邑方遭丧乱，举境不安，若大军前来，民庶恐惧，愿供刍讫于百里之外。”李处耘听罢，很是不满，又派丁德裕前往。这一次，他口气十分强硬，似乎不是在借道，而是命令高继冲让出一条道来，并向高继冲暗示：“王师南下平叛，荆南不予提供方便，难道是想与叛逆张文表联手对付朝廷吗？”

李处耘这一兴师问罪之举，吓坏了荆南幼主高继冲。他连忙与孙光宪、梁延嗣商议，二人都认为王命不可违，识时务者为俊杰，经过一番争吵，终于一致赞同归顺朝廷。于是，高继冲派衙内指挥使梁延嗣和他的叔父高保寅带上丰厚的牛酒，前去犒劳朝廷的军队，且暗中留心他们的动向。

李处耘在第二次派丁德裕借道荆南的同时即引兵自襄州南下。二月初九，大军至荆门，李处耘见到前来犒师的梁延嗣等，款待甚殷，又好言安慰一番，梁延嗣等很高兴，马上派人报告高继冲说，“王师借道，旨在讨伐张文表，可不必忧虑。”这样，高继冲的心里才像一块石头落了地。

荆门是进入南平首府江陵的必经之路，距江陵一百余里。当天晚上，带病率军的慕容延钊将梁延嗣等请入帐中，盛设酒宴，与其聚饮。席间，慕容延钊强忍病痛努力作出一副十分友好的姿态，言谈语吐中流露出对荆南借道的感激之情，并说，“此次荆南慨然借道，功莫大焉，自当奏明圣上。”梁延嗣等受宠若惊，毫无戒心地畅饮起来。

梁延嗣等没有想到，就在荆门酒酣之时，李处耘已密率精兵数千，很快挺进江陵。身在江陵的高继冲原本想等待高保寅和梁延嗣归来，却意外地听到了王师逼近江陵的消息。高继冲顿时慌了手脚，赶忙出城迎接。

高继冲是在江陵城北十五里之处见到李处耘的。李处耘首先向他施礼，说，“主帅慕容延钊顷刻即到，请在此稍候。”高继冲不敢违命，带领随从恭立于路边，等候慕容延钊的到来。李处耘则率兵继续进发，从江

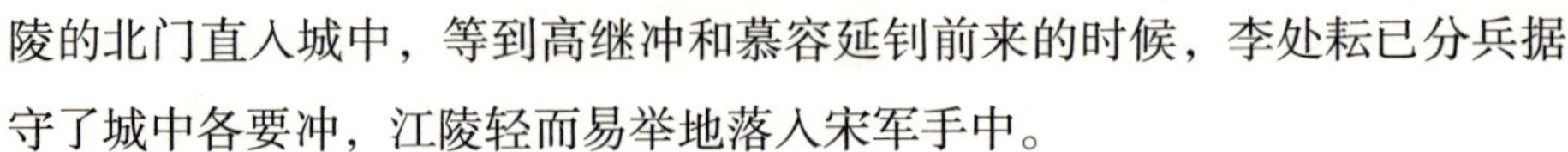

陵的北门直入城中，等到高继冲和慕容延钊前来的时候，李处耘已分兵据守了城中各要冲，江陵轻而易举地落入宋军手中。

李处耘在入城之前，曾严令部下："入江陵城有不由路及擅入民舍者斩。"所以，宋军入城后秋毫无犯，江陵百姓未被骚扰。高继冲返回他的首府时看到的仍是一派平和的景象，只是这江陵城再也不属于他高家，城头上已变换了大宋的王旗，宋朝的兵马布列街巷。见此情景，高继冲如丧家之犬，惶恐万状。他自知事情已不可逆转，便向慕容延钊交出了牌印，派客将王昭济等向朝廷呈上表章，把所辖3州17县14.23万户钱赋图册尽呈宋朝，荆南割据政权就此寿终正寝，荆南并入北宋版图。

紧接着，宋太祖派枢密承旨的王仁赡为荆南都巡检使权知荆南军府事，仍授高继冲为荆南节度使，不久又迁武宁节度使，高氏亲属僚佐，各予拜官晋升。孙光宪因归命有功，被任命为黄州刺史。荆南之兵愿意回乡归农的可自便，官府为其修葺屋舍，给以耕牛种食以安其居，可谓皆大欢喜。

至此，宋太祖"假途灭虢"之计获得了第一阶段的胜利，随之而来，则是对湖南的乘胜进军。当张文表起兵作乱之时，宋太祖赵匡胤曾于建隆三年（962年）十二月派中使赵遂等携诏书宣谕潭、朗二州，令张文表归阙，且命荆南发兵帮助周保权。次年正月二十三，又诏令荆南发水兵三千到潭州，但仅仅十多天后，二月初九，高继冲便因江陵被宋军所占而投降，从这个情况看来，荆南并未向湖南发兵，讨伐张文表之乱，仅有杨师瑶的兵马。

杨师瑶是从朗州向潭州进发的。交战之初，杨师瑶有些失利，两军相持至乾德元年（963年）正月，张文表出战，杨师瑶与其大战于潭州西北之平津亭，张文表兵败被擒随后被杀，潭州遂被攻占。

宋军既收荆南，张文表又已被杀，宋军的使命似乎已经完成。但是，李处耘并未班师回京，而是加紧调动部队，昼夜兼程地向朗州进发。宋太祖先是晓以利害，期望湖南周保权能够投降归顺，但是周在手下的怂恿下，选择起兵反抗，最终被李处耘大军剿灭，割据多年的湖南

政权也归于大宋。

湖南大捷的报告送到京师，宋太祖赵匡胤大宴群臣，热烈庆祝。他得意于自己“假途灭虢”、一箭双雕的高明，深为大宋版图的扩大、人口的增加而欣喜。他决计继续实行“先南后北”的既定方针，把统一战争进行到底。

宋太祖借道伐虢，在很小的付出的情况下，就收取了荆湖之地，一箭双雕，可以说是很成功的计谋。借道伐虢之计，不仅在军事征伐中很有效果，在我们现在的竞争中，也能起到很好的效果。

现今社会竞争中，处在竞争劣势的实力较弱小的竞争对手之间的关系会很微妙。一方面他们没有实力和大的竞争对手进行对决，另一方面，为了自己的利益，他们又必须参与到竞争中，这就使他们的竞争对象在一定程度上锁定在了同样实力弱小的竞争者之间。于是这就给实力雄厚的竞争者以可乘之机。

实力雄厚的竞争者一方面用自己的强大实力对小的竞争者施加压力，另一方面用永不侵犯的利益为诱饵来欺骗诱惑他，以协助他竞争为借口，在这种时候趁着他的侥幸心理，将自己的力量渗透进去，于是在他还没反应过来的时候，控制住他的力量。

需要注意的是，借道伐虢的策略不一定要自己占据优势时才可以运用，只要运用灵活，即使自己处于极度的劣势，也可以将借道伐虢之计发挥得淋漓尽致，为自己取得最大的利益。

曾有一位自学成才的工程师，他想要进军石油行业，做石油生意。但是问题是他没有从事石油行业的经验，甚至和石油界都没有相关的联系，甚至没有能够启动自己梦想的资金。于是，他只能另辟蹊径，选择了一招“假道伐虢”之计。

首先，他了解到阿根廷因为工业发展需要价值2000万美元的甲烷，用于石油化工行业，与此同时，作为畜牧业发达的阿根廷有着大量过剩的牛肉急需出口。

另外，在造船行业很发达的西班牙，他们在为自己的船的销路发愁，

并且西班牙是牛肉销量很大的国家之一。

这个工程师找到了两个相互有利益关系的条件，于是他开始了自己的行动。首先，他到西班牙船厂，宣称只要船厂收购他价值2000万美元的牛肉，他就购买船厂建造价值2000万美元的油轮。西班牙船厂见一举两得，便接受了他的建议。而他又找到一家石油公司，以购买2000万美元的甲烷为代价，交换石油公司对自己的油轮的租用合同。石油公司同意后，他又跑到阿根廷，用2000万美元的甲烷换取了同等价格的牛肉。于是，他白手起家，利用这种迂回战术，获得了自己第一艘油轮，并开始进入了石油海运行业，开始了自己的经营，直到几年之后，他积累了足够的资金，创办了自己第一家石油公司。

这位工程师就是很巧妙地利用了借道伐虢的计谋，但是在他的运用中，没有了战争时代的奸诈意味，而是体现着一种成功者的智慧，他将三方的利益点巧妙结合起来，自己到处“借道”，用来为自己的发展铺平“伐虢”之路，在竞争激烈的时代取得了巨大的成功。这就是我们当代人对古人智慧的继承，也是我们应该在赵匡胤对待竞争对手的方法中学到的东西。

先机之利，先发制人

“人不犯我，我不犯人；人若犯我，我必犯人。”但是，如果自己已经明确得知敌人就要马上大举进攻时，最好的办法就是进攻、进攻、再进攻。因为，在很多情况下，进攻是最好的防守。

陈桥兵变，使宋太祖不战而获得后周政权，建立了宋朝，原后周的一些将领难免有不服从的人。据《邵氏闻见近录》记载，宋太祖登上帝位后，当时各地的节度使中颇有一些人很不服气。为了解决这一问题，宋太祖心生一计，“召诸方镇，授以弓剑，人驰一骑，与上（即宋太祖）私出固子门大林内，下马酌酒。”这一举动使受邀而来的节度使们都不解其意，在他们纳闷之际，宋太祖神色从容地徐徐说道：“趁着这里没有别人，你们当中如有人要做天子，现在就可以把我杀掉取而代之！”此言一出，节度使们面面相觑，谁也不敢轻举妄动，最后全都“伏地战栗”，甘愿臣服。就这样，宋太祖从精神上制伏了他的对手。

驻守在潞州（今山西省长治）的昭义军节度使李筠是个死硬派，由于久任于外，李筠自以为势力强大，公开向宋太祖发起了挑战。宋太祖既然已立为天子，就要把国家管好。他本想采用拉拢策略，尽力争取李筠支持，无奈李筠思想不通，拒不服从宋祖皇帝的领导，不愿成为宋朝的臣民，而将手下刘继冲等送到北汉作为人质，表示归顺北汉，请求北汉出兵支援，同时派遣军队袭击泽州（今山西省晋城），杀死了宋朝的刺史张福，占领泽州城。

在对待李筠的政策上，宋太祖考虑得十分周密。以他的本意，是不想打这个仗，但又不得不准备打。于是他先派遣宣徽使昝居润的下臣赴澶州去巡检，以防止契丹南下；又任命潞州（今河北邯郸一带）团练使郭进兼任了本州防御使和山西巡检，授权郭进，使他有进军指挥权，以防北汉的进犯。宋太祖在军事上自有纯熟的兵略，欲攻人，而先防被人攻，可说是颇有远见。

针对李筠的反叛，宋太祖命侍卫副都指挥使石守信、殿前副都检高怀德二人统兵五万，直奔潞州李筠驻守地。命殿前都点检、镇守节度使慕容延钊率本部兵马，从东进发，配合石守信、高怀德进军潞州。

《孙子兵法》上说：“用兵之法，驰车千驷，革车千乘，带甲十万，千里馈粮。”是说打仗要做充分的准备，从兵械车辆马匹到粮秣，都要有一定的优势。宋太祖打仗是很有一套的，为了保证千里行军作战的后勤供应，他命令户部侍郎高防、兵部侍郎边光范同时充任前军转运使，并责成三司使张美调集兵粮。此时，张美给宋太祖提供了一条重要的消

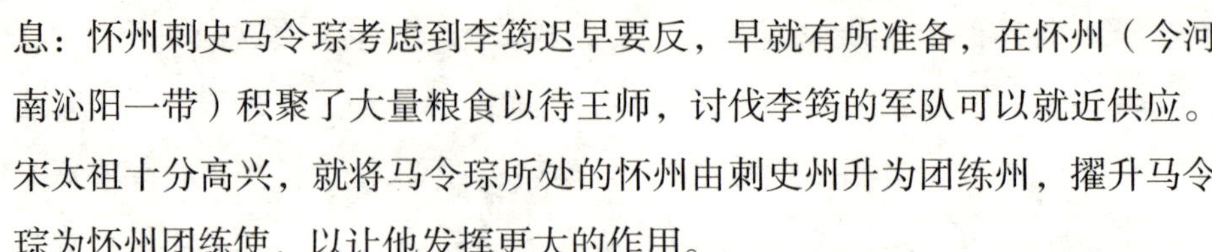

息：怀州刺史马令琮考虑到李筠迟早要反，早就有所准备，在怀州（今河南沁阳一带）积聚了大量粮食以待王师，讨伐李筠的军队可以就近供应。宋太祖十分高兴，就将马令琮所处的怀州由刺史州升为团练州，擢升马令琮为怀州团练使，以让他发挥更大的作用。

宋太祖命吴廷祚为东京留守，吕余庆协助留守事务。又命自己的弟弟、殿前都虞侯赵光义为太内都点检，命侍卫马步军都指挥使韩令坤率兵守河阳（今河南孟县）。宋太祖嘱咐其弟赵光义说："这次我要亲征，如果我打胜了就没什么可说。万一我不能胜，你就让赵普分兵守河阳，再想别的办法。"

《孙子兵法》上说："故备前则后寡，备后则前寡，备左则右寡，备右则左寡，无所不备，则无所不寡。"宋太祖深知这种兵法道理，无所不备，当然兵力就分散削弱，所以他做了最坏的打算。

到了这时，宋太祖仍然不想打这个仗，因为他知道，李筠是后周的重臣，与后周世宗皇帝柴荣义同兄弟，是个忠诚于后周，并无背叛之心的人。后周世宗皇帝柴荣对他也十分器重，曾封他昭义节度使而镇守潞州，并领泽、邢、洛、卫等州，辖有河东、河北两个重要财赋区域，是当时后周势力最为强大的一个藩镇。但李筠任节度使期间，恃勇专恣，是个称霸一方的土皇帝，就连后周世宗皇帝柴荣也让他三分。

不过，李筠有勇无谋。他向北汉称臣投降，以为可得到北汉的支持，与他联兵去征伐刚建立起来的宋朝。可是北汉的皇帝刘钧并不是诚心接受李筠的投降。此时，由于北汉皇帝刘钧视宋朝为敌，也想消灭宋朝，但是心有余而力不足。刘钧虽然接受了李筠的投降，但认为力量不足，又去联合契丹。然而李筠却不愿意与契丹联合，弄得北汉皇帝心里也很不舒服，就对李筠产生了怀疑，派宣徽使卢赞去监视李筠的军队。在李筠的军队中，卢赞的作用很像个主管用兵方面的特派员，使得李筠心里自然不平。卢赞每每要求李筠与他商议军事事务，李筠并不理睬。于是卢赞与李筠又矛盾起来，卢赞把这事向北汉皇帝刘钧作了汇报，刘钧只好又派宰相卫融去调解。

在特殊政治背景促动下产生的李筠与北汉的这种联盟自然是松懈的，双方自然也是各怀目的，于是联盟的结合力就很小了。

李筠有个叫闾丘仲卿的属下看出这样联盟并没什么用途，就对李筠说："你孤军起兵举事，形势十分危险。虽然在表面上得到了北汉的支援，恐怕实际上难以得到有力的帮助。"李筠以为有理，就让他帮助拿主意。闾丘仲卿建议说："如今，宋朝的军队人强马壮，武器装备精良，我们难以同宋朝争锋决胜。我们不如西下太行，直抵怀州、孟州，塞虎牢，据洛邑。然后联合北汉，再联契丹，北汉西出太行，契丹由幽州南下，则使宋朝三面受敌。到时，我们东向而争天下就容易了。"

可是李筠却刚愎自用，自以为强，他说："我是周朝老将，和周世宗情义如同兄弟。如今宋朝的将士都与我有旧交，闻我到达，定会倒戈相向。再说，我有猛将千员，有骏马三千，何愁不成功！"因此，李筠仍然日夜备兵，坚持直攻宋朝汴京的作战计划。

李筠从潞州起兵，先去宋朝的泽州，占领了泽州城，此举为东下直攻宋都汴京开辟了道路。泽州居太行山之脊，是河朔之咽喉，从泽州往北，可直抵太原而无阻，进而能攻河朔；往南，可下太行山直抵孟州、怀州，进而直逼汴京。

《兵法》上说："卷甲而趋，日夜不处，倍道兼行，百里而争利，则擒三将军。"宋太祖当然了解李筠夺取占领泽州的目的，传令石守信、高怀德二位将帅："勿纵李筠下太行，急引军兵扼其隘。"按宋太祖的意图，是让石守信、高怀德二帅急行军去争取有利的地形，阻止李筠的军队下太行山，把李筠的部队控制在泽州一带，力争将他们歼灭。

宋朝洛阳留守名叫向拱，向宋太祖建议说："宋军应急速渡过黄河而北上，翻越太行山，乘李筠部队尚未完全集结时就对他发动进攻。如果滞留拖延十日，李筠的部队就可能集结完毕，那他就会向我们发起猛烈的进攻。"此时成为右谏议大夫、枢密直学士的赵普也建议说："宋军应日夜兼行，直抵泽州，出其不意，攻其不备，速战速决，便可一战而胜。"

他们的意思是说，既然要与李筠交战，先行之利一定要获得，才能有

获胜的把握。而要获得先机之利，现在就要出兵迎敌。

这些建议正与宋太祖的思路不谋而合。事不宜迟，他率军亲征，于建隆元年（960年）五月二十一日起兵从汴京出发，二十四日到达荥阳，在此地急渡黄河，引军迅速北上，急出太行山。宋太祖做事胸怀坦荡，虽然从李筠、李重进身上看出各地节度使中对他即皇帝位有不同程度的不服气，但打仗就是打仗，平叛即是平叛，他从来不在心理上挟私处事。

那时的太行山山路狭隘崎岖，宋朝大军行路艰难，宋太祖以身垂范，率先抱石修路，群臣诸将也纷纷仿效，很快就在太行山上开辟了一条大道。宋军行路无阻，翻过太行山，到达了泽州城外。

李筠所率叛军于四月十四日占领泽州后，五月初已完成与北汉军队的联合。为了稳妥起见，李筠将长子李守节留守上党（今山西长治县），稳固住后方，自己统军三万南下，进攻宋军。

由于日夜兼程到达了太行隘口，宋军据险而守，争取了战场的主动权，也就拥有了获胜的把握。李筠的部队尚未从泽州出发，而此时宋朝征伐李筠的石守信、高怀德两位将军，早已按宋太祖的命令迅速统兵控制住了太行山的隘口，有效地阻住了李筠的部队，使他的将卒一个也下不了太行山。

五月初五，石守信、高怀德的前锋军与李筠的部队在泽州之南交战，结果宋军斩杀李筠军兵三千人。至五月二十九日，石守信、高怀德又在泽州之南大败李筠的三万军队，俘获他的联军首领之一——北汉河阳节度使范守图，斩杀了北汉派驻李筠军队监军的卢赞。李筠溃败而逃，再入泽州城内，只好依城固守。

六月一日，宋太祖率军又追到达泽州，督促石守信、高怀德统兵攻打泽州。由于李筠婴城固守，宋军连续攻打了十天，仍没有攻下。宋军攻不克泽州城，使战局陷入焦灼对峙状态。

在泽州城中，被困城里的李筠心中急如焚火。泽州城虽然未破，但宋军大军压境，围城环攻而不撤，他心中无底。此时，李筠的妾氏求劝说：“以数百骑兵突围去上党，快向北汉求援，放弃这种死守泽州城的计策吧！”但是对这样的建议，李筠左右的将军们坚决反对，担心有人邀功，趁机劫持李筠降敌，认为攻城者求的是速战速决，坚持守城，待宋军粮绝，必然退却。

的确，正如《兵法》说：“攻城的办法是不得已的。制造攻城的巢车，准备攻城的器械，三个月才能完成；均筑城的土山又要三个月才能竣工。将帅不胜其仇怨，驱使军队像蚂蚁一样去爬城，士兵伤亡三分之一，而城还是攻不下来，这就是攻城的灾害啊！”有古人之训在前，宋太祖自知久困不决不是个办法，敌人以逸待劳，而我则劳师疲兵，自然处于不利局面，但也要不得已而为之。

为了走出被动局面，尽快拿下泽州，宋太祖召控鹤左厢都指挥使马全义询问对策。马全义建议趁着师未老、兵未疲，马上强攻。宋太祖正想速战速决，就同意了他的建议，遂命他率敢死队首先登城。马全义果然不负重望，终于攻上城墙。战斗中他被箭射中穿透了臂，忍痛将箭拔掉，继续率兵攻打。宋太祖率侍卫部队紧紧跟进，迅速扩大战果。泽州城终被宋军攻破，李筠自焚而死，北汉宰相卫融被俘。在后周世宗后期，李重进与宋太祖同掌禁军，因为宋太祖比他的才能、本事要大得多，曾把他弄得惶恐不安。

后周恭帝宗训即位时，宋太祖为殿前都点检，是后周军队的最高领导人。李重进依然为侍卫马步军都指挥使，虽说又出任淮南节度使，但对宋太祖连连受重用还是有点嫉妒。宋太祖为人推心置腹，对他没什么防范，所以在做了皇帝后，仍让他为淮南节度使，驻军扬州。

宋太祖通过兵变继皇帝位后，李重进有些局促不安，但他置于扬州，距京千里，也没什么办法，只得一边对宋太祖虚与委蛇，一边思谋对策。经过细心考虑，李重进认为他应该先进京然后再做打算，于是他向宋太祖要求入朝。宋太祖明察秋毫，知道他要求入朝会另有谋图，又考虑淮南节度使驻守扬州，是防备南唐的军事重地，就让翰林学士李防起草了一份诏书，以“君为元首，臣作股肱，虽在远方，还同一体”为由，委婉地谢绝了李重进的入朝请求，使他难以来京。

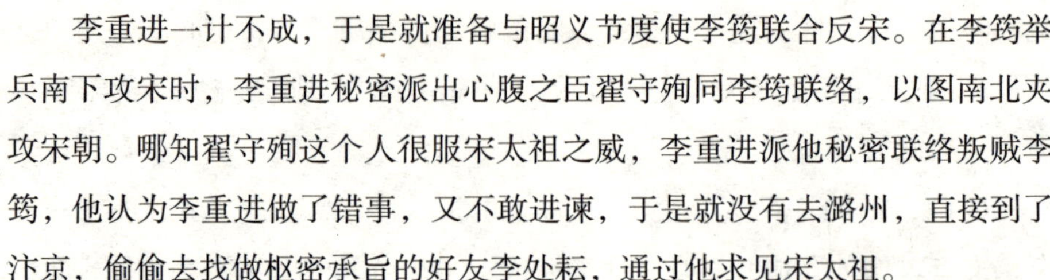

李重进一计不成，于是就准备与昭义节度使李筠联合反宋。在李筠举兵南下攻宋时，李重进秘密派出心腹之臣翟守殉同李筠联络，以图南北夹攻宋朝。哪知翟守殉这个人很服宋太祖之威，李重进派他秘密联络叛贼李筠，他认为李重进做了错事，又不敢进谏，于是就没有去潞州，直接到了汴京，偷偷去找做枢密承旨的好友李处耘，通过他求见宋太祖。

宋太祖秘密召见翟守殉，了解到李重进要联络李筠的详细情报。君臣就此谈起话来，宋太祖说："我要去打李筠，并不想招惹李重进。"翟守殉说："但是皇上要多加小心才是，因为李重进要臣去联络李筠，也是要起兵之意。"宋太祖说："那我就会首尾不能相顾。如果我赐铁券给李重进，他会相信我吗？"翟守殉说："李重进悖恣骄强，终无归顺之志。"

感到失望的宋太祖只好说："既然标明终生不予加害的铁券，在李重进那里也失去了信用价值，我就要对付他了。"于是交给他一个重要任务，让他回扬州设法劝说李重进缓图起兵反宋的谋划，避免形成二凶并作的局面，减轻宋朝压力，以便集中而不至于分散兵势，并赏赐了翟守殉。

翟守殉果然不负宋太祖所望，即从汴京返回扬州，见到李重进后，假意说："李筠自恃兵强，已后悔与北汉的联盟，但也不愿与我们联络。"李重进本就对李筠有看法，听他这样说，也就打消了联络李筠的念头。翟守殉又趁机讲言，说："我们要养威持重，多做准备，不要轻易采取行动，免得仓促，不能成功。待二虎相斗后，无论谁胜，都会大伤元气，到时我们再图谋进取就容易多了。"

李重进暂时放下起兵的事，养精蓄锐，坐山观虎斗，在不知不觉之中就白白丧失了攻宋的主动权。

《兵法》说："内间者，因其官人而用之。"宋太祖利用李重进的亲信官员，对李重进劝说缓图反宋之计，使宋朝在平定李筠叛乱时，不致首尾难顾，为顺利平定叛军起到了重要的作用。所以《兵法》上说"用间"是神妙的道理，是国君的法宝。

正由于翟守殉的作用，使宋太祖得以集中兵力，重点解决北方国土上的叛敌李筠，避免了两面受敌之虞。而待宋太祖平定了李筠的叛乱，宋朝占据泽州、潞州，把原来属于后周的地盘复归于宋朝之后，宋太祖返回汴京，便开始重点考虑处理李重进的事了。

宋太祖以仁德之心，并不想对李重进实行镇压，所以还想给他一次改过机会，就派六宅使陈思诲带上丹书铁券及诏书，前往扬州抚慰，召他入京上朝，并调移他为平卢节度使，由扬州而移镇青州。

陈思诲到了扬州，把丹书铁券及诏书给了李重进。李重进接了丹书铁券及诏书后，尽管心中惧怕，但又不敢轻易反叛，于是就打点行装，准备随陈思诲入朝。然而他的部将却非常警觉，一听节度使要入朝面君，便一起来见李重进，竭力劝阻他入京。

李重进于是又疑心起来。他考虑到自己是周室近亲，恐怕今后性命难保，就听从了部将们的劝阻，不仅不再进京，反而翻然变脸，将陈思诲拘留，修整城池，加紧操练兵马，准备与宋朝决战。

此时，宋太祖平定李筠已三月有余。

李重进仓促间就要与宋朝开战，但又思自己没有退路，就向南唐称臣，派人到南唐求援。而南唐主李瑕最知宋太祖的威名，如今又听说宋太祖已平了李筠，更不敢与宋朝为敌，因此不敢接纳李重进的使者，反而把这一情况报告给了宋朝朝廷。如此，李重进弄巧成拙，成了穷途末路。

《兵法》说："不知诸侯之谋者，不能豫交。"李重进根本不了解南唐李璟的政治动向，就随便去向南唐称臣求助，岂不要坏事？由此可见，他是个既无勇又无谋的人，他的自骄是没有依据的。

更为致命的是，此时李重进的阵营内部出现了分化。扬州都监、右屯卫将军安友规知道他必反无疑，担心会连累自己，便自己去投奔了宋朝，宋太祖遂任命安友规为滁州刺史。

手下大将安友规投奔了宋朝，大大削弱了李重进阵营的实力，这使宋朝镇压扬州李重进有了胜利的条件。宋太祖按照兵法谋将，之所以任命安友规为滁州刺史，就是要叫他做征讨李重进的向导。

安友规逃奔投降了宋朝，这对李重进是一个重大打击，他因此就很自然地对手下诸多部将起了疑心，于是就囚捕了数十名军校。这些被冤的军

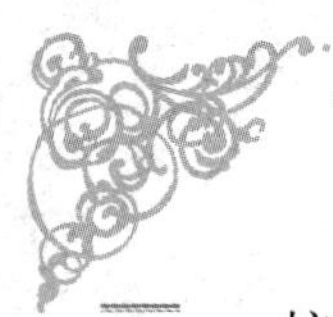

校一再申诉："我们都是为周室屯戍，您要尊奉周室，为何不让我们为您效命呢？"李重进不予理睬，反倒将他们全部杀掉。这也等于自毁之举，白白地将自己送上了绝路。

《兵法》上说，不利于军队的情况有两种：不懂得军队不可以前进而硬叫它前进，不懂得军队不可以后退而硬叫它后退，这叫作牵制军队。不懂得军队的内部事情而干预军事行政，就会使士兵迷惑而且怀疑，列国诸侯的祸患就会乘隙而来。这就是所谓的扰乱军心，自找失败。

李重进的所作所为恰恰就犯了《兵法》上的大忌。他叫士兵们迷惑不解，叫士兵们怀疑生恨。李重进对诸将的怀疑是他铸成的大错，而杀害军校是让军队进一步地憎恨他，这样一来，在宋军还没攻打他的时候，他就自己先行扰乱了军心，难逃厄运，注定要失败。

宋朝枢密使赵普对李重进反叛做了分析说："李重进凭仗长江淮河，缮修孤堡，一味采取守势，既无恩信，又使士卒生出离心，有勇而无谋。计谋不用，外绝救援，内乏资粮，急攻亦取，缓攻亦取。"赵普的意思说得很明白，对这样一个不是对手的敌人，不妨从战略上轻视他，因为无论是用急攻也好，用缓攻也罢，哪种方法都能取而胜之。

由此可见，宋太祖决定要对李重进的反叛进行镇压，已是完全掌握了这场战争的主动权。宋太祖决定速取的方针以夺回淮南，全部恢复原后周的主权统治区域。

建隆元年九月二十日，宋太祖下令削夺李重进的官职爵位。十月二十一日，发诏下令亲征，任命赵光义为大内都部署，任命吴延祚和吕余庆为东京留守；任命侍卫马步军副都指挥使石守信出任扬州行营都部署，兼知扬州行府事，任命殿前都指挥使王审奇为副职；任命李处耘为都监，宋延渥为排阵使，负责战术，统领禁兵征讨。

《孙子兵法》中说，善于打仗的人，他的作战措施是建立在必胜的基础上的，所以能够战胜已处于失败地位的敌人；善于打仗的人，总是能够使自己处于不败的地位，而不放过使敌人失败的机会。正因如此，胜利的军队在于先有了胜利的把握，然后才寻找敌人交战。宋太祖修明政治，确保法制，而立于不败的地位。李重进却是内外交困，士卒离心，使自己处于必败的地位。较之于一向骄傲自信的李重进，宋太祖已先占尽优势，是善于打仗的人。

宋太祖亲征，乘船南下，经宋州、宿州而到达泗州，然后舍船登陆，命令众将士击鼓前进。十一月十一日，宋朝大军到达扬州城下。李重进的兵将见宋太祖亲临城下，哪里还敢抵抗，未经交战便先自纷纷逃散，扬州城不攻自破。李重进万念俱灰，遂与家中人一起焚死。

后发制人虽然历来为国人所推崇，认为它是智慧与力量的综合体现，但也只能适用于旗鼓相当或者自己的实力弱于对方时。当己方实力强于对手或基本持平时，更好的方法便是先发制人了。棋手对弈，大都明白进攻是最好的方法，都喜欢下先手棋，因为他们清楚地知道，主动权掌握在谁的手中，胜利的天平就有可能向谁倾斜。

离间对手，获得优势

在我国古代的军事战争中，离间计被运用得淋漓尽致，甚至在离间计之上发展出了反间计，古人的智慧传承至今，离间计在我们的竞争中仍然可以运用于对手。在赵匡胤的统一战争中，对于南唐压倒性的攻伐中，所用的离间计可谓锦上添花。

面对宋朝咄咄逼人的统一步伐，南唐后主多次遣使向宋修好，企图可以继续偏安一隅。宋太祖看透其中奥妙，于是扣押了前两次的使者，第三次南唐遣使，宋太祖已经做好了吞并南唐的准备，考虑到南唐名将林庆肇会对大宋军队造成不必要的损失，于是他心生一计。

南唐使者来到汴京，这次接待南唐使者的官员，宋太祖专门派了翰

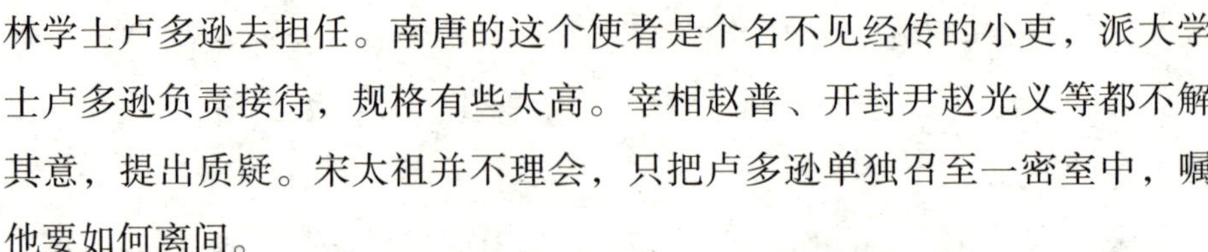

林学士卢多逊去担任。南唐的这个使者是个名不见经传的小吏，派大学士卢多逊负责接待，规格有些太高。宰相赵普、开封尹赵光义等都不解其意，提出质疑。宋太祖并不理会，只把卢多逊单独召至一密室中，嘱他要如何离间。

卢多逊邀约南唐使共进午宴。这次宴会十分隆重，山珍海味，南北大菜应有尽有。席间，卢多逊及其随从频频劝酒。南唐使者怕酒后失态，显得很拘谨，只是在推辞不过的时候，才勉强喝一点。

卢多逊却显得十分慷慨，带头豪饮，一连喝了七八杯，喝得满脸通红，说起话来舌头都不大听使唤了。

用过午膳，卢多逊邀约南唐使者到附近一所宽敞明亮，陈设豪华的房子里暂作休憩。房间的东墙壁上，赫然挂着一幅军人画像。卢多逊乘着酒兴，指着那幅画像问使者："此人，你……你可认识？"那使者抬头一看，不仅大吃一惊，这不是南唐著名将领、南都留守兼侍中林庆肇吗？他的画像怎么会挂在这里，便说道："此乃南唐侍中林大人的画像，但不知贵朝为何要挂他的画像？"卢多逊对他神秘一笑，也许是酒喝多了，竟口无遮拦地说道："吾皇陛下素……素爱林庆肇之……之勇，常说道，以……以庆肇之勇，足以统……统大军，安天下。今大宋强盛，天……天下归心，四方豪俊，无……无不望风归顺。林庆肇久困南唐蕞尔小邦，甚不……不得志，又听说我大宋皇上，思……思贤若……渴，便打算归降大……大宋朝廷。先派人来……来联络，吾皇慨允，并答……答应事成之后，任其为金……金陵节度使，这……这才又送来画……画像，以为信物。"

那使者一面听着，惊得心中突突乱跳，他强作镇静地问道："此事当真？"

"那……那还有假，吾皇陛下已赐其宅……宅邸，只等林……林将军事成后来住了。你看，这座大大宅院就……就是林……林将军的。"他顺手指了指房间左边一处建筑豪奢、规模甚大的住宅说道。刚说完，似是酒力涌了上来，急忙跑到室外大吐起来，随从人员见他已经醉成这个样子，只好将他送回府邸。

第二天，南唐使者辞行归国。宋太祖特赠与李煜白银五万两，并命宰相赵普亲自把白银送到南唐使者下榻之处。为什么要向南唐回赠这么大额的重礼，左右群臣皆不解其意，唯有宋太祖与赵普心里明白。

原来当时南唐以陆昭符为使来宋时，曾偷偷地送给赵普五万两白银。赵普见数量太大，又加上前次吴越送瓜子金的事为宋太祖撞破，他不敢私吞，便将此事禀报了宋太祖。为了不引起南唐君臣的怀疑，宋太祖让他权且收下，以后再做处置。

现在以宋廷名义回赠南唐，等于原物退回。他是要让李煜看看，大宋朝廷君臣和睦，铁板一块，没有他们的可乘之隙。另外，他也要让李煜知道，大宋国力强盛，国库丰盈，对他的金器银具、珍珠宝玩并不放在眼里。

当然，对于南唐向赵普行此重贿，宋太祖心里也不是没有想法。尽管赵普没有侵吞这笔贿赂，但在宋太祖心里还是再一次留下了一道抹不去的阴影。

吴越主也好，南唐主也好，为什么都向赵普行此重贿？这从侧面提醒了宋太祖，赵普作为首辅宰相，权力已经高度膨胀，达到了炙手可热的程度。连国外的这些人都看明白了，赵普专权擅政，独揽朝纲，只要收买住了赵普，便可以左右朝廷的决策，甚至左右皇上的意志。而这一点，是宋太祖绝对不能容许的。

看来，是该裁抑一下赵普的权柄了，这样对朝廷、对赵普本人都有好处。若是任其发展，不加限制，还不定闹出什么事来呢？到那时，后悔也就来不及了。

决心一下，宋太祖再不迟疑，立即大刀阔斧地采取行动。他谁也没有商议，也不征求任何人的意见，立即下旨，任命薛居正、吕馀庆为参知政事，也就是一下子任命了两位副宰相，把赵普手中很大的一部分权力分散到他们手中。

南唐使者回到金陵，要求单独觐见皇上。李煜在后宫中召见了他，屏退左右人等，使者详细禀报了林庆肇私通大宋一事。

李煜听罢，大吃一惊，忙问道："你所言确实吗？"使者答道："千真万确，他送去的画像小人亲眼所见，而其情弊乃翰林大学士卢多逊酒后失言。陛下一定要早做处置，若是迟了，后院失火，祸起萧墙，则悔之不及矣。"

李煜挥挥手让他退下，嘱他不要对任何人说及。他自己躲在后宫里，却又惊又怒，陷入了极度的痛苦之中。国势败危如此，人心多已离散。在大厦将倾之际，许多人都在寻找自己的出路，这在人情薄如纸，世态炎凉的当今世上，已经司空见惯，他并不觉得特别奇怪。但是林庆肇何许人也？他乃两朝元老，数代宿将，朝廷待他恩重如山，我父子们拿他当亲人看待。想不到人心险恶如此，连这样的人也会背我而去，而且要在背后捅我一刀。

他感到无限的悲凉，一颗心在绞痛，在滴血。忽然，这位历来柔懦软弱的皇帝，双眼中射出了两道狞厉的凶光，恶狠狠地说道："你既无情，休怪我无义。大唐一日不亡，叛臣贼子就休想得逞。"

他立即令人拟旨，一日连下两道急诏，宣林庆肇火速从南昌赶回金陵。

林庆肇接到十万火急的诏旨，以为京都发生大事，不敢怠慢，带上几个侍卫，连夜马不停蹄，直奔金陵而来。

他来到都城之后，却见金陵城里平静如初，大感纳闷，连忙递牌子求见皇上。可是李煜却不见他，只让他住到驿馆候旨。

林庆肇在驿馆内一连住了三天，一日数次要见皇上，都被拒绝了。他想出去找那些同僚、熟人们问问，到底出了何事，可是驿馆被数百名兵士把守，一个个荷刀持枪，凶神恶煞，不准他离开半步。

他心里咚咚乱跳，就像有十五只吊桶打水，七上八下。究竟为什么？朝廷中出了什么大事？是什么大案把我牵扯进去了？他丈二和尚摸不着头脑，心里不停地猜来猜去，却怎么也猜不出个头绪。只好在这里干等着，等皇上召见之时，自会水落石出，真相大白。

可是等来等去，等到的却是太监送来的一道圣旨和一壶鸩酒。皇上赐他自尽，罪名是叛国通敌，谋反作乱。林庆肇大惊失色，高呼冤枉。可是他的喊声再大，深藏在皇宫里的李煜也听不到。只对这个像木头一般的太监喊冤又有何用？他大声呼叫要见皇上，辩白愚忠。可是，几个如狼似虎的宫廷内侍手持明晃晃的大刀扑了上来，立逼他马上服酒。

林庆肇彻底绝望了，他不知道这个糊涂君王究竟听信了谁的谗言，自己一生忠勇，为南唐朝廷东拼西杀，屡立战功，想不到到头来却落个这样的下场。他愤怒、痛苦、心酸，但此时此刻这一切都没有用了。他上前端起酒壶，突然"哈哈哈"爆发出一阵令人毛骨悚然的惨笑，口中说道："南唐有此忠奸不分，良莠不辨的昏君，焉能不亡。"说罢，将壶嘴对着口，咕嘟嘟一气灌了下去，然后将酒壶狠狠一摔，踉跄了几步，轰然倒地，顿时口鼻流血，顷刻毙命。

李煜鸩杀林庆肇的消息传到大宋朝廷时，赵匡胤正在与大臣们商讨征伐南唐的战前筹备事宜。听到这一消息，宋太祖异常兴奋，禁不住哈哈大笑道："李煜小儿，入我彀中矣。"众臣属都不知何意，吕馀庆问道："陛下何以如此说？"赵匡胤不无得意地道："还记得北汉使用反间计，险些让朕中了圈套，误杀大臣吗？今朕亦用此计，李煜这个糊涂虫果然中计，为朕除去一心头大患。"

众人这才恍然大悟，纷纷向赵匡胤称贺。

原来林庆肇是南唐赫赫有名的战将，不仅武艺超群，而且极富韬略，善治军旅。他是南唐少数几个强硬的主战将领之一。

在赵匡胤发兵征伐南汉的时候，他曾秘密上表李煜，表中说道："宋军前年刚刚吞并后蜀，现在又径攻南汉，连年征战，师老兵疲。眼下淮南诸州，所驻宋军都不过千余人。请陛下拨给我几万人马，我自寿春北渡，径取正阳。这里都是原来我大唐的庶民，思归旧土，必不反抗。我率大军可全部收复几年前沦于后周的江北旧境。纵使宋军派兵来援，臣据淮对垒抵御，定然不会有失。在臣发兵之日，陛下可告知宋廷，说臣举兵叛乱。这样，如果此事成功，则为国家收复了疆土，利在朝廷。倘若一旦失败，陛下可将罪责全推在臣一人身上，杀臣全家以向宋廷表明陛下对他们并无二心，不至于贻祸国家。"

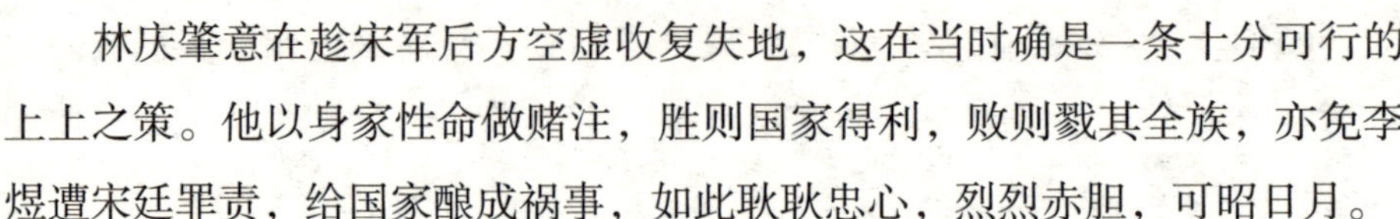

林庆肇意在趁宋军后方空虚收复失地，这在当时确是一条十分可行的上上之策。他以身家性命做赌注，胜则国家得利，败则戮其全族，亦免李煜遭宋廷罪责，给国家酿成祸事，如此耿耿忠心，烈烈赤胆，可昭日月。

但是，这个懦弱成性的李煜，对宋廷畏之如虎，唯恐偷袭不成反获罪，便执意不肯听从，将林庆肇的密奏扔到一边，置之不理，白白地坐失良机。

后来，赵匡胤听说了这件事，吓出了一身冷汗。他知道，林庆肇的这一建言，确是十分高明的一着狠棋。倘若当时李煜真的照办了，淮南之地恐已不为大宋所有。纵使收复南汉，也有些得不偿失了。

由此，赵匡胤对林庆肇这个人耿耿于怀，一直蓄谋将其除掉。否则，一旦大宋发兵南唐，战端一起，此人将是一个极难对付的敌手。

为了除掉这个劲敌，赵匡胤先是派人潜往南唐，以重金收买了林庆肇的家仆，偷出了林庆肇的画像。然后，趁南唐使节来汴京，亲自导演，让卢多逊登台，演出了那出“酒后泄密”的把戏。

想不到李煜竟会如此昏庸糊涂，简单的几句话，一点颇类玩闹的小把戏，就让他鸩杀了一代名将。也许这是天意，李煜自毁长城，南唐的气数将尽。

离间计在一些人看来不够光明正大，甚至会被人视作缺德，但是战争时期，为了尽可能地保存自己的实力，削弱对方实力，而施用离间计离间对方内部，或者离间对方的合作者，都是不错的办法。

古代战争纷乱的年代，对对手施用离间计非常盛行。统一天下的秦始皇，曾用尉缭离间之计，破坏群雄的关系，削弱对手力量，这为他统一天下起到了很大的作用。汉高祖刘邦，是历史上第三个皇帝，他同样重视离间竞争对手的运用，在争霸期间，陈平就专门负责用金钱离间自己的对手，而最关键的要数对于项羽和范增的离间，也正是范增的离去，使得刘邦有了可乘之机，终于消灭了自己最大的竞争对手项羽，最终一统天下。

到三国时期，离间对手更是一种被频繁运用的计策，争霸中的对手，经常通过离间自己对手内部或者离间对手的合作伙伴达到削弱对手的目的，并且屡试不爽。

时代变迁，我们个人的发展中遇到战争年代的概率可以视作为零，但是这时离间计就一定没有用武之地吗？答案当然是否定的，没有过时的计策，只有对计策的灵活运用。

一代石油大王洛克菲勒，事业之初竞争力并不是十分强，在与当时的石油大亨竞争中，多次遇到失败。这时，洛克菲勒就灵活地运用了离间计。首先洛克菲勒找到了石油运输的相关铁路部门，在石油运输中铁路运输有举足轻重的地位，可以说铁路是所有石油公司的合作伙伴，但是有一点问题就是，所有的石油公司在用到铁路的时候，就对铁路亲亲热热，但是在用不到的时期，就对铁路部门置之不理，一些依靠石油运输维持的铁路甚至会出现没有生意的现象。洛克菲勒认识到这一点之后，做出了一个决策，他秘密地和铁路部门签订合同，以自己每天固定交付给铁路部门一定的石油货运量为代价，要求铁路部门给自己一个秘密的折扣。铁路部门看到可以有稳定的收入，也乐得给一点优惠。于是洛克菲勒在铁路上运送的石油就比竞争对手的石油有了每桶便宜七美分的价格优势，在这过程中，洛克菲勒逐渐占领了市场，直到最后成为了石油行业的垄断者。

我们现代社会的竞争中，离间计仍然拥有很大的用武之地，也许有人会说离间竞争者内部的环境，破坏其联合伙伴属于不良竞争，但是事实上，我们现在的竞争确实存在这种竞争，因此，在竞争激烈的今天，不妨试一试离间计，让自己获得优势，进而取得竞争的成功。

第四章 DI SI ZHANG 顺应时代，宽厚“理”天下

赵匡胤是一位宽厚和易的天子，他胸怀宽广，具有雄才伟略，依靠着自己的实力一步一步走向成功。在治理国家的过程中，他又能把握时代的潮流，以宽厚管理天下，其成功的经历很值得后人学习。

因时而异，仁爱管理

孔子非常推崇“仁爱”，《论语》中对“仁”的论述也非常多。孔子认为“仁”是完美人格标准的基础，一个人即使非常有才能，但是人格中没有“仁”的存在，也无法成就大事，或者空守着财富与权势，却可能众叛亲离，落得孤家寡人。在管理中，仁爱一样不能缺少，赵匡胤在登上皇位期间，在国家困难时期就用了仁爱管理的手段。

赵匡胤在位的17年，社会并不稳定，风调雨顺的年头也并不多。

据史料记载，乾德四年（966年）是丰稔之年，所以该年八月，赵匡胤曾下诏说：“丰年之咏，播于颂声，广蓄之训，垂于载籍，今三时不害，百姓小康，田里无愁叹之声，垅亩有遗滞之穗。”并提醒地方各级官吏要更加注意劝农崇俭。但其余年岁，自然灾害十分频繁，水、旱、蝗、鼠灾不断。特别是开宝五年（972年）由于黄河的屡屡决堤，造成山东、河南等地洪水泛滥，一时饿殍遍野，民不聊生。李焘在《长编》中用十分沉痛的笔调，以“是岁大饥”四字来形容这一年的凄楚和艰难。

对于以农业经济为主体的封建国家来讲，自然灾害所带来的危害，不亚于一场战争所造成的破坏。幸亏历朝历代名目繁多的荒政政策给赵匡胤提供了可资借鉴的救灾经验，他运用起来也算得心应手。

赵匡胤同许多封建帝王一样，全国一旦出现灾情，总要求助神灵。北宋建隆元年（960年）八月，中原大旱，赵匡胤便将近臣派到京城各处寺庙祷雨。建隆三年（962年）五月，河北诸州大旱，赵匡胤除不断派出朝官前往查灾外，又亲临相国寺祷雨，同时下令皇宫撤乐，改进素食，以示虔诚。开宝五年（972年）五月，因连降暴雨，黄河决堤于濮阳，赵匡胤急遣颍州团统使曹翰领丁夫堵堤。行前，赵匡胤诚心诚意地对曹翰表白说：“霖雨不止，又闻河决。朕信宿以来，焚香上祷于天，若天灾流行，愿在朕躬，勿施于民。”赵匡胤此举旨在检讨自己的为政得失，以求感动上天。这年五月的水灾，使赵匡胤无计可施，因而想到是由于自己治国失策而遭到上天的惩罚，于是派人逐一查问后宫宫人380余名，并立即下诏，愿归家者，具情以告，结果150余人表示愿出宫，赵匡胤当即厚赐放人。

除求助神灵外，赵匡胤也充分运用了一些常规的救灾办法。建隆二年（961年）十一月，濠、楚等地大饥，赵匡胤下令当地长官开仓赈贷。次年三月，沂州民饥，以赐食。六月，诏令宿州发仓赈饥。年底，又诏令蒲、晋、慈、隰、相、卫六州开仓济民。

乾德元年（963年）三月，赵匡胤下令各地重建义仓以备灾荒。诏文称：“多事之后，义仓废寝，岁或小歉，失于豫备，宜令诸州于所属县各置义仓，自今宫中所收二税，石别税一斗贮之，以备凶歉给与民。”义仓的设置，本是一种民众互助自救的措施，是用来“防歉岁，赈饥民”的，但地方官员往往以此为借口，逼迫民众“重叠供输”，一件好事却导致了民众的不满，再加上乾德年间没有多少太大的灾情，基本上风调雨顺，因而在乾德四年三月将义仓予以废罢。

另一个常见的救灾办法就是减免受灾地区的税赋。建隆三年（962年），河北、陕西、京东诸州旱灾和蝗灾严重，赵匡胤下令将这些地区当年的租税全部免除。开宝元年（968年）六月，赵匡胤又下令诸州民田经霖雨及被河水所淹没者，免除租税。开宝七年（974年）六月，赵匡胤又免除蒲、陕、晋、绛、同、解六州历年所欠租税，同时又对陕西诸州当年的租税减免一半。这样的记载还有很多，反映出当时减免租税的办法是一种普遍采取的救灾措施。

对于灾害造成的流民问题，赵匡胤采取由流入地政府和流出地政府共同负责救济和安置的政策，同时采取减免租税和官给种食的办法促其

复业。

在这些常规办法的基础上，赵匡胤也有一些创造和改进。

他批准动用军粮赈饥。建隆三年（962年）春，淮南各地发生大规模春荒。户部郎中沈伦出使吴越，返朝时路过扬州和泗州等地，亲眼目睹饥荒惨状。当时朝廷和地方均无粮可拨，地方官员忧心如焚，迫不得已向沈伦提出："郡中军粮尚余百万石可贷，若动用这批粮食，则百姓即可得救，待秋后新粟收获后归还，如此则公私两利。"地力长官深知动用军粮干系重大，特意指出此事"非公言不可"。沈伦当时也不敢表态，他回京后，立即向赵匡胤报告，并认为此法可行。

沈伦是赵匡胤所倚重的亲信，赵匡胤领同州节度使时，沈伦即经宣徽使智居润推荐，投入赵匡胤的幕府。在领滑、许、宋三镇时，沈伦一直负责财政事务，深得赵匡胤信任。对于这次沈伦提出的建议，赵匡胤感到事关朝廷与南唐的对抗，需要谨慎对待。他向有关部门征求意见，结果遭到反对，有人提出："动用军粮赈饥，如果灾情继续，灾民还不起粮食，谁能承担责任！"沈伦回答说："国家开仓济民，自当招和气、致丰稔，怎么还会让灾情不断呢？请陛下早作决断。"赵匡胤于是采纳了沈伦的建议，随即下令发军粮以贷民。

此例一开，赵匡胤在以后遇到重大灾害时，均借用此法来缓解燃眉之急。开宝七年（974年）六月，河中府及锋州等地出现了大规模旱情，赵匡胤便毫不犹豫地下令发河中府军储3万石以赈饥，由此开辟了一条新的救灾渠道。

赵匡胤还动用军队进行抢险救灾。

开宝五年（972年）六月，黄河在濮阳决堤后，又决于阳武，赵匡胤下令曹翰调集诸州兵士，连同征集的丁夫共5万余人，采用管理军队的办法日夜奋战，不久将决堤全部修复，显示了军队在抗洪中的作用。

赵匡胤还在救灾工作中给予地方官员一定的自主权。乾德二年（964年）二月，鉴于全国旱情严重，赵匡胤下令各地地方长官可以不经报告，对那些旱情严重的地区或民户减免租赋，从而便于当地官吏实施符合实际情况的救灾措施。

赵匡胤还注意保持中央与地方的灾情联系。开宝三年（970年）七月，赵匡胤发出诏令，命各地在上报水旱灾情时，不得随意拖延。规定在夏季不得超过四月，秋季不得超过七月，以便中央及早决断，采取有针对性的措施。而对那些不能及时报告，贻误救灾时机的官员则毫不留情地予以惩处。

开宝四年（971年）十一月，黄河在澶州决堤，东汇于郓、濮等地，民田毁坏严重。赵匡胤对澶州地方官员没有及时报告情况十分恼怒，当即派出使者调查。结果知州杜审肇虽贵为国舅，仍被免职罢归私第，通判姚恕被处以死刑。由此可见，赵匡胤对百姓疾苦的重视。

在现代管理中，管理者也要采用“仁爱”的管理之法管理企业，唯有如此，才能使企业的凝聚力大为增强。

博爱之心，以民为先

人与人相处需要博爱，需要理解，需要帮助，这样我们的生活会更美好。作为管理者不仅要有仁爱之心，更要有博爱精神，只有这样才能促使企业和谐发展。赵匡胤以民为先，以仁治理国家，可见他的博爱精神。

延续五十余年的五代十国时期是中国历史上的乱世。期间，军阀混战频发，朝代更迭甚速，北方地区遭到了严重的破坏。仅以人口而论，唐天宝十四年（755年）为891万户，至宋建隆元年（960年）在宋王朝的版图内才960万户，其后加上平灭南方诸国的人口也只有254万户。

户口的锐减，生产的破坏，极大地影响了国家财政收入。统治者为了支付战争的巨大开支和奢侈生活的需要，必然要加倍对人民进行榨取和剥

夺，并以严刑峻法维护这种榨取和剥夺。赋敛繁重，徭役无休，便不可避免了。

从五代乱世中走出的宋太祖耳闻目睹了残酷的社会现实，深知不爱惜民力，任意驱使，必将如奔车朽索，危及王朝统治。所以，在他即位之初就对侍臣说："烦民之事，朕必不忍为。"

宋太祖此言并非表面文章，从其有关政令看来，他是努力付诸行动的。比如，他把大部分差役交给厢军和基层衙吏承担，使四等以下户所服差役较前代大为减轻。在宋代，全国户籍分为主户和客户两大类，有土地的人家不管土地多少都称为主户，没有土地的民户称为客户。主户又按占有土地和财产多少分为五等，一、二、三等为上户，四、五等为下户，四等又称中户。上户是大地主和中、小地主，中户是仅有十几亩到数十亩土地的自耕农，下户是仅有极少一点土地的半自耕农。客户是靠租种地主土地为生的佃农。中、下等户和客户是徭役的承担者。

徭役是政府强迫农民承担的无偿劳役。较大规模的劳役有修治黄河，疏浚运河，修筑堤堰，修筑城池、官舍、桥梁、道路等。此外，诸如运送粮草、茶盐等官物，也要征发役夫承担。临时性的无偿差遣称为夫役，因其多从事于河川等土木事业，其时间又多在农闲的春季，故叫调春夫；为应急务而急遽征集，叫调急夫。另有沿交通沿线负责传递文书的递铺等。递铺又分步递、急脚等。

鉴于五代以来徭役的苛重，宋太祖即位后罢去了平民充当急递铺夫的劳役，改用军卒承担此役。建隆二年（961年）诏曰："诸州勿复调民给传置，悉代以军卒。"建隆三年（962年），又罢去征用民夫搬运戍军衣服的劳役，改用"官脚"代替。

"弓手"是维护地方治安的县役，掌管捕捉盗贼、巡查市场等。宋太祖以为扰民，便在人数上减少控制。如万户以上大县，建隆三年名额为50人，开宝元年减为30人；2000户以下至1000户以上，由15人减至10人。此等差役员额的减少无疑将使大量农民从徭役中得到解脱，增加农村的劳动力。

宋太祖还多次申明，禁止官员私自占用人户供役。

乾德元年（963年），京师传出消息，说是宋太祖将率大军北征，要征调大量民夫运送粮草器物，河南百姓闻听，“相惊逃亡者四万家”，他们是吓怕了，五代以来的繁重徭役已使他们闻之丧胆，所以惊惧逃避。宋太祖得知此事，赶紧让枢密直学士薛居正驰传召集，“逾旬乃复故”。

宋太祖禁止滥发徭役。在建隆三年（962年）正月的一道诏令中，宋太祖明确指出，春冬给戍卒运送衣服，要由官府供给车乘，不得调发民丁。

贫富赋役不均、富家逃避力役是前代严重存在的问题。为了扭转这一现象，宋太祖下令制止官吏袒护豪民脱役，并令诸州派出人员互往别部同当地的令佐一起检查丁口，登记造册，有敢于隐瞒、漏落者允许百姓告发，视情节轻重治官吏之罪。宋太祖这样做，是希望贫富“共分力役”，虽不可能完全兑现，但也属难能可贵。包容之难，难在没有博爱之心！

博爱是心与心的交流，包容是一个层次一个层次的扩延，博爱能让世界充满爱，博爱使我们视野开阔，使我们心境平和，使我们宽容大度，使我们能在更广阔的境界里播种成功。

德雷莎以一介普通修女的身份却获得了全世界的尊敬和爱戴。当她去世的时候，身上盖的是印度国旗，印度为之举行国葬，印度总理跪在她的棺前，为她送行，而她只不过是一个普通的塞尔维亚人。

希特勒作为一代枭雄，又是一个国家的最高统帅，本应该成为一位受人爱戴的人物，然而，他野心勃勃，为了满足自己的私欲，不惜掀起一场世界性的灾难，成为遗臭万年的代表。

同样是人，为什么希特勒和德雷莎有这种巨大的差异呢？说起来很简单，就两个字——容量。

在希特勒统治期间实行种族灭绝政策。在德国以及其殖民地上都建有大量的死亡集中营，大量屠杀犹太人和其他人种。根据相关资料，我们可以得知因为希特勒的种族灭绝政策而被屠杀的人数大约有600万人。可见，在做人方面，希特勒没有容量，他不能忍受其他种族的存在，更无法忍受其他国家的存在。在对其他种族和国家进行残暴行为的时候，他的敌

人越来越多，直至自己的空间越来越小，最后只能消亡。

而德雷莎却完全不同。从某个方面来说，她象征着博爱、宽厚，在她的生命中只有爱，她爱每一个人，愿意帮助每一个需要帮助的人。

在德雷莎修女很小的时候就已经确定“为穷人中的穷人服务”的信念，当她到达印度之后，从来没有穿过鞋，很多人都问她为何要这样的时候，德蕾莎说：“我服务的印度大众都太苦了，他们很多人都没有鞋穿，我如果穿上鞋，就跟他们的距离差得太远了。”

在戴安娜王妃访问印度的时候，她曾经亲自去拜见德雷莎，当她看到德雷莎脚上没有穿鞋，而自己却穿了一双白色的高跟鞋，甚是羞愧。之后，她告诉别人说：“我跟她握手的时候发现她没有穿鞋，再看看我自己，真是自愧不如！”

再后来，南斯拉夫爆发科索沃内战，看到因为战争而无家可归的受难民众，德雷莎特别痛苦，她让负责战争的指挥官停止战争，让那些可怜的女人和小孩子从战区中逃出来。听到德雷莎这样说，指挥官也感到无奈，告诉她：“我们也想熄火，但是对方还在打，我们也没有办法。”德雷莎说：“那么我去和对方协商。”

听到当德雷莎要来战区劝停，双方立刻停火了，在她走后，双方又打起来了。

联合国秘书长安南听到这件事情之后，叹气说：“这件事连我也做不到。”殊不知，在此之前，联合国已经尽努力进行调停了，但是都没有作用，战争继续。

究竟是什么让德雷莎修女得到众人的尊重？如果稍加考虑就会明白正是因为她宽容、博爱才感染了许多人。在她的内心世界中，世界上的任何事物都是美好的，都有其存在的价值。所以，在她面前，所有的人都会臣服于她。

如果想要得到他人的尊重，享受他人的爱戴，一个人就需要做到宽容和博爱，也可以说是仁爱。拥有博爱之心，不仅能使一个人感到满足，还会减少对别人的忌恨。在博爱之心的感召下，他会悲天悯人、包容一切。

巴尔扎克《悲惨世界》中的冉·阿让，虽然命运比较悲惨，但是却善良，最终通过自己的博爱之心感动了沙威。

然而，现实生活中很少有人可以达到这种境界。他们心量不大，气度不广，对待他人也不会有什么包容或者是博爱之心。其实这种情况的最终受害者就是自己，因为无法包容别人也会使自己无法包容自己，让自己寸步难行。

这里有一个例子：在一架从北京飞往南京的飞机上，一个老年旅客因为携带了太多的行李堵住了走廊，他只能一件件慢慢地而且是非常艰难地把这些行李放在行李架上。而后面的人就等着。一个小伙子的座位在机尾附近，在等了好长时间之后也没发现有移动的迹象，心里特别烦躁。

等到小伙子走到那个老人身边的时候，他还在那里放行李，小伙子很冷漠地向那个老年人说了一句："你知道吗，有这么多人在为了你排队呢！"老人愣了一下，没有说话。可能是小伙子见是一位老人，有些不好意思，转身走了。

事后，小伙子说："我是如此的冷漠，我第一次感觉到自己居然没有一颗爱心，文字真的不能反映出我现在的悔意。虽然那个人有做得不对的地方，但是我那样冷漠地对待一个陌生人，而且还是一位老人，难道不也是一种罪过吗？'老吾老，以及人之老；幼吾幼，以及人之幼。'多么好的一句话，可是，我却没有做到，我没有一颗包容的心，不能容人，也难以容己。"

能够醒悟，对于小伙子来说就是一种爱的精神，他已经有了包容的境界，可是还有更多的人，他们无法体会包容，也无法做到博爱。所谓博爱，就是博大、无私、广义上的爱，是广博的爱，是平等的爱，是没有等差的、没有级别的爱。

博爱，首先应该爱自己身边的人，哪怕是陌生人，用你微薄的力量为他人带去一点温暖，带去一点方便。人际关系的复杂就在于一个人很难在对待陌生人的时候做到像对待自己的亲人那样。有很多时候，人与人之间的冲突或矛盾并不是不可调和的，如果你能够像对待自己的亲人一样对待

你身边的陌生人，这就是最简单意义上的博爱了。只有能够做到博爱，人才能够体会到包容的真正内涵，才能体会到自身境界的广博。

世界的和谐需要博爱，人类的文明需要包容，个人的进步和成功更离不开对别人的理解和关爱。理解是爱的基础，包容使爱更加温暖。

作为管理者也应深知其中的道理。

严于律己，宽以待人

宋太祖以仁德治天下。在建国之初，他以宽容的气度包容了后周的旧臣和周世宗的儿子；在治国的过程中，他对待将士和敌军将领也显示了一代仁君的宽容风范。被史家称为宽厚仁慈的宋太祖，在这方面做得要远比曹操高明许多。即使是对待敌人，宋太祖也充分体现出宽容和大度，不滥杀降卒，不惊扰百姓生活，每攻占一地，必先安民，更何况对待自己的文臣武将呢?

宋太祖在游历期间，曾一度衣食无着，到达当时的复州（今湖北天门）时，去投奔他父亲原来的同僚、复州防御使王彦超，希望王彦超能看在父亲的面子上，收留并提携一下自己，闯出一番事业。可是，当时王彦超看到宋太祖穷困潦倒，不愿收留他，只是看在他父亲面子上拿出10贯钱便打发了宋太祖。三十年河东三十年河西，没想到后来宋太祖竟然当了皇帝，王彦超仍是一个臣子。

一天，宋太祖在宫中设宴招待群臣。酒酣耳热之时，宋太祖偶然发现了正在坐席之上的王彦超，不由想起了当年他流落时的窘况和10贯钱的事。宋太祖忍不住便问起王彦超："昔日我落魄之时，到复州投奔于你，你为何将我拒之门外？"王彦超一听此话，立刻吓得酒意全无，惊慌中答道：“当时臣下只不过是一个小小的刺史而已，一勺之水哪里能够容得下您这条神龙呢？假如臣下我当时收留了陛下，陛下怎能有今天呢？”宋太祖听后，觉得回答巧妙，遂抚掌大笑，继续与大家喝酒作乐，此事也从此打住。事后，王彦超还担心宋太祖会对自己不利，但最终什么事也没有发生，王彦超的官场生涯一直比较顺利。

宋太祖在流浪期间，在随州遇到了另一件尴尬的事情。从前文已知，时任随州刺史的董宗本也是宋太祖父亲的老友，他虽然顾及老友的面子，收留了落难的宋太祖，但他的儿子董遵诲却打心眼里看不上宋太祖这个远道而来的流浪者，经常借故羞辱、打击宋太祖。宋太祖经过磨砺，也深知人在屋檐下不得不低头的道理，所以处处忍气吞声，让着董家这位少爷。

一次，二人在一起讨论兵书战策，模拟带兵打仗之法。董遵诲整日不学无术，只知吃喝玩乐，在行军用兵之事上根本不是宋太祖的对手，议论起来自然一败涂地。此时，董遵诲虽知自己输了，但少爷脾气却上来了，指着宋太祖便大肆挤兑挖苦：“阁下既然如此足智多谋，才华盖世，又怎会落得今天这个地步呢？”说罢，便扬长而去。经过此事，宋太祖深受打击，再也不愿待在董家受窝囊气，一怒之下，离开董家，又开始了新的流浪生活。

宋太祖当上皇帝后，董遵诲也在朝中为臣，任骁武指挥使，每次见到宋太祖都是心惊胆战，生怕宋太祖提及旧事，治自己的罪。有一次，宋太祖在便殿上召见董遵诲，董遵诲以为宋太祖要和他算老账，自忖死罪难逃，便要自杀。他的妻子却表现出了不凡的见识：“等到皇上要你死时，再去死为时不晚。万乘之主，岂会小肚鸡肠，同你计较过去的一点私嫌旧怨？”在董遵诲朝见之时，有人因为听说皇上的旧事，以为宋太祖要治罪于他，便趁机上奏董遵诲的不法罪状十余条，企图落井下石，置董遵诲于死地。然而，出乎大家意料的事情发生了，宋太祖不但没有治罪于董遵诲，反而令左右将他搀扶起来，和颜悦色地对董遵诲说：“我现在正在赦罪赏功，怎么还会算计以前的不快之事呢？你不要有什么顾虑，我仍然会重用你的。”董遵诲听完，深受感动，感激宋太祖不念旧恶的宽大胸怀，

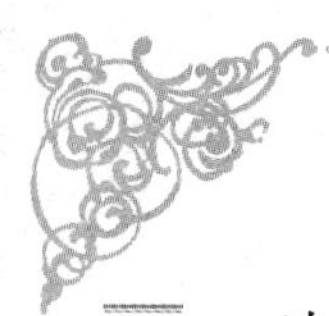

决心以死效忠于皇上。

宽容，并不是顺其自然的宽容，其中应有一个度。否则，就会演变成纵容，性质也会相差万里。宋太祖虽以宽容见长，但对宽容的理解基本上还符合度的标准。对那些屡教不改、目无君主的狂徒和佞臣，宋太祖丝毫不会纵容，而是施以颜色，改正他们的错误。

宋太祖一向治军严明，对于胆敢违抗军令，不服从军纪的将士，他绝不纵容姑息，一律按军法从事。即使是屡立战功的宿将老友，宋太祖也能功过分明，奖功罚过。王全斌在国家统一过程中战功卓著，屡次受到宋太祖嘉奖，并得到雪夜千里送裘衣的殊荣。但他在伐蜀时违背军令，擅自妄为，造成极其恶劣的后果，遭到宋太祖严厉斥责，最后丢官去爵，老死乡里。

对于读书人，宋太祖一直是宽厚大度的，这不仅大大提高了文人的社会和政治地位，而且文人犯了过错，一般都会得到较轻的处罚。然而，人贵在有自知之明，如果一而再、再而三地犯错误，那么等待他的将是严厉的处罚。

对于违反法令的官员，宋太祖依律办事，尤其对那些贪赃枉法之徒。用《宋史·刑法志》中的话来说，就是“宋兴，承五季之乱，宋太祖、太宗颇用重典，以绳奸慝”。

对枉杀百姓、草菅人命的官员，大多处以极刑。即使当时没有发现，后来被人告发属实的，也同样予以追究严惩。据记载，968年，监察御史杨士达因“鞫狱滥杀人”而被处以弃市之刑。

对于贪赃受贿、以权谋私的官员，大多视其贪赂的数量而量刑，一般处罚都比较严厉。因此，死于此事的官员也相对较多。仅开宝四年、五年这两年中，就有六位大臣犯此类罪行而被处以弃市或杖杀。其中，有右千牛卫大将军桑进兴因“监陈州仓受贿”而被弃市；监察御史闾丘舜因“通判兴元府盗用官钱九十万”而遭弃市；太子洗马王元吉因“知英州受赃不法”而被弃市；殿中侍御史张穆因“通判定州犯赃钱百万”而遭弃市；右拾遗、通判夔州张恂因“受赃”而被弃市；内班董延谔因“监车营务盗粟，累赃数十万”而遭杖杀。

“严于律己，宽以待人”一直是儒家治世的千古良言。对别人宽容，并不是说明自己软弱，而是一种心态，一种修养。它包含的哲理其实非常深奥，也只有懂得此理的人才能够熟练运用这种技巧。俗话说，与人方便，便是与己方便；得饶人处且饶人，不要穷追猛打。宽容之心与狭隘之心对比，更能显示出不同的效果，一个是收天下之心为己用，一个是夺己之财富于无形。对于智者而言，大多以宽厚见长，因此也为自己留下一个宽厚的好名声。

对别人显示出宽容的气度，会收到意想不到的效果。海纳百川，有容乃大。宽容，对自己来说，体现了自己博大的胸怀，使自己的眼界豁然开朗；对别人来说，做过的错事能够得到原谅，势必产生一种知恩图报的感激之情，为己所用。

在宽以待人方面，古代齐桓公可以说是一个非常典型的事例。齐桓公之所以能在春秋乱世中成为第一个霸主，主要是因为他重用管仲，在治国治军方面取得了重大突破，而使齐国迅速强大起来，最终成为号令天下的霸主。

齐桓公的父亲齐襄公死后，诸子争立，引起宫廷内争不断，最后大臣们商议决定，从公子小白（即后来的齐桓公）和公子纠二人中选出一位国君，因二人此时都在国外避祸，遂约定先回到齐国者为国君。听到这个消息后，远在莒国的小白和鲁国的公子纠都急忙赶赴齐国，以求尽早回到皇城即位。此时，辅佐公子纠的管仲充分运用自己的智谋，一方面让公子纠尽快返回齐国，另一方面又率一支兵马埋伏在公子小白返齐的必经之路，以拦截小白。后来，小白果真从这条路上经过，管仲躲在暗处向小白突施冷箭，正中小白，小白应声倒地。管仲等人见小白中箭倒地，确信小白必死无疑，便放心地撤兵而去。当公子纠得知小白已被射死的消息后，得意忘形，认为自己已经是胜券在握，不必急匆匆地赶路了，因为竞争对手已被除去，王位早一天晚一天都将是自己的。

殊不知，管仲的那一箭并没有射中小白，而是射在了小白腰间的带钩上，并没有因此而危及生命。小白见有人暗算，急中生智，倒地诈死，骗

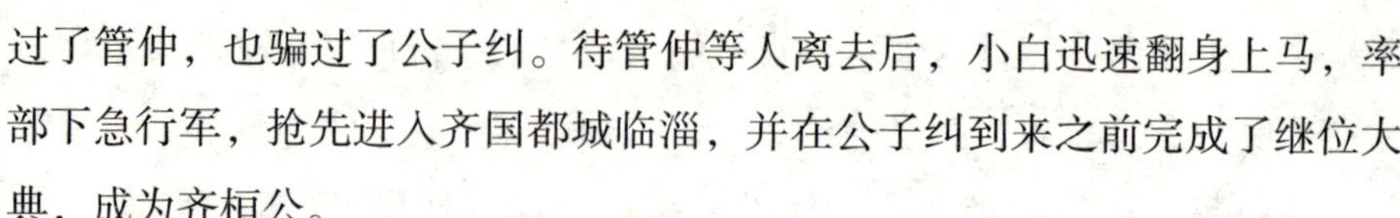

过了管仲，也骗过了公子纠。待管仲等人离去后，小白迅速翻身上马，率部下急行军，抢先进入齐国都城临淄，并在公子纠到来之前完成了继位大典，成为齐桓公。

齐桓公即位后，立即向曾帮助过公子纠的鲁国发难，通牒鲁国："公子纠是我的亲兄弟，我不忍心亲手杀死他，请你们把他杀掉；管仲是我的仇人，请你们立即给我活着送来，我要亲手把他剁为肉酱，以解心头之恨。如果你们不照办，我将发兵把鲁国灭掉。"弱小的鲁国无力对抗强大的齐国，只好照办，将管仲押解到齐国。齐桓公马上就想将管仲处死以解仇恨，这时他的谋士鲍叔牙劝谏道："大王是想仅仅把齐国治理好，还是想称霸于天下呢？"齐桓公回答说："当然能够称霸天下更好。"鲍叔牙又说："如果只想把齐国治理好，有我就足够了。但是如果想要称霸天下，则非管仲莫属。"接着，他又列举了管仲的才华和处事能力，以让齐桓公相信。齐桓公是一位非常开明的君主，仔细琢磨后，觉得鲍叔牙言之有理，与管仲一交谈，更为他的才华所倾倒。于是，齐桓公摒弃前嫌，授予管仲相国之职，让他负责谋划称霸大业。管仲为齐桓公的宽容所感动，竭尽自己平生所学，帮助齐桓公成就了一番霸业。

以德管理，以德服人

德，就是有好的品行。有德，便是一种坦荡，可以无私无畏，无拘无束，无尘无染；有德，便是一种豁达，是比海洋和天空更为博大的胸襟，是宽广和宽厚的叠加，延续着，升华着……

赵匡胤在完成统一大业的征伐中，体现了他的雄才大略。他先以力征之，征灭之后，再以德服之，从而达到可使"天下归心"的目的。

北宋乾德元年（963年），赵匡胤首平荆湖，对荆湖之民开仓赈济。还根据情况对有些地方赐给耕牛，有的地方减免茶税，有的地方借给粮种。对流亡他乡之民，安抚招回，使他们重操旧业。

乾德三年（965年），伐灭后蜀，赵匡胤下诏，令后蜀之民不要惊恐，应安定如故。并下令减免当年租税，凡是出于无名的科役，额外增加的各种赋调，令各州一律免除。

当时成都地区，每斤食盐160钱，赵匡胤规定减60钱，其他各州减三分之一。民众缺少粮食的，宋廷则予以赈济。

位于岭南广州一带的南汉，由于统治者的奢侈腐化，人民负担的赋税非常繁重，甚至百姓入城还得交入城税。

赵匡胤平南汉后，立即下令，凡南汉有害于民的一切政令尽皆除掉。凡是男女有被转卖为奴的，一律赦免。

北宋开宝七年（974年），伐南唐时，大军出发前，赵匡胤就告诫领兵大将曹彬说："不许残暴地掠夺百姓，城陷之日，不得杀人。"

曹彬进入金陵（今江苏南京）时，军纪严明，在全军内严格检查是否有把民女掠来藏入军内的行为。据载，当江南捷书上报时，赵匡胤虽然为胜利而高兴，也为民众在战乱中遭到灾殃而感到伤感。

他流着泪对左右说："天下分裂，民众遭祸。我多么想使众民能得到教化和抚养啊。攻城之时，必有死伤者，这种情况实在可怜。"于是，决定拿出10万石米，赈济城里居民。又对南唐所属动过干戈的地区免去赋敛两年；不经兵戈处，免去赋敛一年；各族百姓及僧道等强令为兵的，去留任其自便，并派官员详细审查原来的政令，凡属繁重的赋敛均以免除。

大军过后，必有凶年，在数千年的中国古代历史上都是如此。在战争中，常常是人民遭到伤亡，财物遭到掠夺，妻离子散，各逃一方。战败者灾难更大，胜利者对败军之民纵掠，好像是必然的事。战败方财物被洗劫一空，女子被掠留军中任意奸淫，真是苦不堪言。

赵匡胤不仅严令他的军队不准杀掠败军之民，不得掠藏女子在军中，而且还能根据受灾情况，赈济灾民，供给他们生产资料并减免赋敛。他的

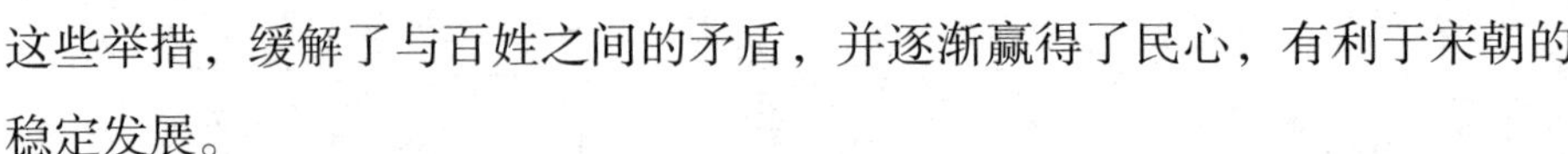

这些举措，缓解了与百姓之间的矛盾，并逐渐赢得了民心，有利于宋朝的稳定发展。

夺取政权和巩固政权，都取决于人心向背。北宋初年，宋以外的各割据政权，大多政治腐败，百姓生活疾苦。赵匡胤征服了这些政权后立即实行利民政策，医治战争及暴政给百姓带来的创伤，很快赢得了民心。败国之民归心于宋，大大促进了全国统一的步伐，促进了社会的稳定和生产的发展。赵匡胤不失为有政治头脑的开明君主。

德才兼备，同心同德，以德服人，这是人生处世的基本法则，也是管理者应具备的素质。

让我们回望历史，凡成大事、立伟业者都是有德之人，因为有德，才让人信服。魏武帝扬鞭东指，壮心不已，纵然被人肆意诬蔑，也不随波逐流；纵然马革裹尸，魂归狼烟，也只是豪壮地仰天长啸；纵然一身清苦，终日难饱，也愿怡然自乐，躬耕陇亩。因为有德，帝王将相成其盖世伟业，贤士迁客成其千古文章，这一切的一切，又怎能不让后人所信服呢?

由此可见，有“德”者，事竟成。我们都知道应该有好的品行，但又有多少人知道怎样才能拥有好的品行，做到以德服人呢?

想要以德服人，首先对事物要有一个正确的判断。有德，便知有所为和有所不为。楚汉争天下时，刘邦仅仅只是一个“庸”者，文不如张良、萧何，武不比韩信，而项羽则是“力拔山兮气盖世”，出身名门。但最终取天下的却是以德服天下的刘邦。因为刘邦以体恤百姓为德，以扶贫救困为德；项羽以唯我独尊为“德”，以拥兵天下为“德”。由此看来，先要知何为德，方能做有德之事!

以德服人，不仅仅只在头脑中认可，还要付诸行动。知何为德而不行德之事，此非大丈夫之所为也。普通教师殷雪梅在一辆疯狂驶来的汽车冲向自己学生的时候，挺身而出，张开双臂用躯体护卫学生。这一英雄壮举让人真切地感受到什么叫作好的品行，她的品行将被永远铭记在人们心中。

学会纳谏，善待谏臣

历朝历代，冒死进谏的忠臣数不胜数，但能够从谏如流的明君却屈指可数。大多数情况下，能够冒死进谏的忠烈之士基本都出现在暴君统治时期，而他们的命运自然会极为坎坷。商朝的丞相比干，为劝谏纣王不要残害百姓和官员，屡次直言劝谏，结果惹得纣王龙颜大怒，下令将比干的心剖开，看看到底是红色的还是黑色的。比干作为中国历史上最早的劝谏者，就这样献出了自己的生命。但他的事迹，却永远被后人记住，流传久远。今天位于河南境内的比干墓，仍是游客们心中敬慕的圣地。

中国文坛早期领袖屈原的命运也极为惨烈。作为楚国的权贵，屈原尽心辅佐楚王治理国家内政，同周边的邻国处理好关系。对楚王的行为，屈原也是诚恳地指出其不当之处，以期出现一个圣明的君主，把国家治理得繁荣强盛，让百姓们过上富足的生活。然而，生逢乱世，宵小当道，楚王早已被身边的佞臣谗言所围困，自高自大，听不进半句逆耳之言。在虚假的繁荣背后，早已埋下了灭亡的种子。屡屡进献忠言的屈原，自然没有好下场，被刚愎自用的楚王一贬再贬，最后逐出朝廷，流落民间。看到自己的责任没有尽到，自己的国家日益衰微，满怀抱负的屈原痛心疾首，但也无计可施。为警醒世人，也为了唤起国人的良知，他选择了死，纵身投入滚滚的汨罗江中，将一腔热血与壮志随着江水汇入大海。

当然，比干和屈原遇到的全是昏君和暴君，他们的努力自然不会有好的结果。对于贤达的君主来说，谏臣的命运可能会有截然不同的结果。

唐太宗李世民是一位从谏如流的开明皇帝。唐太宗手下有一位非常有

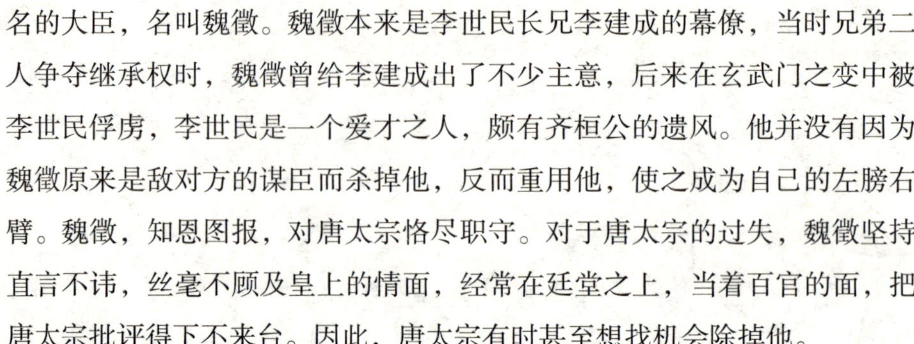

名的大臣，名叫魏徵。魏徵本来是李世民长兄李建成的幕僚，当时兄弟二人争夺继承权时，魏徵曾给李建成出了不少主意，后来在玄武门之变中被李世民俘虏，李世民是一个爱才之人，颇有齐桓公的遗风。他并没有因为魏徵原来是敌对方的谋臣而杀掉他，反而重用他，使之成为自己的左膀右臂。魏徵，知恩图报，对唐太宗恪尽职守。对于唐太宗的过失，魏徵坚持直言不讳，丝毫不顾及皇上的情面，经常在廷堂之上，当着百官的面，把唐太宗批评得下不来台。因此，唐太宗有时甚至想找机会除掉他。

但是，恨归恨，气归气。转念一想，魏徵说的都是肺腑之言，是为了整个大唐的江山社稷，为了唐太宗自己的统治而进的金玉良言。所以，当魏徵病逝之后，唐太宗悲痛万分，对左右说："以铜为镜，可以正衣冠；以古为镜，可以知兴替；以人为镜，可以明得失。朕保此三镜，以防己过。今魏徵殂逝，遂亡一镜矣。"

宋太祖也深知谏臣的重要性，对于谏官所提的建议也予以重视。

有一次，宋太祖在宫里花园中乘凉，命人召礼部尚书窦仪前来领取起草诏令的任务。当窦仪奉旨来到花园之时，看到宋太祖正光头赤脚坐在那里，便在门口停步不前。宋太祖等了许久，也不见窦仪前来，心中纳闷，便向左右打听。左右说窦尚书已经来了一会儿，一直站在门口不进来，原因是皇帝衣衫不整，于礼不合。宋太祖听后，立即想起刘邦召见郦食其的故事。连忙吩咐更衣，戴上皇冠，穿上鞋，然后令宦官召窦仪入见。窦仪进来后，马上进谏说："陛下开创大宋江山，应当以礼示天下。臣虽不才，不足以令陛下看重，但恐怕天下的豪杰听到皇上不以礼待人，就会自动散离了。"宋太祖听后，立即正襟危坐，谦逊地向窦仪承认了自己的失礼之处，并保证此类事情今后将不会再发生。

御史中丞刘温叟作为一名谏官，对宋太祖的过失言行也敢于当面直谏。翰林学士欧阳炯性情豪放，不拘小节，又多才多艺，尤其擅吹长笛。宋太祖听说欧阳炯的特长后，便召他到便殿演奏一曲，以助雅兴。刘温叟听说此事后，立刻赶到便殿，说有要事求见宋太祖。进入殿中，刘温叟马上向宋太祖直言："禁署之职，典司诰命，不可作伶人事。"宋太祖连忙解释说："朕近来听说孟昶君臣溺于声乐，欧阳炯曾官至宰相，尚习此伎，因而被我擒获。今日召他吹奏，目的是想验证一下外面传言的真伪而已。"刘温叟知道宋太祖这是自找台阶，也不便过于为难他。就谦虚地起身告辞说："臣愚，不识陛下鉴戒之微旨。"自此以后，宋太祖再也没有召大臣为他演奏伶人之事。

还有一天晚上，刘温叟处理完公务准备回家。途中经过宫门时，仆役们看到宋太祖正率几个内侍在明德门登楼，便告诉主人。刘温叟本该回避，以示对皇帝的尊重。但刘温叟转念一想，宋太祖此时登楼有失礼仪，便想提醒皇上一下。于是，下令仆从照旧从官门而过，前呼后拥，热闹非凡。第二天上朝之时，刘温叟出列请求奏事，对宋太祖说："人主非时登楼，那么近侍们都希望得到恩惠，京城中的诸军也希望得到赏赐。臣所以昨夜在宫门前用仪仗队开路，呼喝而过，是希望陛下自己知道非时不登楼的礼制。"宋太祖一听，对自己的随意之举也深表后悔。

宋太祖出身行伍，精通骑术，骑马打猎是他的一大爱好，即使当了皇帝以后，也经常纵马猎场。据载，宋太祖打猎之时，先由禁军划出场地作为围场，五坊各架鹰挟犬相随，浩浩荡荡。宋太祖一身戎装，弯弓搭箭，射杀围场中的飞禽走兽，每次斩获都颇为丰实。中午就地休息，召近臣赐给饮食，然后继续行猎，至太阳落山时方才回宫。975年，宋太祖又像往常一样率群臣到近郊围猎。在策马追赶一只兔子时，突然所乘的坐骑马失前蹄，将宋太祖摔于马下。这一摔，虽然没有伤着宋太祖，却摔出他一时的怒火。宋太祖爬起身，抽出佩刀，疯狂地向这匹马刺去，直到把马杀死才微微解恨。过后，宋太祖自感当时很冲动，有点过分，便自责地说："我作为一国之主，轻事畋游，自己从马上摔下来，却迁怒于马，把它杀掉，它有什么过错呢？"此事对宋太祖的触动很大，他决定从此再也不从事劳民伤财的围猎。

在决定迁都的问题上，更能显示出宋太祖纳谏的大度。宋太祖生于洛阳夹马营，很喜欢自己故乡的风土人情，尤其随着年岁的增长，思乡之情越发急切。京城开封虽距洛阳并不是很远，但宋太祖觉得仍不如住在洛阳

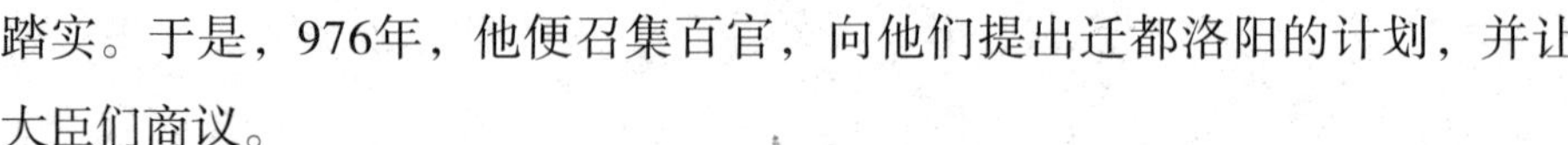

踏实。于是，976年，他便召集百官，向他们提出迁都洛阳的计划，并让大臣们商议。

迁都对于一个朝廷来说，是一个极为重大的事情，它关系到一个朝代的兴隆福祉，也牵涉到大量的费用。对此，百官们大多表示反对。起居郎李符向宋太祖建议，迁都有八难："京邑凋弊，一难也；宫阙不完，二难也；郊庙未修，三难也；百官不备，四难也；畿内民困，五难也；军食不充，六难也；壁垒未设，七难也；千乘万骑，盛暑从行，八难也。"宋太祖仔细想了想，这些理由虽然听起来有一定道理，但也算不得是极为困难之事，不足为阻碍迁都的理由，于是没有采信。

不久，铁骑左右厢都指挥使李怀忠又进一步劝谏："都城设在东京，有汴渠可以漕运，每年可运来江淮之米数百万斛，都下数10万兵，全部依靠这些供给。陛下如果西迁，将向哪里取用这些粮食？况且府库重兵，全在大梁，这里长久以来根基牢固，不能动摇。如果突然迁都，我实在没能看到便利在什么地方。"

对此意见，宋太祖仍未听从。他的弟弟晋王赵光义劝谏说明迁都的诸多不便，宋太祖仍坚持己见，说："我不但想迁都洛阳，还想迁都长安呢。汴梁地居四塞，无险可守；我意徙都关中倚山带河，裁去冗兵，复依周汉故事，为长治久安的根本，岂不是一劳永逸吗？"晋王听后，说道："在德不在险。"这么一说，宋太祖心中微有波动，但仍旧心有不甘，对左右说："晋王所说的道理固然不错，但还不足。今姑且不迁，但用不了百年，天下的民力就得用尽了。"这场迁都之争，众人的反对主张，虽未能说服宋太祖，但宋太祖鉴于群臣的一致反对，也只好屈己从众。

对臣下的劝谏，还需要有一个甄别分析的过程，不能偏听偏信，否则好事就会成为坏事，做出亲者痛、仇者快的悔事。历代明君，不但能够听从好的谏言，也能够分辨出别有用心的诽谤之语。宋太祖处理问题的原则就是根据自己掌握的情况，详加调查，不听信一面之词。

杨承信曾任护国军节度使，在平定李筠叛乱中立有大功，他的父亲杨光远在后晋时曾经占据青州反叛过朝廷。于是，有好事者便借题发挥，写信给朝廷告发杨承信有谋反之心。宋太祖接到密告之后，并没有立即听信，而是派魏丕借赐给杨承信生辰礼物之际，亲临其治所探究虚实。结果，魏丕回来后说，杨承信忠心为国，根本不会反抗朝廷。宋太祖于是重责告发之人，以正视听。

《续资治通鉴长编》中还记载了这样一件事：宋太祖即位之初，希望全面了解京城内外的情况，于是派军校史珪外出博访广采。史珪东奔西走，顺利完成任务。后经宋太祖逐一核实，全部确有其事。史珪也因办事踏实而受到宋太祖恩奖，升任马军都军头，领毅州刺史。但史珪从此便完全换了一个人，利用皇帝的宠信，作威作福。

当时，德州刺史郭贵权知邢州，国子监丞梁梦升权知德州。郭贵的族人和亲吏倚仗他在德州的权势，为非作歹，鱼肉乡里，被梁梦升全部绳之以法。郭贵因此对梁梦升怀恨在心。正巧，与郭贵私交甚好的史珪成了宋太祖身边的红人，郭贵便立派亲信前往京城联络史珪，希望借助于史珪的影响来除掉梁梦升。

一天，宋太祖询问史硅："近来中外所任官吏，皆得其人，你认为如何？"史珪连忙说："今之文臣，也未必都得其人。"一边说，一边将早已整理好的揭发梁梦升的材料呈给宋太祖，并添油加醋道："例如，梁梦升权知德州，欺蔑刺史郭贵，几至于死。"宋太祖对梁梦升的忠直素有了解，于是说："这一定是刺史所为不法所致，梁梦升是真正精明强干的官员。"看完史珪整理的材料后，宋太祖又下令提升梁梦升为左赞善大夫，仍为德州知府。史珪碰了一鼻子灰，大气也不敢出。后来，终因谗言过多而被宋太祖遗弃。

964年，吏部尚书张昭与翰林学士承旨陶谷共同掌管官吏铨选工作，陶谷趁机公报私仇，诬陷左谏议大夫崔颂嘱托给事中李昉将自己的亲信授为县令，并以张昭为证人。宋太祖一向痛恨买官卖官、培植私人的做法，听到此事后十分震怒。为了查明真相，急召张昭当面对质。张昭原来顾忌陶谷，不敢反对，在皇帝面前，他终于说出了实情。宋太祖因而知晓了陶谷诬陷他人的罪证，对他严加惩处。

泾州马步军教练使李玉，性情凶狠，为人狡诈，因与彰义节度使白重赞有过节，便总想整治白重赞。一天，李玉和部下策划了一个谋害白重赞的法子：派人暗中购买了一副马缨，并伪造一封假文书，内容是揭发白重赞谋逆之事。李玉将这些假证据交给其上司，并嘱托他上交朝廷。而其上司不相信白重赞会谋反，并将证据全部交给他。白重赞按照规定，将这些证据全部密封后，派人快马送给朝廷，请朝廷明断。宋太祖看到后，急忙秘密派人来往查证，经过复核，断定这些证据都是伪造的。于是，宋太祖命六宅使陈思诲日夜兼程，前往泾州擒拿李玉等人，并将之弃市处死。

对地方官员的意见和建议，只要合情合理，宋太祖也一并广泛采纳。隰州刺史李谦溥手下有一员武将刘进，勇力非凡，在与北汉的交锋中常常是奋勇杀敌，以少胜多。北汉统治者将刘进视为心腹之患，总是想除之而后快，后来决定用反间计来除掉他。一天，晋州节度使赵赞忽然接到一封密信，上面罗列了刘进与北汉君臣交好的事例。为了边境的安全，赵赞立刻将此事上报朝廷。宋太祖下令将刘进押送京城，严加审讯。李谦溥知道此事后，上疏宋太祖："刘进为北汉人所恶，此乃反间计。"并表示相信刘进的忠诚与清白，愿意用全家四十余口人的生命作为担保。宋太祖经过调查，确如李谦溥所言，便恍然大悟，急命释放刘进，官复原职，并赐给他一些财物，以补枉屈。

每个人都有自己的长处，也有不足之处。对于长处，可以继续发扬，而对于短处，则需要通过努力和别人的帮助加以改进。对于别人的帮助，要有宽广的胸襟，虚怀若谷地听取别人的意见。有道是良药苦口利于病，忠言逆耳利于行。对自己的错误，应当有承认的勇气和改正的决心，切不可为了一时的面子而错上加错。当然，也不能听风便是雨，毫无判断能力。

自古以来，只有开明的皇帝才能听进臣子的建议和言论。宋太祖不但重视臣民的谏言，而且善于纳谏，显示了他的仁德和大度。

那么作为现代的管理者来说，要想顺应时代的发展，把企业经营好，就要有古人的纳谏风格，善于听取别人的意见。

海纳百川，有容乃大

对别人表示出宽容的气度，往往会收到意想不到的后果。海纳百川，有容乃大。宽容，对自己来说，是体现了自己博大的胸怀，使自己的眼界豁然开朗。对别人来说，做过的错事能够得到原谅，势必产生一种知恩图报的感激之情，为己所用。

宋太祖治国之时恩威并施，广开言路，如此一来各地的奏章和上疏继续源源不断地涌往朝廷，有地方各级官员的，也有普通士绅百姓的。对于普通百姓的上疏，宋太祖是每封必读，不允许任何截留和扣押。他认为，这些来自最低层的草民们的呼声，才是最真实的第一手民情、社情。

这天散朝之后，他又在认真地批阅着这些奏折和状词。来自沧州的一封上疏引起了他的注意。上疏的是一个乡村绅士，叫张保利。他上疏状告横海节度使（治所在沧州）张美，说张美依仗权势，强抢了他的女儿张小梅为妾，并且强行掠夺本村民钱四千多缗。

宋太祖看过状子以后，心情久久不能平静。欲待不相信，状词写得有名有姓，有枝有蔓，连时间、地点、证人等各种细节都清清楚楚。欲待相信，又觉得张美不可能办出这样的事。

在宋太祖的心目中，张美在众多节度使中是个少有的好官。沧州一带，自古民风强悍，山贼流寇多如牛毛，绿林好汉侵扰官府、大户，强人出没打家劫舍、剪径绑票的事屡见不鲜，社会治安混乱，普通百姓不堪侵扰，怨声载道。朝廷曾派过几任节度使前往镇守，都不曾改变这种积重难返的混乱局面。

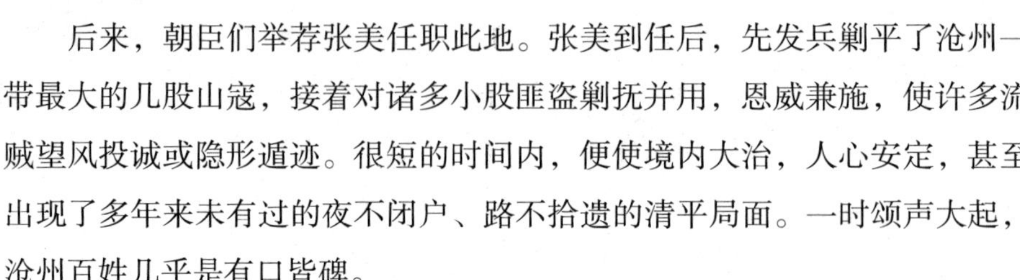

后来，朝臣们举荐张美任职此地。张美到任后，先发兵剿平了沧州一带最大的几股山寇，接着对诸多小股匪盗剿抚并用，恩威兼施，使许多流贼望风投诚或隐形遁迹。很短的时间内，便使境内大治，人心安定，甚至出现了多年来未有过的夜不闭户、路不拾遗的清平局面。一时颂声大起，沧州百姓几乎是有口皆碑。

可是，这才刚刚一年多，怎么就出现了这样的事情？宋太祖要亲自审问，弄清这到底是怎么回事。

他把张保利诏到汴京，在一个便殿中召见了他。张保利乃一介布衣，平日连个县大老爷也不曾见过，忽然被召到京城，见到至高至尊的皇上，早吓得浑身抖动不止。他匍匐在地上，不停地磕头，却不知说什么好。

宋太祖见他这么紧张，便和颜悦色说道：“你就是状告张美的张保利？”“是，皇上，草民就是张保利。”“好了，你平身吧，不用害怕，赐座！”当值太监慌忙端过一把椅子，扶张保利坐在上面。这可是天大的殊荣，在皇上面前说话，连当朝宰相也得垂手而立。

宋太祖又问道：“张保利，那张美是如何强抢你女儿，霸占为妾的？”

张保利忙回道：“万岁爷，草民所告没有半句假话。那日张大人带兵巡察，来到敝庄。俺全庄百姓念他有恩于俺，定要留他和众弟兄们吃顿饭。草民在庄上算是首富，房屋宽敞，便在俺家设下便宴，庄上几个有头有脸的人物前来作陪。张大人能在俺家吃饭，这是俺草民几辈子都碰不上的贵客。为了表示对高人贵客的尊重，俺就让拙荆和女儿来席间敬酒。谁知这张大人几杯酒落肚，竟忘了自己的身份，见俺女儿有些姿色，当场便有些把持不住，言谈举止开始失态。俺怕闹出事来，在乡亲面前出丑，便连忙叫老婆和女儿退出去。可是酒足饭饱之后，那张美非要纳俺女儿为妾，当时就要带走。俺慌忙求饶，说女儿还小，请大人开恩。可那张美执意不听，还火冒三丈地蹬翻了桌子。见他带着的那几个兵丁，一个个如狼似虎，吹胡子瞪眼，俺再也不敢作声。就这样，张美强行带走了俺女儿，临走时又说没有妆奁钱，让乡亲们凑了四千缗，说是日后再还。但乡亲们谁不知道，这钱是肉包子打狗，有去的道，没有回来的路。他欠下债，日后说不定还得俺替他偿还。草民以上所说，句句属实，还求万岁爷替小人做主。”说罢，竟呜呜咽咽地哭了起来。

宋太祖一面听着，一面在心里琢磨，看来张保利所告不会有假。可是像张美这样一个精明强干的能员，就毁在这件事上吗？他有点不甘心，更有点舍不得，沉默了多时，才缓缓问道：“你女儿今年多大了？”

张保利答道：“今年虚岁十八。”

“可曾许配人家？”

“回皇上话，小女虽生在乡村，却略通文墨，眼界甚高，至今尚未择得中意之人。”

宋太祖点点头，把话题一转，又问道：“你们沧州，在张美未去上任之前，百姓们的日子还安定吗？”

“那时很不安定，兵来匪往，百姓们天天提心吊胆地过日子。”

“那现在呢，从张美镇守沧州以后，情况如何？”

“草民实话实说，自从张美来到沧州，再也没有兵寇之忧，盗匪之乱，百姓们能够安居乐业了。”

宋太祖叹口气道：“唉！人无完人，金无足赤。张美镇守沧州，保住了你们沧州千万百姓的生命财产，此恩此德，不谓不大。你今天状告张美，无非是要朕贬黜他。这很容易，只要朕一句话，不要说贬官，就是杀头也行。可是俗话说得好，‘千军易得，一将难求’，像张美这样的人才不好找。朕怕贬了张美，再派别人，你们沧州百姓又要沦入虎狼横行的水深火热之中。朕倒不是爱惜张美，而是爱惜你们沧州百姓啊。”

宋太祖说到这里，略一停顿，看看张保利，见他默然不语，便又说道：“你女儿既然尚无婆家，如今与张美又已经生米煮成了熟饭，若治张美之罪，你女儿将何以自处？”话刚说到这里，那张保利忽然抬起头，睁大了眼睛，禁不住连连点头，似是有所恍悟。

宋太祖继续说道：“张美才三十多岁，年纪不算太大，已经是朝廷的节钺大臣、守疆大吏，人品、才干均属上乘。你女儿虽说比他小十几岁，

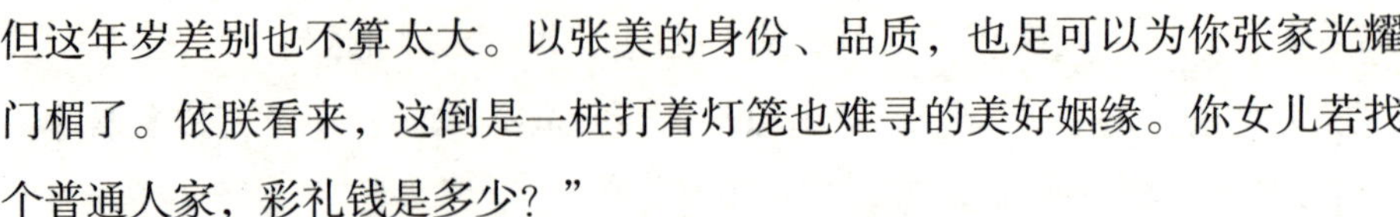

但这年岁差别也不算太大。以张美的身份、品质，也足可以为你张家光耀门楣了。依朕看来，这倒是一桩打着灯笼也难寻的美好姻缘。你女儿若找个普通人家，彩礼钱是多少？”

张保利道：“大概是五百缗。”

“来人，取一千缗来，这算朕为张美交的彩礼钱。”

小太监捧着一盘银币走到张保利面前，张保利哪里敢收，慌忙说道：“万岁爷的钱，草民宁死也不敢要，这不要折煞草民吗？”

宋太祖笑了，说道：“这是彩礼钱，权当朕借给张美的，你收下理所当然，天经地义。张美强取你庄上那四千缗，朕随后便责令他前去偿还。再者，你若是不嫌弃，朕倒愿为你女儿和张美保媒，做个月下老，你们这门亲事，也就算是明媒正娶了。”

宋太祖前面的一通话，对张保利已是指点迷津，他听着合情入理，心中早没有了半点怨恨。又听说皇上要亲自保媒，这是天大的荣耀，天大的喜事。张保利慌忙趴在地上一个劲儿磕头道：“谢谢皇上，皇上万岁。皇上就是当今活菩萨，小民全家，不，俺全庄老少都祝皇上万寿无疆！”

送走了张保利，宋太祖并没感到轻松。这个张美，稍有点功绩就翘尾巴，也不能轻易地放过他，得让他心中有数，自惭自责。

第二天，宋太祖命人把张美留在汴京的母亲召来，劈头便说了张美在沧州的所作所为。

老人吓慌了，颤巍巍地叩头谢罪道：“妾在阙下，实不知此事。但教子无方，妾身知罪。”

宋太祖让她平身，说道：“知罪就好，朕不责罚你。”然后又让人取来一万缗钱赐给老人。老太婆正在惶惶然不知所措，却听宋太祖道：“你把这钱交给张美，让他赶紧把掠夺老百姓的钱如数还上。另外，你告诉你儿子一声，他要是缺钱花，就让他来向朕要，不要去搜刮百姓。”

张美的老母亲不顾年老体弱，让家人和丫环陪着，连日雇车赶往沧州。

张美听老母责问诉说之后，开始心惊胆战，继而感激涕零。他满含热泪面向汴京方向双膝跪地，向皇上起誓，从今以后要廉洁勤政，爱民如子。磕完头要起身时，却发现白发苍苍的老母亲也跪在身旁，向着汴京方向磕头诵经，两行热泪从她那满是皱纹的脸颊上簌簌地往下流。

此后不久，张美清廉爱民，地方大治的卓越政声便开始闻名朝野。

对别人表示出宽容的气度，会收到意想不到的效果。说起宽容，人们首先想到的一般都是影视剧中的佛家弟子。他们经常口诵“阿弥陀佛，出家人以慈悲为怀”等语句，一个个慈眉善目，为人世间有灾难和痛楚的人消灾祛祸。佛教中还有一个舍身饲虎的经典传说，说是佛教的一位高僧外出修行，在路上遇见一只饥饿难耐的猛虎，正想将一位路人咬死裹腹。路人苦苦哀求这位高僧救他一命。而此时的老虎也说，它已经饿了好多天了，如果再不吃东西，它也将很快饿死。这位高僧听后，觉得双方说的都有道理，思虑再三，决定献出自己。他先是用刀割下身上的一部分肉来喂这只饥饿的老虎，见仍喂不饱，便索性往地上一躺，让老虎把他整个吃下去。后来，老虎被这位高僧的大义之举所感化，悄然遁去。对老虎和路人而言，这位高僧的确是一位舍身救人的英雄，一位宽厚仁慈的长者。

宽容别人，是指宽容别人的过去。既然过去的事情已经发生了，不如索性让它过去好了，重要的是能够从过去所发生的事件中汲取经验教训，对今后事态的发展起到一些补益作用。

内部矛盾，柔术化解

所有的管理者都要面对的一个问题就是内部矛盾，尤其是自己团体内部针对管理者而产生的内部矛盾。这时候是采取严厉的措施，杀一儆百，还是采取比较柔缓的措施，以德服人，就成为了管理者要考虑的问题。

历史学家笔下的赵匡胤，是一个宽厚仁和的形象，近于忠厚长者般的

帝王。他起于乱世以宽厚的胸怀征服天下，以柔术化解内部矛盾，建立起了大宋三百年的基业。

赵匡胤登基之后，勤于政事，宵衣旰食，不敢稍有懈怠。为了大宋政权的稳固，他要尽力排除种种不利因素，稳妥处置兵变之后的善后事宜，力求迅速站稳脚跟，为下一步发展打好基础，开创大一统新局面。

眼见着朝中局面大致稳固，新臣旧臣多已归心，他便把目光投向了里巷市民的身上。京城的稳定，是全国稳定的关键；京城的人心向背，是全国人心向背的一面镜子。

他经常车驾出巡，亲眼看看京城的社会秩序和市民的生活状况，这些东西不能仅听大臣们奏报。

这日早朝之后，宋太祖决定巡查京师。当时的出巡仪仗还比较简单：仪仗之前，是由几十名禁军组成的“驾头”，“驾头”之后，便是宋太祖的步辇，步辇后面是擎着伞扇的方队，方队后面跟着公卿百官，再后面，才是训练有素的“劲骑护卫”。

当宋太祖的步辇缓缓行过御街，跨上大溪桥时，宋太祖正在东张西望，察看市井街肆的行人和生意摊点。当他看到来来往往的人群脸上都呈现着宁静的表情，各种买卖都显得十分红火，市井一片繁荣时，心中感到特别欣慰。改朝换代，市民百姓们不仅未受刀兵之苦、战火之灾，甚至连平常的生意往来也未受到什么影响，各方面的生活秩序迅速趋于正常。这是历史上任何一次江山易姓时少有的现象，也正是自己成功地发动了这次兵变，未带来任何负面效应的有力佐证。显而易见，这是自己匠心独运，巧妙地夺取天下的一篇杰作。

就在他这样喜滋滋地沉思着的时候，却听到“嗖”的一声，一支利箭携着风啸，闪电一般向着自己的脑门射来。宋太祖大吃一惊，来不及思索，几乎是本能地将头一歪，那箭紧贴着宋太祖的耳边疾飞而去，深深地插入了后面的伞扇之上。

变起仓促，仅在瞬息之间。这突如其来的偷袭让人防不胜防，几十名“驾头”禁军大惊失色，纷纷亮出刀剑，扑向围观的人群，搜索刺客，百姓们都吓得仓皇退避。后面数百名“劲骑护卫”反应迅捷，在高怀德指挥下一个个猱进鸷击，飞纵而来，迅速地将街衢两端和各个巷口截住，将现场的百姓一个不漏地团团围住，接着便开始不分男女老幼，挨个搜身。市街上顿时大乱，菜篮子倒了，果筐翻了，几百名被围的市民百姓就像一群被网进樊笼里的小雀儿，瞪着一双惊恐不安的眼睛，你碰我撞，尖声叫嚷，更有孩子和妇女的哭声夹杂其中，井然有序的市井仿佛一下子遇上了塌天大祸。

后面的公卿百官早已围拢过来，一个个惊慌失措，忐忑不安。看到皇上并未受到伤害，有惊无险，这才稍觉放心。

范质作为前朝重臣，又是当朝首辅宰相，深感责任重大，难辞其咎。此时宋太祖仍惊魂未定，脸色灰白，大张着嘴巴，胡须簌簌抖动着，却一句也说不出来。

随侍在御辇一旁的赵光义只觉得一股怒气直冲脑门儿。新朝才建立不久，有人就敢在光天化日之下谋杀皇上。仇家是谁？如此穷凶极恶，胆大妄为。此人对当今天子，对他赵氏王朝，必定有着不共戴天的深仇大恨。无论如何，也要缉拿住这个凶犯，斩断这一祸根。

一念及此，他便对卫士们厉声喝道：“凶手就在人群之中，谅他插翅也难飞走。现场的一干人众不准放走一个，不分男女，无论老幼，全部抓捕入狱，逐个严加审讯，不信这凶犯会上天入地。”

皇上的御弟一声令下，虎狼一般壮健的护卫们立即开始抓人，绳捆索绑，拳打脚踢，哭喊之声响成一片。

宋太祖一直坐在御辇里，变故发生得太突然，令他着实吃了一惊。但他很快便稳定了情绪，恢复了平日的宁静，面色安详，神态如初，静静地观察着事态的进展。

然而，他的大脑却在急速地运转，心里已掀起了万丈狂澜。

同弟弟赵光义一样，最先闪入他脑海里的第一个问题便是：这凶手能是谁呢？

很显然，这不是他赵匡胤的私人仇家，也不是他赵家的宿仇。这是大

宋王朝的仇敌，是仍在深深地眷恋着那个已经寿终正寝了的旧王朝的敌对势力。那支向他飞来的利箭，不仅仅是要置他赵匡胤于死命，更是要置大宋王朝于死地。那箭簇上凝聚的是你死我活的无法调解的仇恨。

宋太祖感到一颗心在下沉，心底里泛起了一股凉气。他的怀柔政策，他的宽容大度，他的以德报怨的种种做法，看来并不能感化所有的人，不能化解所有的仇恨。自己是不是太妇人之仁，太心慈手软，这样会不会铸成千古大错？

自古以来，朝代更替，江山易主，都充满着杀戮，充满着血腥，哪有这么风平浪静的？平常百姓们都讲“无毒不丈夫”，何况是一代开国君王。想到此，宋太祖不禁杀心顿起，眼睛中射出两道寒光。不错，一定要逮住这个凶手，再顺藤摸瓜，盘查出他的同党和幕后指使者，将他们一网打尽，处以极刑。

但就在此时，一声尖利的撕心裂肺般的哭喊冲进了他的耳鼓。循声望去，只见一个妇人被捆得像个粽子，正在披头散发地挣扎着，一个三四岁的小男孩死死地抱着她的双腿，已哭得声嘶力竭。

宋太祖的心像被蜂子蜇得哆嗦了一下。凶手只有一个或是几个，全都隐向暗处。真想查个水落石出，这几百名老老少少都得投入大狱，然后一个个诸刑交逼。霎时之间，就不知有多少人要筋断骨折，多少人要血肉模糊，多少人要含冤死于无情的酷刑之下，而这一切都在自己的一念之间。

宋太祖犹豫了，他又想到了人心向背。这次出巡，一个很重要的目的就是要收服民心，稳定秩序。一下子把这么多无辜百姓抓进监狱，汴京的市民，乃至全国的黎庶百姓会怎么想，怎么看？他们会对自己这个皇帝，这个朝廷感到心寒，感到齿冷。

再说了，就是查出凶手，查出他们的朋党，挖出幕后操纵的主谋，也必定拔出萝卜带出泥，牵连出一大批官员甚至朝臣。况且在严刑峻法之下，又谁能保得住这些凶手不会像疯狗一样胡攀乱咬？到那时大狱迭起，冤案丛生，风声鹤唳，人人自危，朝野上下一片震荡，这个新生的王朝如何经受得起？

想到这一层，宋太祖禁不住打了个寒战，一怒之下，他险些酿成不可弥补的过失！

宋太祖又一次平静了。他此时的心境就如一泓微风不动、细浪不起的静水。他突然站起身来，下旨停止搜捕，将所有人众全部松绑释放。然后用手指着自己的胸脯，大笑着说道：“让他射，朝这里射，看他如何能奈何朕！帝王之兴，自有天命。先朝皇帝在时，见方面大耳者便加疑忌，甚至必欲杀之。而朕终侍其身侧，却终不能害朕。有天命者任自为之，岂惧几个蟊贼？这么多黎庶，皆朕子民。朕怎忍心为查凶手而株连无辜，殃及良善？你们各自回家去吧，此事到此为止，朕决不难为你们。就是放走一两个逆臣反贼，岂能撼动我大宋江山？”

说罢，宋太祖命车驾起行，也不准改变路线，继续向前巡察。

数百名百姓一时被弄得晕头转向，转眼之间，便经历了命运的大起大落。刚刚被抛入了危亡的深谷，大难临头生死难卜，又忽然被救上了安全的堤坝，烟消云散，转危为安。

脱离了险境的百姓们本该匆匆逃离这个是非之地，但不知为什么，他们谁也没走，竟不约而同地跪在当地，朝着宋太祖远去的御辇连连磕头，一声接一声地高呼着：“皇上万岁，万万岁！”

宋太祖的车驾在文武百官的簇拥下，在主要街市和居民区巡行一遍，直到太阳偏西的时候，才回到皇城。

一路上，宋太祖的心里很不平静。这次谋杀事件虽未成功，但它却是一个危险的信号。新王朝的反对势力尽管已经非常微弱，但是，这并不能说明大宋王朝与后周旧臣之间的矛盾已完全消弭。前几天，翰林学士王著在一次宴会上，酒后显真情，因怀念周世宗而痛哭失声。恐有更多的人表面上虽不说什么，但与新王朝只是貌合神离，还没有真正站到赵宋政权一边来。新旧之间的矛盾仍在潜伏着、继续着，随时都可能激变为兵戎相见的对立。

然而，对于这些看不见的反对力量，却不能大加挞伐，那样就会殃及无辜，扩大矛盾，只能起到为渊驱鱼的作用。宋太祖还是坚信，自己登基以来所实行的怀柔之术没有错，冲突会渐渐缓和，矛盾会逐步化解，敌对势力掀不起能让宋王朝翻船的大浪头。

最终赵匡胤并没有追究这件事，而是选择了大事化小，小事化了的柔术政策，并且，在之后的日子里更加仁慈地治理国家，国家一天天繁荣昌盛，宋太祖作为一个好皇帝的形象，也逐渐深入人心。慢慢地，怀念前朝的人在赵匡胤的柔术治理下，也开始转变了对于赵氏政权的态度。赵匡胤成功地化解了内部矛盾，稳定了政权。

堡垒最容易从内部攻破，管理者一定要意识到这一点。自己的团队中，不可能像理想状况中一样和谐的奋斗，一定会有不同的内部矛盾，甚至会像赵匡胤所面临的情况一样，有直接针对管理者自己的矛盾，这时候，如何进行管理就需要管理者多加斟酌。管理者可以选择强硬的手段，将不服从自己管理的人清除出自己的队伍，或者采用各种压制的手段，将内部矛盾暂时压制住。但是这种情况不可避免地会造成人心的不稳，并为其他矛盾的出现埋下隐患。管理者其实还可以向赵匡胤学习，那就是选择用缓和的手段，以柔术化解矛盾，只有这样才能将矛盾真正化解。

有一位企业的管理者，手下有一名很得力的经理，这位经理为了企业的发展做出了很大的贡献，但是在企业发展趋于稳定的时候，这位经理却表现得越来越不安，开始针对该管理者进行明里暗地的攻击，在企业内部造成了很不好的影响。

该管理者针对这种情况，考虑如何对待这位经理。如果直接将该经理开除，必然会造成人心的不稳，甚至有可能在该经理的带动下，产生一大批企业需要的人才的流失现象。如果放任这种情况，必然造成企业内部的动荡，最终同样影响企业的发展。

管理者考虑到这些情况，觉得有必要采取更加合理的措施进行解决。首先，他通过其他员工了解到，该经理的不满主要针对自己三个情况，首先是自己在竞争中不够黑心，多次拒绝了该经理的一些不正当的竞争手段，给该经理的业绩上造成了一定的损失；其次是自己曾经允诺企业内的元老级人物，在企业发展到一定程度的时候，要给贡献大的人安置房产，而因为企业资金周转问题，一部分人落实了，该经理的情况却一直没有落实；最后就是该经理的儿子在大学毕业后想进入企业工作，但是因为不想出现任人唯亲，组建小团体的现象，管理者曾制订了管理层人员和自己亲属不能共同在企业任职的制度。

针对情况，该管理者做出了有步骤的调整。首先，对不正当竞争的行为仍然加以限制，并在企业内部进行宣传教育，让该经理带头进行教育，使所有人认识到不正当竞争的不良后果。其次，以最快的速度回笼资金，将对员工的所有承诺一一落实，不能落实的也对其做出了解释，并做出了最后期限的承诺。最后，对于在企业内部亲属不能同时任职的规定，在私下里对该经理进行了解释和表示了歉意。经过一系列的措施，该经理认识到了管理者的良苦用心，也平静了下来，继续为公司的发展而努力了。

同样的管理，有时候柔和一点效果会更好。只有通过管理，稳定了团队内部，才能更好地参与竞争。

适时施情，以心换心

用人之道，不仅要靠利益的驱使，人是有感情的动物，真正征服人心的往往不是利益的诱惑，武力的威逼，恰恰是感情上哪怕很小一点点的感动。这就要求用人者，为了得到人才的忠心和力量，就要真心对待人才，付出自己的真实感情，感动人才，让人才发自内心的为自所用。

在征伐后蜀的时候，宋太祖赵匡胤派出了自己的大将王全斌。宋朝大军从东、北两路进击，消息传到成都，后蜀宫廷内一片慌乱。又听说派往北汉的密使孙遇、赵彦韬已被宋廷捕获斩杀，蜀主孟昶更加惊恐，便欲召

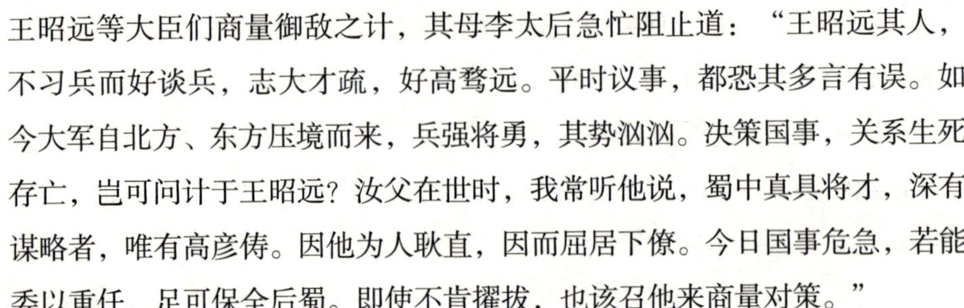

王昭远等大臣们商量御敌之计，其母李太后急忙阻止道：“王昭远其人，不习兵而好谈兵，志大才疏，好高骛远。平时议事，都恐其多言有误。如今大军自北方、东方压境而来，兵强将勇，其势汹汹。决策国事，关系生死存亡，岂可问计于王昭远？汝父在世时，我常听他说，蜀中真具将才，深有谋略者，唯有高彦俦。因他为人耿直，因而屈居下僚。今日国事危急，若能委以重任，足可保全后蜀。即使不肯擢拔，也该召他来商量对策。”

孟昶听后，却深不以为然。他对王昭远的信任几乎达到了迷信的程度，还是把他召来，说道：“宋军两路来攻，国家危急，卿可率师抵敌，为朕立功。”

这王昭远平日自诩富于方略，用兵如神，根本不把宋军放在眼里，当下慨然应诺，说此去定叫宋军有来无回，让孟昶放宽心。孟昶大喜，即任命王昭远为西南行营都统，赵崇韬为都监；山南节度使韩保正为招讨使，洋州节度使李进为副，率军以拒北路；东路仍以高彦俦等人在夔州把守。

王昭远出师之日，孟昶命宰相李昊率文武百官在城外为其饯行。王昭远手执铁如意，自比诸葛武侯，眉飞色舞，高谈阔论。他举起一杯酒，一饮而尽，然后将杯子一摔，对李昊说道：“我此次北上，岂止克敌取胜？就是率大军直捣汴京，收复中原，亦易如反掌。”

李昊等人见他如此狂傲，大话吹破天，都在心中冷笑。但他是孟昶信之不疑的第一宠臣，谁也不肯当面泼冷水。都围着他一片声地恭维奉承，把那王昭远吹捧得一头雾水，更不知道天高地厚。在众将领们的簇拥下，趾高气扬，威风凛凛地离开了成都，浩浩荡荡地向北进发。

看着大军远去，李昊绝望地摇摇头，心中叹息道：“骄兵必败，看来大蜀的气数到了。”

进入十二月下旬，汴京附近忽然下起了大雪，鹅毛般的雪片纷纷扬扬地下了两天两夜，汴京城里到处粉妆玉琢，变成了一个银白色的世界。

朔风凛冽，天寒地冻，气温骤然下降，让人一时难以适应。宋太祖命人在讲武堂内设下毡帐，又在毡帐里旺旺地生起了炭火，他每天身穿着紫貂皮衣，头戴紫貂皮帽，在这里披阅奏牍，处理政事。

宽大的紫檀木龙案上摆满了各种文牍章奏，其中一摞是从西线战场上传来的捷报。这几日，北路军频频得胜，捷报就像屋外的雪片一般飞传京师。宋太祖再一次拿起这些报捷的急奏，一份一份地仔细翻看着，品味着，脸上洋溢着掩饰不住的喜悦和激动。

王全斌率三万大军从北路出发以后，一路攻关夺隘，所向披靡。十二月中旬，已连克乾渠渡、万仞寨、燕子寨三寨；十九日，攻陷后蜀北部重镇兴州，俘蜀军七千余人，缴获粮食四十余万石。紧接着，又一鼓作气，连连拔除了石图、鱼关、白水等二十余寨。

后蜀招讨使韩保正闻听兴州陷落，放弃山南，退守西县。宋军一部在马军都指挥使史延德率领下，直捣县城。蜀军数万，依山背城，结寨固守。史延德率军猛攻，蜀军不战自乱，顷刻瓦解，主将韩保正、副将李进等都做了宋军俘虏。

宋军乘胜前进，过三泉，进嘉州，势如破竹。蜀军拆毁栈道，以阻宋军。王全斌派一支人马取路罗川绕道入蜀，其余人马一边修复栈道一边进军。两支人马很快会师，攻取了金山寨和小漫天寨。

蜀军主力退守大漫天寨，王全斌命崔彦进、康延泽、张万友分三路出击。蜀军虽出动精锐拒敌，却如驱羊拒虎，一触即溃。宋军顺利攻占了大漫天寨，擒获寨主王审超，监军赵崇渥和三泉监军刘延祚也都做了俘虏。

都统王昭元、都监赵崇韬引军来救，连战连败。王昭远被宋军的来势凶猛吓破了胆，慌忙逃跑，渡过嘉陵江，退守剑门。宋军乘势攻下了群山环绕、形势险要的利州这个入蜀的要塞。

宋太祖看着这些激动人心的战报，心中喜不自胜。征伐后蜀的战斗果如自己预料得那样顺利，他为自己拥有这样一支兵强将勇的雄师劲旅感到自豪，感到骄傲！

他轻轻地搓着双手，脸上兴奋地泛着红光，将那捷报看了一遍又一遍。忽然，毡帐的门帘晃动了一下，一股像刀子一般劲厉的寒风袭了进来，他周身打了个冷战。他望望帐外的大雪，忽然对左右说道：“我穿着

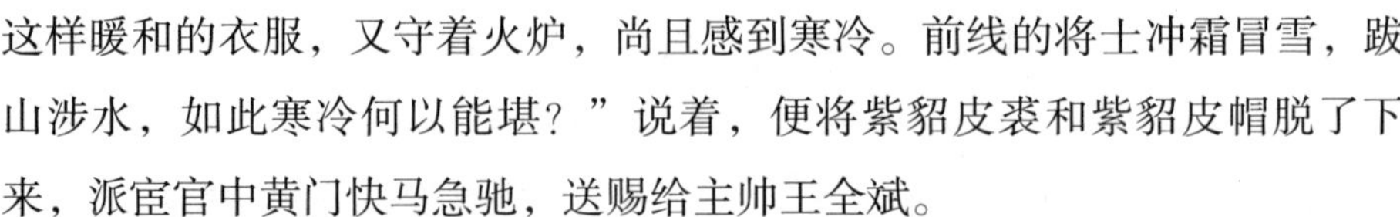

这样暖和的衣服，又守着火炉，尚且感到寒冷。前线的将士冲霜冒雪，跋山涉水，如此寒冷何以能堪？”说着，便将紫貂皮裘和紫貂皮帽脱了下来，派宦官中黄门快马急驰，送赐给主帅王全斌。

宋太祖的使者不敢怠慢，昼夜兼程，也不按驿站停歇，一路驰奔来到前线中军大帐，将裘帽赐予王全斌，并宣讲了宋太祖的口谕：“裘帽本是朕本人所用，无法遍赐诸位将士，聊表朕抚慰之意而已，愿诸将共勉之。”

王全斌双膝跪在料峭的寒风中，膝行而前，将圣上的厚赐双手接了过来，心中早已掀起了狂涛大浪，口里说着：“谢万岁恩赏，吾皇万岁万万岁！”双眼中热泪早已刷刷地滚落了下来，挂满了双颊。

周围的将士们也大受感动，一齐匍匐在地，向北连连叩头，并齐声高喊着：“皇上万岁！杀敌报国，万死不辞！”喊声如雷，在峡谷中回荡着，经久不散。

之后，宋军将士各个奋勇当先，自出师之日算起，仅用66天，便收复了后蜀全境，得46州，240县。

大雪之中，一顶裘帽，温暖了将士的心，宋太祖也正是靠着这种以自己的真感情来对待部下的真诚，获得了将士们的以死相报。

作为一名领导者，应该明白“先得人心，后得天下”的道理，就是在用人上，一定要拉拢住人才的心。作为一名领导者，只会用命令的方式将自己的权力贯彻下去，是行不通的，甚至可以称为是愚蠢的，其最好的结果是让人服从，却不会让人真心喜欢，或者真心地为领导付出。这样一来，作为管理者，其工作永远都会是被动的，终究会有一天，他的下属会采用某种手段或者措施，对其下达的命令敷衍了事，而使得管理无法进行。

一个聪明的管理者，对于人才，会不断地关怀他们，付出自己的情感去感动他们，让他们在心灵的最深处感受到自己对他们的关怀，从而心甘情愿地为自己工作，甚至为自己付出生命，作为投资，感情投资不失为一种投资少见效丰的用人手段。

作为领导，只有和下属搞好关系，赢得下属的拥戴，才能调动起下属的积极性，从而促使他们尽心尽力地工作。俗话说，“将心比心”，你想要别人怎样对待你，那么你就先要怎样对待别人，只有先付出关爱和真情，才能收到一呼百应的效果。

日本著名的企业家松下幸之助特别注重感情投资，他曾说过：“最失败的领导，就是那种下属一看到你，就像老鼠见到猫一样没命地逃开的领导。”当他看到自己的下属辛勤工作的时候，他就会亲自沏壶茶给他送过去，而且还表示感谢地说：“太感谢了，你辛苦了，请喝杯茶吧！”在这些细枝末节上，松下幸之助都做得特别好，下属也感觉到了其对自己的关心和关爱，因此会更加努力地工作。

在现在社会中，企业管理不仅需要资金投入，更重要的是感情投入，需要进行感情管理。只有这样，才能在激烈的市场竞争中立于不败之地。

西方一位学者曾经这样说过：“有效的领导者就是最大限度地影响追随者的思想、感情乃至行为。”的确，人是有着丰富感情生活的高级生命形式，精神体验是人生活的重要部分。作为一名领导者仅仅是依靠那些物质来鼓励员工是远远不够的，如果想要达到更好的效果，需要进行情感投资，关注员工的感情，与员工进行交流。现代情绪心理学的研究表明，在人的心理活动中，情绪和情感起着组织作用，它们对个体的思想和行为起着决定作用。所以，要想把企业管理得更好需要进行感情管理。在对人力资源进行开发之前要关心和了解员工，只有这样才能做到有的放矢，实现技术创新，促进企业发展。

为了能更好地了解这一点，我们可以分析美国斯特松公司的一段管理实践。

在美国所有的制帽厂中，斯特松公司算是最老的厂子之一。相关资料显示，在1987年的时候公司的情况是非常糟糕的，主要表现在产量低、品质差、劳资关系极度紧张等问题。在这个时候，正好当地的一位管理顾问薛尔曼应聘进厂调查。经过调查，结果是由于员工与领导之间、员工与员工之间都缺乏必要的信任，所以才导致公司内部人员没有很好地沟通，员工们对领导们越来越不满意。鉴于这种情况，薛尔曼开始实施一套全面

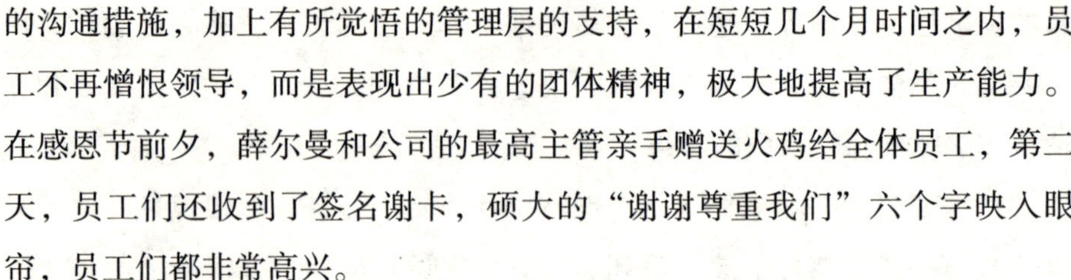

的沟通措施，加上有所觉悟的管理层的支持，在短短几个月时间之内，员工不再憎恨领导，而是表现出少有的团体精神，极大地提高了生产能力。在感恩节前夕，薛尔曼和公司的最高主管亲手赠送火鸡给全体员工，第二天，员工们还收到了签名谢卡，硕大的“谢谢尊重我们”六个字映入眼帘，员工们都非常高兴。

美国著名的管理学家托马斯·彼得斯曾大声疾呼：“你怎么能一边歧视和贬低员工，一边又期待他们去关心质量和不断提高产品品质！”在他看来，一个领导者能够被称为领导，很大部分在于其是否能够激发员工工作的积极性。真正适合做领导的人是那些无论做什么都可以激发他人热情和积极性的人。

其实，通用电器公司的管理经验也表明了情感管理的重要性。在公司实行情感管理之后，员工与企业之间能够做到相互信任，而且极大提高了生产效率，促进企业迅速发展。当然，情感管理也是包括很多方面的，如理解雇员心理、培养企业大家庭氛围、公司内民主、坚持员工第一等。

第五章 DI WU ZHANG 巧用机遇，曲径通“权”道

曾经有很多人都认为一旦没有了权力，什么都会成了泡影。因此，他们为了实现自己的理想，首先要做的就是争取权力。在日常生活中，这种现象极为普遍，有时候不想与别人争，但是还是要沦为别人权力之争的牺牲品，出现“我不杀伯仁，伯仁却因我而死”的局面。纵观历史，赵匡胤就是一位很会利用权力的帝王，他不仅可以准确把握时机，而且还能在把握时机之后很好地经营自己所取得的成果。

大权要揽，小权分管

其实，权力只是控制他人的工具，既不能看得太重，也不能对其放松。作为一个领导，如果什么事情都做到大权独揽，事必躬亲，事无巨细，那么这位领导是非常痛苦的。正确的做法是，大权要揽，小权分管。

所谓大权要揽，小权分管是指作为企业领导者，应该负责企业的经营管理，掌管决策大事，保证整个企业沿着正确的方向发展前进；而员工也会按照企业的制度，在分工负责的原则下，各执其事。

宋太祖之所以能够创下宋代盛世是因为他是一个优秀的政治家。他改变之前权力过于分散的情况，将各种权力都集中于一身，然后建立监督机制，分派官员各司其职，这种做法值得我们后人学习。在权力方面，他首先做的是把兵权、行政权、财政权和人事权全部收入手中，这样就避免了权力过于分散、不利于统治情况的发生，然后选派各级官吏依法进行管理，而且还设立了监督机制，这样就保证了整个国家的有序发展。

在建宋之初，在宋太祖看来最为重要的一项任务就是改革军权。处于乱世之中的人如果想说明自己有实力，最根本的是有自己的军队，因为军队的情况对领导者的前途起着决定作用。当然，这种情况是有前提的，那就是看这支军队能否被自己牢牢把握，并使其做到令行禁止、服从指挥。否则，即使军队数量再多也是没有用的。

历史记载，从唐朝后期开始，皇帝对军队的控制越来越弱。各地节度使依靠雄厚的财力来招募兵将，军队数量越来越多，战斗力也越来越强，有些地方军队的战斗力已经超过了中央军队，真是令朝廷分外担心。据记载，唐朝后期中央及内地的全部兵力曾一度仅仅为边镇节度使兵力的六分之一。这就会使得地方势力越来越强，而中央越来越弱。如果情况严重的话，中央政权也受到威胁。

在五代时期，这种情况更为突出，“五代为国，兴亡以兵”是最为真实的写照。南宋人范浚在其著作《香溪集》的“五代论”中说：“五代之所以取天下者，皆以兵。兵权所在，则随以兴；兵权所去，则随以亡。”在后晋时期，成德节度使安重荣宣称，天子应该由兵强马壮者来担任。虽然后周世宗对军队进行了一些改革，但是也没有从根本上改变这种情况，中央对地方无法做到全面统治。

作为中央军的禁军，本来是皇帝贴身的侍卫队，但五代时期由于要对抗地方军，而逐渐成为一支正规的部队，战斗力远远超过一般的地方军。从另一个角度说，禁军又是皇帝的亲军，是嫡系中的嫡系，如同国民党部队中的黄埔系。但五代时的后唐和后周，以及大宋王朝，又都是通过掌握禁军而夺取政权的。所以，对禁军的控制也绝对不能掉以轻心。

宋太祖即位后，为保住江山社稷，对军队做了大刀阔斧的改革，牢牢地将禁军和地方军的军权控制在自己手中。这一改革，主要是通过“杯酒释兵权”改造禁军和削弱地方军力这两项措施而实现的。

对地方部队，宋太祖采取削弱加保持的措施，既要弱化地方武装的力量，又使其保持一定的数量和战斗力。弱化，是为了避免重蹈唐后期以来地方势力过大而对抗、颠覆朝廷的覆辙，使其对中央不致构成太大的威胁。保持，一是为了有足够的兵力维护当地治安，镇压人民的反抗；二是为了如果中央军发生变乱，各地武装有足够的力量与之抗衡。通过对军队的一系列改革，宋太祖基本上达到了控制全国军队的目的。

宋太祖即位后，依赵普之言，对地方节度使进行了深入彻底的夺权行动。

首先，削减节度使的辖地，缩小其势力范围。原来的节度使都统有数州郡，其驻所以外的州郡，都称为支郡。支郡的各级官员，由节度使推荐任命，管理各州郡的政务和军务，也由节度使直接负责。宋太祖下令，取

消节度使统管支郡的制度，将支郡收归中央管辖，并派遣京官到各州郡担任长官，直接由皇帝负责。这样一来，节度使控制的地盘就大面积缩水，其所拥有的权力也随之降低，对抗中央的能力就变得微乎其微了。

其次，剥夺节度使的兵权。原来的节度使之所以敢对抗朝廷，主要原因之一是拥有过多的军队作为资本，甚至敢起兵造反，夺取政权。唐代的节度使朱温就是靠武力灭唐建立后梁政权的典型例子。宋太祖同意赵普“收其精兵”的建议，将地方上的精壮之兵编入禁军。

再次，对地方节度使根据情况区别对待。对于那些有归顺臣服之心的节度使，暂时进行拉拢，封官晋爵，使其“分藩立朝，位或相亚”。对于那些骄横无礼、贪财好色的节度使，则留心其动静，一旦揪住其小辫子，就严加打击。对于资历较深、军功较大的节度使，则因势利导或是劝其主动辞职，或是罢免。

最后，在州县官员的任命和管理上，宋太祖也别出心裁，设立了相应的监督机制，分散地方长官的权力。在州内设置通判，作为皇帝的特派员，监视知州的活动，并有直接奏报之权。州府的所有文书，需要知州与通判共同签署后，方可发布施行。在县级单位，弱化节度使的控制，由县令、县尉和主簿共同管理全县的政务、诉讼及治安事宜。此外，对地方官员的控制使用还表现在轮换上。官员在一地任期过长，容易形成一个关系网，培植私人势力，垄断一方政权。所以，宋太祖规定，地方官一律任期三年，期满轮换，即使政绩突出，百姓上疏挽留也不得连任。对此，《续资治通鉴长编》中有过一个例子：青州北海军军使杨光美在任期间，公正清廉，深受百姓爱戴。三年任期将满之时，其治内百姓自发到朝廷集体请求让杨光美继续留任。宋太祖下诏让百姓离去，说明国家的任官制度，百姓仍然不肯。最后，宋太祖无奈，只好采取强制措施，对领头的施以鞭刑，百姓们才被迫离开。由此可见，官员的任期制度在宋太祖一朝控制得十分严格。

在解决地方政权之后，宋太祖又对中央机构进行调整，以分权而治的方法将中央大权控制在自己手中。皇帝作为最高的统治者，是不可能亲自过问每一件政务，也不能批阅所有的奏章。为了治理好国家，这些烦琐的政务还必须要处理，因此必须建立一整套官僚体系，为皇帝分忧解愁，确保政务畅通。在皇帝之下的官僚体系中，权力最大、地位最高的应当是宰相，他们位居一人之下，万人之上，代天子以行号令。但凡重要的奏章都要先经过宰相，然后才能转到皇帝手中。皇帝所下的诏令，也同样先经过宰相，然后再送交有关部门。作为皇帝左膀右臂的宰相，对皇帝的影响非同一般。如果宰相聪明能干而又忠诚于皇帝，那么做皇帝的就可以省却许多麻烦，不必日夜操劳，天下亦可垂拱而治。但是，如果宰相昏庸无才又心怀异心，那么皇帝的日子就不会好过了，弄得不好，可能连皇位都保不住。

历史上有过许多著名的宰相，最早的应当算周公旦。周武王去世后，天子年幼，周公旦便担负起辅佐幼主治理天下的重任。他励精图治，平定管蔡之乱，制定礼法，安定四邦，把周国治理得井然有序，一片繁荣昌盛。等到幼主长大后，他又主动还政于他，甘心做一个忠臣辅佐天子。他的美名，已成为脍炙人口、老少皆知的传世佳话。此外，汉高祖时的宰相萧何，善断政务，精于理财，而且忠厚仁义；刘备的宰相诸葛亮，呕心沥血，为治理蜀国锦绣河山鞠躬尽瘁，死而后已；还有唐朝著名的宰相房玄龄、杜如晦，并称“房谋杜断”都为治理好国家发挥了聪明才智，使国家不断发展壮大。

但是，如果用人不当，宰相之位被一些贪暴的小人占据，又将是另外一种境遇。春秋五霸之一吴王夫差的宰相名叫伯嚭，此人虽有才学，但为人不端，品行低劣，尤以贪财著称。吴国打败越国后，将越王勾践拘禁。大将伍子胥建议杀掉勾践以绝后患，但伯嚭却因收取越国的贿赂而鼓动三寸不烂之舌，说服夫差饶勾践一死。在源源不断贿赂的驱使下，伯嚭陆续又劝说夫差放勾践归国，并助越国发展生产。等到勾践卧薪尝胆、奋发图强之后，率兵灭掉吴国，夫差被逼只好自杀身亡，吴国也随之灭亡。

唐玄宗后期的宰相杨怀忠也同样是一个误国的奸臣。他为相之后，广树党羽，迫害忠良，欺上瞒下，横征暴敛，以满足贪得无厌的私欲。其结

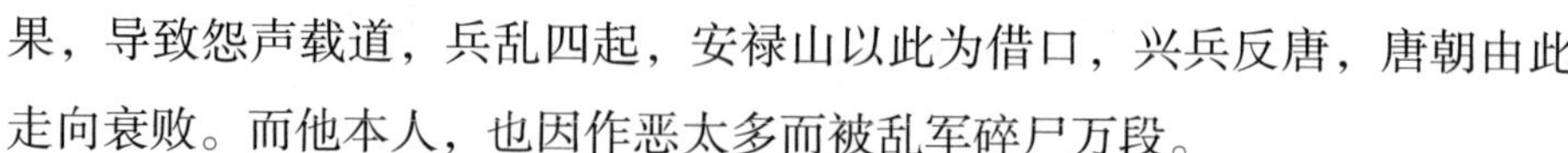

果，导致怨声载道，兵乱四起，安禄山以此为借口，兴兵反唐，唐朝由此走向衰败。而他本人，也因作恶太多而被乱军碎尸万段。

从这些历史教训中，宋太祖有所思虑，决定分散相权，防止其过于庞大。他将国家政务交由三个部门分别管理，即宰相主管的中书省负责管理政事，枢密使主管的枢密院负责管理军事，三司使主管的三司负责管理财政。这三个部门互不隶属，各司其职，而且互为牵制。其中枢密使同宰相地位相当，号称执政，与宰相互不通气，连奏事时也是分别向皇帝奏报。

为限制宰相权限，宋太祖还在宰相之下设参知政事以充副职，从制度上对宰相的权力进行分散和牵制。参知政事的地位起初较低，权力也不大，“不宣制，不押班，不升政事堂”。后来，宋太祖逐步提升其职权，将参知政事薛居正、马余庆升都堂，与宰相赵普轮流处理国家大事，“更知印、押班、奏事”，以分宰相之权。

宋代官制的一大特点就是官职分离，差遣为实，这也是宋太祖揽权的一大新措。为严密控制权力，不使官员专权舞弊，宋太祖将官职作为一种虚衔，由百官担任。只是在有事情需要处理时，才临时差遣这些待职的官员走马上任，处理完后仍然剥去其实职。所以，上至宰相、尚书，下至县令，一般都不担任与本职位相符的职务，所带官称只是官位高低和俸禄多寡的标志，因此称为“寄禄官”。只有带上“权、判知、监”等表示差遣的名称后，才有实权。

如果说政治属于上层建筑的话，那么经济就是基础。只有经济发展了，百姓才能安居乐业，国家才能繁荣富强。俗话说，巧妇难为无米之炊，一个国家如果没有足够的财力，根本无法进行建设，也就更谈不上富强了。宋太祖在早年流浪时曾因没有钱而偷食莴苣，夜卧树下的亲身体验，因此对钱财问题有极深的印象。

当上皇帝后，他自己倒是不缺吃穿。但作为一代明君，他此时考虑的却是如何使天下百姓都能够衣食无愁，如何使国家府库充盈。这样一想，就想出了集中财权的办法。

唐末以来，国家财政一直非常吃紧，其原因是“方镇屯重兵，多以赋入自赡，名日留使、留州、其上供殊鲜”。节度使在地方上专务聚敛，掊克民众，而上交中央的却是少得可怜。为增加中央财政收入，宋太祖采取强制措施，将各地的租税和商税一并收归中央。

乾德二年（964年），宋太祖下令：“每岁受民租及榷之课，除支度给用处，凡缗帛之类，悉辇送京师。”如此一来，便把各地的收入大部分收入国库，政府手中的钱物迅速增多。所有这些钱帛都存储在三司掌管的左藏库中，其用项主要是发俸、赈灾和军备。对此，宋人马端临评价如下：“（宋太祖）既欲矫宿弊，则不容不下乾德之诏；然纪纲既已振立，官吏知有朝廷，则不妨藏之州郡，以备不虞。固毋烦悉输京师，而后为天子之财也。”

非常之事，当用非常之手段。宋太祖为废除五代之弊端，致力改革政治，以“杯酒释兵权”收天下之兵，以官职分离而收百官之权，以乾德之诏收天下财物于京师，把兵、官、财三权统揽于手中，使中国的中央集权政治步入高峰。这样做无疑对解除内部的后顾之忧是一种高瞻远瞩性质的革新，但其带来的负面影响也是相当大的。用明代朱熹的话来说，“兵也收了，财也收了，赏罚行政一切收了，州郡遂日就困弱……靖康之祸，虏骑所过，莫不溃散。”

一个企业犹如一个小社会，政务、业务、事务样样都有，人事、生产、生活一应俱全，每天都有一大堆问题需要处理。面对这种情况，领导者如果事无巨细都亲自去处理，那样就会“捡了芝麻，丢了西瓜”，延误抓大事的时机。领导者只能对那些全面性的、重要的、关键的和意外的问题去亲自处理，把其他问题交由各有关部门的人员去处理。企业无论大小，人员均应有所分工，然后按照分工各执其事，这样既责任明确，不至于误事，也可充分发挥各人的工作积极性。

某公司一位年轻主管负责电视地区分公司的工作，开始的半年里，他每天都是“日理万机”，“百忙之中”渐渐感到力不从心，而公司的员工们并没有如他所希望的那样，以他为榜样，勤勉、主动地工作，反而精神

更显低迷。

这种情形引起了这位主管的警觉，他感到一定是自己的管理出了什么问题，才造成这样的状况，而这种情形如不及时得到纠正，后果将是难以设想的。

在经过一番思考甚至斗争之后，他开始试着把要做的所有工作按重要性、难易程度排序，把各项工作分派给适合的员工去完成，自己只负责三件事，一是布置工作，告诉员工该如何去做；二是协助员工，当员工遇到自己权力之外的困难时，出面帮助员工解决困难，否则要求员工自己想办法解决；三是工作的验收，并视员工完成工作的状况给予激励或提醒。

在这样做之后，这位主管惊奇地发现，不但自己有了被“解放”的感觉，员工们也开始表现出极强的主动工作的劲头，公司业绩明显攀升。由于自己从大量的事务性工作中解脱出来，所以有充足的时间开始思考公司的发展战略。他描述自己就像一个自动化工厂的工程师，每天只是在优雅的环境里走动，视察自行高效运转的流水线可能出现的问题。

只要是做领导，无论是刚刚上任，还是已经做了很长时间，一定会有许多事情要处理，但千万不要认为，把自己弄得狼狈不堪才是最佳的选择。轻松自如的领导者善于把好钢用在刀刃上，厚积而薄发，不失为上策。

把准时机，向下授权

的确，每一个领导者都希望能掌握更多的权力。他们希望如果可能的话自己掌握全部权力。但是这也会带来一个新的问题，那就是精力不够，无法什么都做得很好。当一些权力处于真空地带的时候就不可能好好管人或者是事情了，权力也就因此而浪费。

在北宋时期，皇权集中达到了前所未有的地步。宋太祖把中央和地方的军、政、财、司法等权利收归中央，在君相斗争中废除了之前存在的宰相坐而论道的权利，这样就使得皇帝有更高的地位。然而，他慢慢发现，将权力集中在皇帝手中会导致他越来越辛苦，臣子特别清闲，效果也不好。所以，宋太祖就开始把一部分权力让给了臣子，做到权责分明。

在最初建立宋朝的时候，宋太祖让赵普长期独掌相权。虽然赵普喜欢专权，但是从某个方面来说，他对国家和皇帝还是比较忠诚的，不计较个人得失。而宋太祖也划清了皇帝和宰相的权力关系，尽量不侵犯相权，尊重宰相的意见。

有一次，赵普想把一个人安排在某个职位上，但是由于宋太祖对此人不信任，所以没有同意。在没有得到批准之后，第二天赵普又向宋太祖提出此事，请求批准。宋太祖仍然没有同意。在第三天，赵普又提出此事，向宋太祖奏请，此时惹怒了宋太祖，他把赵普的奏章撕破扔在地下，不再理他。虽然宋太祖有如此强烈的反应，但是赵普仍然是面不改色，把自己的奏章捡起来，回家后把奏章补缀好，第四天赵普又向皇帝推荐这个人，此时，宋太祖的火气已经消除了，所以心想这次赵普推荐的人一定是一个有能力的人，否则赵普不可能一而再，再而三地推荐他。于是得到了重用，事实的确如此。

还有一次，一位立功者按规定应当升官，但是并不讨宋太祖的喜爱，所以没有得到批准。在赵普知道这件事情之后，他力劝皇上，请求其批准。宋太祖发怒问道：“我就不给他迁升，你能怎么样？”赵普平静而严肃地说：“刑以惩恶，赏以酬功，古今历来如此。何况，刑和赏并不是陛下您专有的，怎么能够按照自己的喜好来决定呢？”虽然赵普这样说了，宋太祖没有听进去，仍然没有给其升迁。在宋太祖走的时候，赵普就跟在后面。宋太祖进宫之后，赵普就站在宫门外。通过赵普的努力，那个人还是顺利升官了。

如果说在朝廷之上，皇上与宰相打交道最多，很多时候必须对宰相进

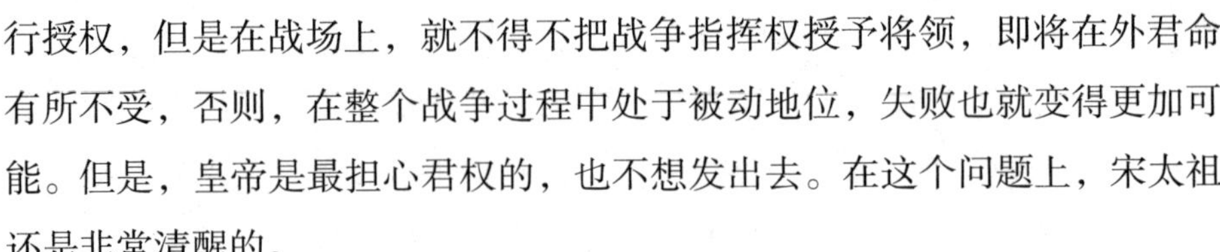

行授权，但是在战场上，就不得不把战争指挥权授予将领，即将在外君命有所不受，否则，在整个战争过程中处于被动地位，失败也就变得更加可能。但是，皇帝是最担心君权的，也不想发出去。在这个问题上，宋太祖还是非常清醒的。

在征蜀战役结束之后，因为前方将领约束不严，使得宋军杀降三千人的事件造成了非常恶劣的影响。关于这件事情，宋太祖特别生气，因为胡乱杀人之风的兴起，使其和平兼并的预期受到了严重影响。在调查工作结束之后，他把所有的将领集合起来，问他们知不知罪。当时唯独让大将曹彬先退席，而且对他说这里没有他什么事情。但是曹彬没有退席，而且还叩头谢罪，参与了合议，得到了惩罚。在当时情况之下，宋太祖暂时原谅了诸将。在不久之后，宋太祖派曹彬和潘美为征伐江南的统帅。在其走之前，宋太祖特别召见曹彬，要求绝不能再出现征蜀时的残杀事情。听到宋太祖这样说，曹彬拿出自己当时反对杀戮的文件。看到这份文件，宋太祖奇怪地问："既然这样的话，当时你为何认罪？"曹彬说："臣和诸将一同被委任，若诸将获罪，臣独清白，并不稳妥，所以一同服罪。"可见，曹彬是一个重视团体责任的人，同时说明了其在接受任务之后，只有权责分明才能有效阻止前线的屠杀。可见，授权技巧体现了曹彬的智慧，也教育了宋太祖。

隔日的廷议上，宋太祖正式派遣曹彬及潘美为征伐江南的正副统帅。曹彬表示自己能力有限，可能无法达成任务。但身为副帅的潘美，却积极表示自己对征江南的信心及意见。于是宋太祖正色向曹彬说："所谓大将者，在于能斩出位犯分之副将，则不难矣。"只一句话，便把旁边的潘美吓得冷汗直冒，不敢抬头正视宋太祖。利用这个简单的廷议，宋太祖在征江南事件上，已对统帅的职责作了完整的授权。

人的精力毕竟是有限的，而世界是无限的。一个人的知识即使是学富五车、才高八斗，也比不上一群人的智慧，要不怎么说"三个臭皮匠，顶个诸葛亮"呢？毛泽东诗词中所欣赏的秦皇汉武、唐宗宋祖，以及一代天骄成吉思汗，都是智慧超人的大政治家，但他们所建立的帝国哪个不是手下一群文臣武将集体智慧的结晶呢？康熙虽然精力充沛，才识过人，但最后还不是为国家的衰败愁眉不展？因此，明智之举就是用人不疑，选准时机把权力授给能干的臣子，才能做到以指使臂，垂拱而治。

作为现代的管理者来说，就要把准时机学会授权，如果授权不分对象、不看情势会造成领导者对权力的失控。因此，授权必须讲究策略和技巧，在对权力的一收一放之间找到运用权力的正确节奏。此时，不妨从以下方面入手。

1. 不充分授权

不充分授权是指领导者在向其下属分派职责的同时，赋予其部分权限。根据所给下属权限程度的大小，不充分授权又可以分为以下三种具体情况：

（1）让下属了解情况后，由领导者作最后的决定；让下属提出所有可能的行动方案，由领导者最后抉择。

（2）让下属制订详细的行动计划，由领导者审批。

（3）下属采取行动后，将行动的后果报告给领导者。

不充分授权的形式比较常见，由于它授权比较灵活，可因人、因事而采取不同的具体方式，但它要求上下级之间必须确定所采取的具体授权方式。

2. 学会弹性授权

这是综合充分授权和不充分授权两种形式而成的一种混合授权方式。一般情况下，它是根据工作的内容将下属履行职责的过程划分为若干个阶段，然后在不同的阶段采取不同的授权方式。这反映了一种动态授权的过程。这种授权形式，有较强的适应性。也就是当工作条件、内容等发生变化时，领导者可及时调整授权方式以利于工作的顺利进行。但使用这一方式，要求上下级之间要及时协调，加强联系。

3. 掌握制约授权

这种授权形式是指领导者将职责和权力同时指派和委任给不同的几个下属，让下属在履行各自职责的同时形成一种相互制约的关系，如会计制度上的相互牵制原则。这种授权形式只适用于那些性质重要，容易出现疏漏的工作。如果过多地采取制约授权，则会抑制下属的积极性，不利于提

高工作的效率。

4. 尽量避免授权的程序错乱

一个企业即便人员不多，授权也应该注意一定的程序，否则授权的结果只会带来负效应。在实际工作中，领导者的有效授权往往要依下列程序进行。

（1）认真选择授权对象。如前所述，选择授权对象主要包括两个方面的内容：一是选择可以授予或转移出去的那一部分权力；二是选择能接受这些权力的人员。选准授权对象是进行有效授权的基础。

（2）获得准确的反馈。领导者授意之后，只有获得下属对授意的准确反馈，才能证实其授意是明确的，并已被下属理解和接受。这种准确的反馈，主要以下属对领导授意进行必要复述的形式表现出来。

（3）放手让下属行使权力。既然已把权力授予或转移给下属了，就不应过多地干预，更不能横加指责，而应该放开手脚，让下属大胆地去行使这些权力。

（4）追踪检查。这是实现有效授权的重要环节。要通过必要的追踪检查，随时掌握下属行使职权的情况，并给予必要的指导，以避免或尽量减少工作中的某些失误。

领导者管人是否得当，就是看授权的策略和技巧是否用到位。下属可根据所授予的职权，在实际工作中能否恰到好处地行使权力，胜任职务来判断。在管理中，领导者务必慎重、认真地授权。

充分授权，时时监管

既要充分授权，也要严格监管。宋太祖制定的台谏制度对授下去的权力就达到了时时监管的作用。

早在君主中央集权制度怀胎腹中之时，法学创始人韩非就基于“性恶”的观察，对有可能威胁君主专制政体的各种不利因素，如奸臣、权臣、佞臣等，提出了破除“六反”“八说”“三劫”“八奸”“四拟”的种种对策，统称为“督责之术”。而儒家则从“性善”出发，通过赞颂“三代”“圣贤”等理想人格，认为要规范君臣行为品德，必须通过“仁义礼智信”等纲常之教来实现，统称为“王道之治”。经过历史的沉淀，中国古代台谏系统进言、监察功能的认知基础，便由此两种不同的治世理念交融相汇而成，其宗旨即是以“德刑二柄”，倡导人治与法治相兼，以达为善去恶之目的。

台谏制度的出现，最早应上溯到秦汉。宋人王应麟曾指出：“至秦，人主自亲事以操制臣下”，“御史大夫遂与丞相分权矣”。《汉书·百官公卿表》记载，秦汉御史中丞的职责之一就是“受公卿奏事，举劾按章”。到了唐代，台谏制度才形成一定的规模和建制，御史台和谏院的分工也逐渐更加明确，“因御史而置两台，专以纠臣僚之邪佞；因大夫而有谏者，专以审人主之愆谬”。

家有家规，国有国法。对最高统治者皇帝来说，他们虽然任用大臣分治政务，但其内心对这些官员还是有所提防的，唯恐哪一天他们羽翼丰满之时反客为主，抢了自己的位子。因此，皇帝对臣子的小过错并不是十分在意的，他们害怕的是臣子有悖逆谋反之心。在没有掌握真凭实据之前，又不想让他们继续扩大势力和影响，便专门设置台谏机构，用以监察、弹劾这些官员，借助御史、言官之口，将这些官员定罪处罚，从而消除他们的不良影响。

当然，随着时代的发展，历史进程中绝大多数时间都是比较平和的，谋逆之人终归是少数人而已，但为江山社稷和子孙后代着想，台谏制度仍然是一项不可缺少的制度，他们的职责在于警戒有不法之心的官员，不要有非分之想。同时，台谏也是皇帝驾驭、制衡百官的一种有力武器，使大臣们处于皇帝的监视之中，强化皇帝的威严与独尊地位。

宋代的台谏制度基本上沿袭唐代而有所发展和健全，并逐渐形成自己的特色。宋代将御史台和谏院合称为台谏，将台官和谏臣通称为台谏官、言事官或言官，改变了唐代以前将二者独立区分、互不相干的制度，使二者在职能上趋于相近。其次，宋代还大大提高台谏的职能与地位，使之与君主、宰执三者并举，在中枢权力机构中占据举足轻重的地位，这也是唐代以前没有的。最后，台谏制度在宋代政治生活中的作用更具深远影响，以至元人称“宋之立国，元气在台谏”，宋代士气之伸张，“贬斥势利，崇尚气节”，远远超出前代，史学大师陈寅恪先生称之为“我民族遗留之瑰宝”。

虽从历史考证得知，宋代台谏制度真正得到重视是在宋真宗时代，与宋太祖基本上关系不大，但从其源泉看来，其中包含着特殊的历史背景和原因。

宋太祖开国之初，当务之急是结束天下纷争割据的乱局，统一全国。因此，宋初沿袭五代旧制，“徒置两司，殆如虚器”，也确属情有可原。事情要一件一件地做，在万事缠身之际，只能择其重者处之。但尽管如此，宋太祖对台谏制度还是有足够的重视，对台谏官也表示了极大的尊敬。在宋代誓碑之上，第三条便是宋太祖定下的“不杀士大夫及言事者”。仅此一点，便足以说明宋太祖虽未正式将台谏制度引入政治体制中，但是为宋代台谏制度定下了一个基调。

为保证台谏官正确行使自己的权力，其选拔甄别过程尤为严格。基于“台谏之任甚重，不可以苟然居之”，所以宋代台谏官的选任有比较严密的制度和严格的程序，总的原则是：“侍从荐举、宰执不预、君主亲擢”，同时对入选的台谏官还提出了资序流品和德行才学等具体的标准和要求。

宋太祖对权力的分配与制衡有清醒的认识：“善揽权者，非必万事万物尽出于我，而后谓之揽权也。权之在中者，即其在人主也。如一一而身任之，则聪明必有所遗，威福必有所寄，将以揽权而权愈散，能防之于庭外，而不能失之于旁出。祖宗未尝不以事权付中书，而能使臣下无专制之私者，以有台谏、封驳之司也”。

对此，南宋学者陈亮进一步解释说：“自祖宗以来，军国大事，三省议定，面奏获旨。差除即以熟状进入，获可，始下中书造命，门下审读。有未当者，在中书则舍人封驳之，在门下则给事中封驳之，始过尚书奉行。有未当者，侍从论思之，台谏劾举之。此所以立政之大体，总权之大纲。端拱于上而天下自治，用此道也。”

宋太祖最初由于偏爱赵普，对台谏官的态度并不是特别友善。一次，御史中丞雷德骧上疏弹劾宰相赵普，举奏其不法之事。宋太祖出于私心，偏袒赵普，竟命左右羞辱这位御史中丞，将其“曳于庭数匝”。后来，正直的雷中丞继续弹劾赵普，情急之下未待宋太祖召见，便径直进入讲武殿，语气严厉地向宋太祖历数赵普强买他人私宅，聚敛财贿等事实。宋太祖当时勃然大怒，责骂雷德骧道：“鼎铛器物，犹有两耳，而你雷德骧置若罔闻，竟敢屡次弹劾社稷重臣！”说完，拿起柱斧，击掉雷中丞两颗牙齿，并命令左右将他轰出去，交付宰相对之处以极刑。事过不久，宋太祖怒气渐消，深感自责，于是免去雷德骧死罪，以“擅入”之罪将其贬至外地为官。

后来，随着宋太祖政治经验的积累，他切实认识到台谏制度的重要性，对台谏官的态度也逐渐有所改变，开始重用台谏官，以牵制朝中诸官员，维护官僚体制的正常运行。

台谏官历来是出力不讨好的，只是皇帝手中的棋子和工具。皇帝在需要他们的时候，授意让他们弹劾某某大臣；在不需要他们的时候，则会假以借口对他们横加打击。历观秦汉至五代，因正言直谏而死的台谏官数以百计，即使号称政治清明的唐代，被杖决于廷堂之上的谏官也大有人在。而宋代，因有宋太祖的誓碑，所以“言事之臣或得责，大不过落官，其次出居散地而已”。宋人在指斥前代的同时，也自诩为“待士大夫有礼莫如本朝”。后人在评价宋代台谏制度时也断言：“宋代自祖宗以来，尤以台谏为重。虽所言者，未必尽善，所用者，未必皆贤。然而借以弹击之权，养其敢言之气。”可以说，自宋代开始的这种敢于直言的诤诤士气，是中

华民族千百年来的脊梁。

台谏的积极作用，北宋名相吕公著曾有如下概括："规主上之过失，举时政之疵谬，指群臣之奸党，陈下民之疾苦。言有可用，不以人微而废言；令或未便，不为已行而惮改。"其在制衡权力方面，主要有以下几点作用：

其一，制衡相权。在各种权力中，相权是对皇权最大的威胁。由于宰相的特殊身份和地位，在百官中无形中是最具威严的，他的一言一行，对朝中官员都有极大的影响。为制衡相权，宋太祖一方面通过设置参知政事一职，分化宰相权力；另一方面又通过台谏，对宰相的言行进行监督检查，节制其滥用权力。宰相赵普的下台，虽说因为其做了许多违法之事，但这些事皇帝是不可能亲自查明的，而是通过台谏的举报而得知的。宰相的去留与台谏论劾也有很大的关系，即"祖宗以来，执政臣僚苟犯公议，一有台谏论列，则未有得安其位而不去者"。

其二，监察在京诸部、司。宋代的台谏沿用唐朝旧制，用监察御史对中央各机构进行监督，目的是整肃吏治，提高办事效率。对朝中各部官员的言行举动，监察御史也有权直接向皇帝奏报，其积极后果，正如宋人舒亶所说："诚使应在京官局，御史得以检察，按治一切，若监司之于郡县，其庶几人知畏向，而法度有维持，是亦周官之遗意。"

其三，监察地方，督责监司。监司是宋代中央控制州县官吏与地方行政的重要机构，又称外台，本身就是地方常设的最高监察机构，诸监司长官相当于地方的最高监察官。而御史台的职责就是督责监司来监察地方，如果出现"监司不职，则令言事御史弹奏"。因此，台谏虽然对地方官府和官员不直接进行监控，但通过其外围——监司，来达到监察地方的权力。

台谏制度的设立，还有利于制造臣子之间的矛盾，使之不至于结党成派，形成一定的势力和规模，这也是历代统治者所经常采用的制衡百官的方法。台谏官作为皇帝的耳目，有责任收集官员结党营私的罪证，并在皇帝的授意下当朝举报，给百官在心理上造成一定的压力，使之感觉到皇权的威严与监控网络的细密。

任何一种制度，如果失去了约束机制，必将很快走向灭亡。对权力的约束，可以使权力能够在其范围之内充分发挥其作用，而且不会出现权力的滥用。皇权在各种权力中是独一无二的，是一切权力的核心和出发点。维护皇权的独尊地位，只靠皇帝的个人魅力远远不够，还需要众多的耳目，对百官的权力作出制约。

善用时机，“杯酒释兵权”

当然，每个人都希望比别人拥有更多的权力，因此导致很多悲剧发生。在宋太祖统治时期，其采用和平方式收权法，不仅保证了臣子的安全，更重要的是收回了权力。虽然“杯酒释兵权”看似非常简单，但是带有很大的危险性，如果稍微不按照皇上设想的路子走，下场会很悲惨。而宋太祖善于把握时机，适时让臣子们释放手中的权力，正可谓是高手。

赵匡胤登上皇位之后新建的宋政权是继后周后的第六个王朝，在其之间的5个都是短命王朝。究竟如何让国家长久存在呢？这个问题一直困扰着宋太祖。当然军队的指挥权问题更让他身心不定。既然赵匡胤是依靠军团拥护才当上皇帝的，就需要对这些军团的首领进行奖赏。当时有很多人当上了禁军的高级将领，如慕容延钊、石守信、高怀德、王审琦……虽然他们都是宋太祖的死党，但是也不希望受到中央的控制，这直接威胁了宋太祖的皇位。在这种情况下，宋太祖去找赵普商量。

就在平定“二李”叛乱之后不久，宋太祖召来赵普商议此事。宋太祖问：“天下自唐朝末年以来，数十年间，帝王共更换了八姓，战争不

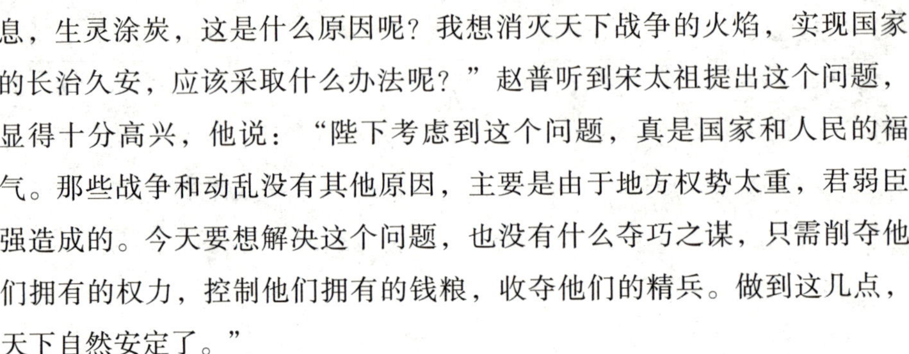

息，生灵涂炭，这是什么原因呢？我想消灭天下战争的火焰，实现国家的长治久安，应该采取什么办法呢？”赵普听到宋太祖提出这个问题，显得十分高兴，他说：“陛下考虑到这个问题，真是国家和人民的福气。那些战争和动乱没有其他原因，主要是由于地方权势太重，君弱臣强造成的。今天要想解决这个问题，也没有什么奇巧之谋，只需削夺他们拥有的权力，控制他们拥有的钱粮，收夺他们的精兵。做到这几点，天下自然安定了。”

这样直言不讳的论政，连宋太祖都吓了一跳，立刻阻止他：“你不要再说了，我已明白了。”这种事公开来讲，无疑在向那些节度使宣告：快反吧，不然就来不及了。这正是宋太祖不可告人的心中事，他唯恐消息泄露。不过，在周密酝酿了半年多之后，终于付诸行动了。

乾德元年（963年）春，宋太祖召来石守信、王审琦等高级将领共同聚会饮酒。酒酣之际，宋太祖打发走侍从人员，对功臣宿将们说：“如果没有你们的竭力拥戴，我绝不会有今天。对于你们的功德，我一辈子也不能忘怀。然而做天子也太艰难了，真不如做个节度使快乐，我长期以来夜里都不能安安稳稳地睡觉。”石守信等人听了宋太祖的这番开场白后，顿感气氛不对，就问：“陛下遇到什么难事睡不好觉呢？”宋太祖平静地回答说：“天子这个位置，谁不想坐呢？”

石守信等人听到这番话，不觉惶恐万分，他们赶紧叩头说：“陛下怎么说起这样的话呢？现在天命已定，谁还敢再怀有异心！”宋太祖说：“不能这样看。诸位虽然没有异心，然而你们的部下里如果出现一些贪图富贵的人，一旦把黄袍加在你们身上，你们虽然不想做皇帝……”将领们这才明白了宋太祖的真实意图，于是一边涕泣，一边叩头，说道：“我们大家愚笨，没有想到这一层上来，请陛下可怜我们，给我们指出一条生路。”

宋太祖知道时机已成熟，趁势说出了自己的想法，他说：“人生短暂，那些希望富贵的人，也不过想多积点金钱，多些享受，让子孙们过上好日子。你们何不交出兵权，广置良田美宅，多置歌姬舞女，颐养天年，我再同诸位结成儿女亲家，君臣无猜，上下相安，岂不很好？”宋太祖语气虽缓和，但已是最后通牒，石守信等人只得同意交出兵权。第二天，石守信等功臣宿将，纷纷称病请求解除军权。宋太祖当然十分高兴，立即同意他们的请求，解除了他们率领禁兵的权力。同时给了他们优厚的安置。

这次收权看似平静，其实这平静是宋太祖精心策划才得以实现的。

首先，他突然袭击，一网打尽，让握有兵权的节帅来不及反应，更来不及通气，使他们完全处于被动局面。

其次，对节帅们的安置，也让他们满意，而且用通婚的方式，把他们的利益和皇室捆绑在一起，更让他们放心能保有长久的富贵。一打一拉之间，尽显手段高明。

“杯酒释兵权”解除了禁兵将领和一些节度使手中的兵权，但还远未达到收揽权利、巩固统治的目标。为真正维持国家的长治久安，宋太祖在军事、政治、财政、司法等方面开始了收权运动，初步扭转了五代以来四分五裂、地方专权、中央虚弱的局面。

宋太祖通过“杯酒释兵权”，解决了唐代以来将领兵权过大、节度使尾大不掉的难题，顺利地将兵权牢牢控制在自己手中。

权利的诱惑力，吸引了太多人的眼球，有些人甚至把权力看得比生命还重要。因此，当一个新的领导为了全局急需收回他人各自的权力时，不可避免地面临着诸多矛盾。如何更好地处理这一矛盾，历代帝王做过许多尝试，有的采用和平的手段“杯酒释兵权”；有的采用激进的方法大肆杀戮功臣；还有的恩威并施迫使属下交权。这样一来，权是收回来了，但后遗症也相应出现了。因此，当一个新的领导人上台开始，何去何从需要考虑好了再行动。

赵匡胤选准了时机和细节的把握，以和平的方式把兵权收回。作为现代的管理者，既要懂得如何授权，也要懂得如何收权。

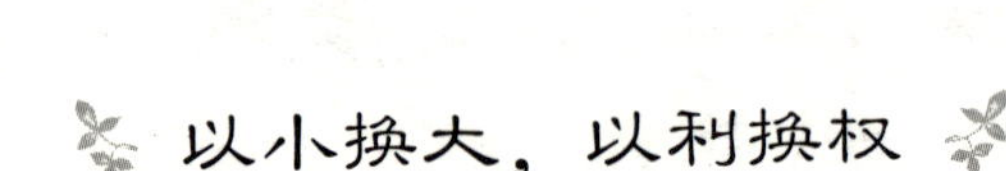

以小换大，以利换权

其实真龙天子、皇权天授都是虚幻的，皇帝代表了一个大群体的利益。如果从狭小方面来说，皇上要保证满朝官员的富贵，从大方面来说，皇上要让天下百姓生活相安，有利可图。如果做不到，皇上的皇位就会受到威胁。因此，凡是能够成大事的人绝对不是看中小利益的人，而是更注重人心、土地、权力等。当然，宋太祖也明白这个道理，为了能够收买人心，得到土地，稳定权力，即使是花很大的代价，宋太祖也是非常愿意的。

李白有一句诗是“千金散尽还复来”。在宋太祖看来，虽然在稳定国家的过程中可能会有很多花费，但是这些都是可以再回来的。

宋太祖之所以能够做到散财分利，首先他自己能够做到不贪财、不爱财。在钱方面，宋太祖特别想得开。凡是能成大事之人，从来不会看重过多的财物或者是奢侈的生活。因为这些东西都是不稳定的，今天有，明天可能就没有了。所以，不值得人为之费尽心机。

在宋太祖当上了皇帝之后，他的家人曾对他说：“你当了这么久的天子，难道不能用珠宝装饰轿子，出入皇宫吗？”宋太祖说：“我以四海之富，宫殿全部用金银为饰，也完全可以办到，但要知道，我要为天下守财，岂可妄用？古人称‘以一人治天下，不以天下奉一人’，如果用天下的财富来奉养天子一个人，让天下之人仰赖谁呢？”

吴越王钱俶曾经向宋太祖献上一条宝犀带，看了这条犀带之后，宋太祖说：“朕有三条宝带，一条是汴河，一条是惠民河，一条是五丈河。”听到宋太祖这样说，钱俶真是大为佩服。一国之主关心什么就可以体现出他治理国家的能力。吴越王只知道以奇珍异宝为宝，而宋太祖却以漕运的三条运输河流为宝带，这足以体现了他超人的境界。

在分利问题上，宋太祖给利不给权，以利换权，也就是以小换大。

在“杯酒释兵权”的过程中，可以说也是以利换回的兵权。

不但对那些不放心的老臣，即使是正当用的新宠，宋太祖也是给钱不给权。

曹彬是消灭南唐的大功臣。在开始安排曹彬讨伐南唐时，宋太祖对曹彬说：“等你给我活捉了李煜（南唐国主），我让你当宰相。”出任副帅的潘美听到皇帝许诺曹彬克南唐后，让他当宰相，于是就向曹彬预贺，曹彬说：“不然。这次去攻打南唐，得仗天威，尊庙谟（皇帝的妙算），才能平定江南，有我何功？况且使相是极品。”潘美不解，问：“你这是怎么说的？”曹彬说：“太原未平也。”

果然正如曹彬所料，宋太祖觉得克南唐之后就授曹彬为相，未免太容易了些，于是又反悔生变，改了主意，待曹彬平定江南，回到汴京，宋太祖就对他说：“本来要授卿相位，可是北边的刘继恩还未消灭，你还是再等一等吧！”潘美听宋太祖如此说，便视曹彬而笑。宋太祖问其何故，潘美就把当时曹彬不信仅平定南唐就会以他为相的话说出来，宋太祖也大笑起来，于是另外对曹彬再赏钱五十万。曹彬退朝后对潘美说：“人生何必非做宰相，好官不过是多得钱罢了！”曹彬的话既是真心话，又是说给宋太祖听的。他了解皇帝宁可让臣下喜欢钱，也不愿让他们喜欢权，自己表明心迹，让皇帝放心。

宋太祖分利，也是笼络人心的一种方法。给人以利，别人才会死心塌地地为你卖命。否则，他们就会从邪门歪道去谋利。

刚夺了皇位后，边境的安宁至关重要，因为外面强敌林立，内部人心未稳，如果边境再乱了，大局就失控了。宋太祖选取最信任的人去守边。但信任归信任，利益归利益。宋太祖为了让他们安心守边，给予这些边将不少特权，如抚恤他们的家属，多给俸禄，加官晋爵，允许他们在辖区内从事贸易，特免征税。

边将每次来朝，宋太祖必定召对命坐，厚为饮食和赏赐。宋太祖认为只要财用丰盈，这些边将能秉承君意，作为皇帝就是减少后宫、克勤克俭来筹集边费，也在所不惜。宋太祖曾经命令有关部门为洛州防御史郭进修造住宅，厅堂全部用琉璃瓦。有人说这种待遇只有亲王、公主才能享受。宋太祖生气地说："郭进控扼西山十多年，使我没有北顾之忧，我视郭进难道薄于儿女吗？赶快督役，不要妄说。"

宋太祖还认识到了官员的俸禄和廉洁之间的关系，提倡"高薪养廉"。开宝四年（971年），他曾下令说："官员不廉洁那么政局就会不稳，薪俸不足则饥寒交迫，因此，为了侵占和夺取一点点小的利益就损害骚扰老百姓，究其原因是由此而引起的。既然要责令他们廉洁奉公，当然也应该向他们表示皇上倍加的恩惠。从现在起各道、州幕职官员，都依照州、县官的条例设置出领薪俸的人户。"

宋太祖分利更有一种和平主义倾向，他不愿拿军队百姓的生命去冒险。

宋太祖为天下守财，生活俭朴；而为天下用财时，出手慷慨。宋太祖讨伐平定南方各国时，没收其府藏另外储存为一库，叫作"封桩库"，每年国家财政支出后的剩余部分也存入其中。他曾经对亲近的臣子说："后晋的石敬瑭割让幽燕地区的各州郡给了契丹。我怜悯那八个州郡的百姓长久沦陷于契丹的统治之下，等到库藏积蓄到五百万缗，就派人到契丹去赎回这些州郡。如果契丹不同意，则拿出这些钱招募士兵，以图谋攻取。"宋太祖是雄才之主，不避艰险，有此贿赂政策事出有因，那就是宋的军事实力远负于契丹。换土地、释兵权这些做法固然不如血火拼杀，屠杀功臣来得彻底，但能减少风险和人民的损失。从这点讲与能分利的人合作起来风险更小。

宋太祖对钱财态度豁达，他不守财、惜财，而是用"财"换得集于一身的权力，用财换得将士的安心和忠心，用财换得边境的安宁。

在大多数人看来，一生的奋斗目标虽然很多，但归根结底，就是简单的金钱与权力。在名利场上，这二者其实是相互交错地融合在一起的。由于人性的贪欲，自古以来就形成这样一种模式：无钱无权的人总想得引其中之一，无钱有权的人继续追逐金钱，无权有钱的人转而向权利靠拢，而一旦权钱都有了，也就已经快要走到生命的尽头了。

取之不易，学会珍惜

人所拥有的权力并不是天生的，而是通过自己的努力得来的。在与他人争夺权力的过程中，每个人都会付出很多。一个文人要想从政，需要饱读诗书经文，然后通过一级级的科举考试，才能跻身官场。武将的权力是直接在战场上浴血奋战，用满身的伤疤和军功才能换取。面对这来之不易的权力，有识之士一定会珍惜它，甚至像珍惜自己的生命一样来爱护它。

对君主而言，珍惜权力，就是要珍惜取之不易的江山社稷，珍惜来之不易的皇帝宝座。换句话说，就是要当一个贤明的君主，任用贤臣良将，使国家强盛，百姓富足，无内忧外患，并将创下的基业传给子孙后代，永保富贵。具体来说，所谓君主权力的运用就是正确地把握权力和分配权力，不仅保证君主掌握大权，同时也能让臣子们各尽其职。

在臣子得到权力之后一定要珍惜，因为这是皇帝对其信任的表现。同时，还要尽力做好分内的事情，以最好的工作成绩来回报君主，回报国家。

由于每个官员有不同的职责，所以也就有不同的权力。即使如此，他们也有相同点，那就是运用好手中的权力，为皇帝和国家分忧解难。做文臣的，就要辅佐皇帝治理好内政和百姓，使得朝内政治清明，社会稳定，维护法律，推动社会的繁荣发展。做武将的，要带好兵，打好仗，把军队管理得有条不紊，在疆场上奋勇杀敌，保卫国家的安全。

在运用权力方面，历代帝王中有不少人做得非常好，但与宋太祖比起

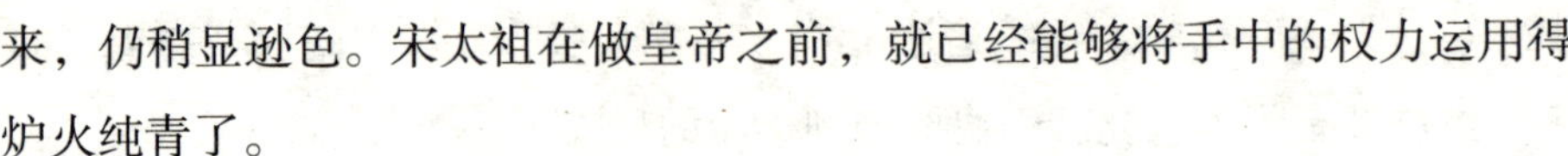

来，仍稍显逊色。宋太祖在做皇帝之前，就已经能够将手中的权力运用得炉火纯青了。

追随周太祖郭威之后，宋太祖依靠军功，从一名普通的士兵做起，不久便成为一名军官，获得了最初的权力。对于这个来之不易的权力，宋太祖特别珍惜，而且丝毫不敢有差错，尽量做好自己的工作，来获得升迁的机会。随着其官位的提升，赵匡胤手中的权力越来越大。

在周世宗柴荣的帮助下，赵匡胤更是兢兢业业，在战场上奋力拼搏，而且在关键时刻救驾护主。在战争过程中，赵匡胤深知自己知识储备不足，所以努力阅读经书，从中汲取知识，学习治国安邦的道理。在统兵打仗期间，宋太祖作为守卫寿州的主将，有着非常大的权力，但他并没有滥用权力，即使在他父亲病重而要求入城时，面对亲情和孝道，他也没有忘记自己的职责，没有利用手中之权为父亲走后门，而是忍痛将父亲拒于城门之外。结果，父亲因在城外受了风寒而病情加重，不久就去世了。

此时的赵匡胤只是一个臣子，但是对皇帝特别忠贞。他遵纪守法，从来不会念及亲情，全心为皇帝效力。然而，虽然表面上看来，他沉着冷静，但是内心是非常痛苦的。没有人知道，也没有人了解。当周世宗让他负责整顿禁军之后，宋太祖可以说已经深入到权力高层的最核心，正因为他有远大的抱负，在机遇来临的时候能够迅速抓住，并取得了成功。宋太祖没有辜负周世宗的期望，对禁军进行了大刀阔斧的改革，把往日松散懈怠的禁军，很快就改造成为一支作战勇敢、纪律严明的铁军。不仅如此，宋太祖在改造禁军的过程中广交朋友，结识了一大帮能够与他生死与共的义社兄弟，并在中下层军官和士兵中树立了极高的威信。所有这些，都为他以后登基称帝打下了坚实的基础。

俗话说“功高盖主，必遭杀身之祸”。由于周世宗是一个疑心特别重的人，所以特别防备那些带兵打仗的将领，即使是亲戚或者是心腹之人，他也加以防范。例如，张永德就是因为“点检做天子”被免职的。虽然赵匡胤对其忠心耿耿，但是其仍然无法完全放心。

据说，周世宗特别迷信，他认为能够做皇帝的人一定是生得方面大耳，有尊贵的面相。因此，为避免皇位被那些方面大耳者夺去，周世宗曾密令一些心腹，背地里罗织罪名，将那些有"皇帝之相"的人全部杀掉。碰巧，宋太祖也是方面大耳。一次，周世宗与宋太祖在一块喝酒，微有醉意时，周世宗说："爱卿方面大耳，一派帝王之相，说不定他日会位居九五之尊呢？"宋太祖一听，吓得酒意全无，浑身冒虚汗，赶忙起身离座叩头道："臣不仅方面大耳，而且身壮如牛。不过，臣的躯体以及性命，都属于陛下。如皇上喜欢，臣一切都奉献给您。"周世宗掩饰道："爱卿言重了，朕只不过随口说说而已。"宋太祖却做出一副悲痛的样子，说："陛下适才所言，臣却好比是万箭穿心。臣方面大耳，乃是父母所赐；皇上身登大宝，那是天命所归。臣不能违父母之命而长成这副模样，好比陛下不能违天命而拒登皇位，陛下看臣该如何是好呢？"周世宗一听此话，不禁开怀大笑道："朕不过酒后戏言，爱卿何必当真？"宋太祖的一时机变，三言两语便打消了周世宗的疑虑，既保住了性命，也保住了来之不易的权力和地位。

在当上皇帝之后，赵匡胤深知身份和地位的转变带来的权力的变化。此时，他拥有全国最高的权力。然而，如何充分利用手中的权力，使国家稳定呢？这是他一直考虑的问题。

关于这些问题，宋太祖采取了两种方法，即安抚与镇压。对广大百姓和大部分后周旧臣，只要他们能够真心拥护自己，就可以采取和平的方法来进行安抚。后周旧臣仍保留原来的职位和俸禄、享受原来的待遇。而对于百姓则尽量减免税收，而且再三申令军队不要扰乱百姓，更不能抢百姓的财产。然而，对于那些对新政权图谋不轨的人则是采用强硬措施，通过武力来平定或者是消灭他们。其中李重进和李筠就是因为这个原因被宋太祖消灭的。

在国家政权得到稳定之后，为了获得更大的统治权，宋太祖开始考虑统一国家的问题。在宋太祖看来，如果想要使国家繁荣富强、人民安居乐业，那么就需要一个安定团结的外部环境，结束分裂割据的局面，统一全国。为了实现这个目标，宋太祖充分发挥自己及幕僚们的聪明才智，制定

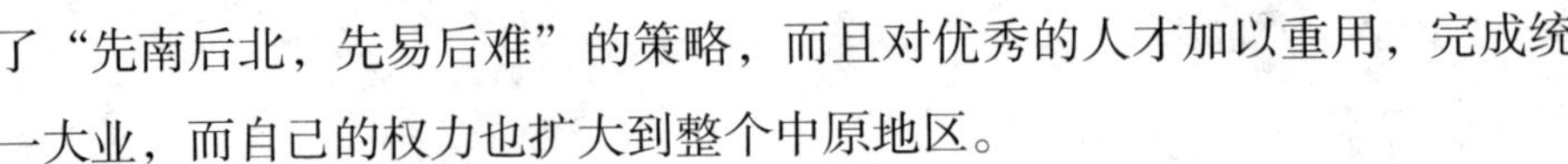

了“先南后北，先易后难”的策略，而且对优秀的人才加以重用，完成统一大业，而自己的权力也扩大到整个中原地区。

随后，为了能更好地维护政权，宋太祖决定将财权、兵权及人事权全部收归中央，由自己亲自掌管。随后，选用一些合适的人才担任各级官员，让他们为自己服务。可见，宋太祖对于权力一事是非常重视的。在他的统治之下，国家安定，人民富足。

在用人方面，宋太祖的做法也值得后人学习。为了让更多的人才忠于自己和国家，他实行以德服人、以仁治政的方法，将所有的文臣武将都集中到自己身边，通过自己的贤明政策让这些人感受自己的仁慈和仁爱。

当然，宋太祖不会只奖赏那些有功之臣，对于那些有罪之臣也会给予惩罚。奖罚并用，这是很多贤明的君主都会做的，只有这样，才能让臣子们心里服气，才会保证国家的安定和政权的稳定。

权力并不是天生就有的，它需要人们努力去争取。当得到权力之后并不代表可以一直拥有它，一旦不会善用，必然很快就会失去。有的人，即使现在没有权力，也会在不久的将来拥有它。其实这二者的分别就在于如何看待权力并如何运用权力。正确地重视权力并珍惜权力，它就会帮助你迈向成功。反之，只是贪图权力但不懂得珍惜，只能使人身败名裂，到头来竹篮打水一场空。

第六章 DI LIU ZHANG 选准时机，用尽天下良才

明君治国，人才为本。赵匡胤的用人方针是知人善任，选贤任能，以忠诚为根本原则。他认为只有重用贤才，才能治理好国家，忠臣是明君的明镜，奸臣是误国的小人，用人不问出处，凡是有才能的人，都有机会得到重用。现代社会，用人同样重要，无论是一个企业，还是一个国家，或者是个人的发展，都离不开人才的帮助。

有效用人，巧选人才

用人是一门学问，更是一门艺术。用人并不是一个简单的过程，只有讲方法、讲艺术才能取得更佳的效果。赵匡胤就是一位很会用人的帝王。

前文讲过，赵匡胤对人事做了调动。人事调整带来了禁军体制上的变化。宋代禁军中的五个最高级军职，即殿前都点检、副都点检、侍卫亲军都指挥使、副都指挥使、都虞侯。赵匡胤有意安排殿前都指挥使、都虞侯、马军和步军的都指挥使等低级军职来统领禁军。降低军职、择纳新人，可以说是赵匡胤控制禁军的主要手段。从一批资深将帅解除兵权后组建的禁军领导班子的成员构成中，约略可以窥见赵匡胤的这番苦心。

韩重斌，磁州武安（今属河北）人，少以勇武隶周太祖麾下，后从世宗征北汉、淮南，屡立战功，是赵匡胤"义社"十兄弟之一。在诸宿将皆被解除军权之后，韩重斌得以保留。961—967年，出任殿前都指挥使，前后共六年。韩得以继续留任的主要原因，一是韩惯于奉命行事，从不逾矩越举；二是他与石守信等人相比，名望和资历都比较浅，而且品级较低，便于赵匡胤驾驭。

即使如此，赵匡胤对韩的一举一动都十分敏感。韩名义上是禁军殿前司的最高指挥官，但他的工作却很少与领兵打仗有关。在任期间，他曾发京畿丁壮数千人修筑开封皇城和洛阳宫殿，也曾领壮丁数十万在澶州塞堵黄河决堤，却没有一次像模像样的受命领兵出征。倒是在他免职出任彰德节度使后，按赵匡胤的意图领兵在定州同契丹打了一次小小的胜仗。

尽管韩重斌忠心耿耿，绝无谋反的迹象，但他所担任的这个军职差点葬送了他的性命。乾德五年（967年），有人告发韩重斌私下选取亲兵作为自己的心腹。赵匡胤闻之，勃然大怒，竟不顾昔日的义弟之情，执意要将他诛杀。只是由于赵普的求情，这才侥幸免除杀身之祸，但殿前都指挥使的乌纱帽却因此被掀掉。赵匡胤不能容忍禁军将领有任何心存不轨的企图存在，哪怕有人指鹿为马、故意陷害。

张琼，大名馆陶人，是后周一名战将，尤其以勇猛和善射著称。张琼对赵匡胤有救命之恩。征战淮南，赵匡胤受命领兵攻打寿春城，当时，赵匡胤乘皮船进入城壕，寿春城头的南唐士兵一见皮船接近，即万箭齐发。同船的张琼以身体掩护赵匡胤，结果大腿被箭射中，当即昏死过去。醒来见箭镞入骨，无法拔出，张琼便命手下拿来酒杯一只，痛饮之后凭借酒力破骨而出，血流不止而神色自若。被救的赵匡胤深为感激，钦佩万分，从此记住手下有员勇将可委以重任。

禁军人事调整，赵匡胤想到了张琼，原来担任殿前都虞侯的皇弟赵光义在961年7月出任开封府尹数日后，赵匡胤曾对手下人谈了他的打算："殿前卫士如狼虎者不啻万人，非琼不能统制。"赵匡胤决定由他接替赵光义。张琼在962—963年间出任殿前都虞侯。

刘廷让，涿州范阳（今河北涿州）人，原名光义。少隶郭威帐下，后周广顺初，补内殿直押班，从周世宗征淮南有功，历禁军将校。961—967年出任侍卫马军都指挥使，为赵匡胤"义社"十兄弟之一。赵匡胤在禁军人事安排上，舍石守信而起用刘廷让，自然有其原因。刘与石年龄相当，仅小一岁，但资历和声望却比石守信低得多。石在仕途可谓一帆风顺，在后周时即因军功晋升为殿前都虞侯，宋初又转任侍卫都指挥使。刘廷让在宋初，不过是一名龙捷右厢中级军官，让他典领禁军，不足以构成大患。

刘廷让的另一个特点是小心谨慎，唯赵匡胤之命是从。平蜀时，赵匡胤让曹彬与他一起统率东路军西进，赵匡胤在其临行前，曾向刘廷让出示地图，面授机宜，指示他在攻打夔州锁江浮桥时，应当弃舟登陆，从陆路偷袭，然后再水陆夹攻。对于这一指示，刘廷让丝毫不敢有任何改变，最后完全依计行事。另外，赵匡胤在宋军出师时，曾指示诸将"所得州县，当倾帑藏，为朕赏战士，国家所取唯土疆尔”。这番指示，等于默许诸将纵兵剽劫，结果王全斌等人都纵容部下掠夺子女金帛，本人也大肆搜刮财富，最后激起民愤。但刘廷让则比较注意克制，史书说“惟光义秋毫无犯”，表明刘廷让处世行事以小心谨慎为原则。因而让他统领禁军，对赵匡胤来说相对比较放心。

崔彦进，大名人，961—967年担任侍卫步军都指挥使。同刘廷让一样，崔在后周时期，只是禁军东西班指挥使，到宋初才晋升为控鹤右厢指挥使，职务较低，资历较浅，不足以形成自己的势力。

崔彦进很能打仗。后周征战淮南，北伐契丹攻打瓦桥关，都立有战功。宋初平定李筠和李重进叛乱和出师后蜀，崔都出任前线指挥官，是赵匡胤比较赏识的一员骁将。

赵匡胤对崔彦进也比较放心，似乎没有多少猜疑，其间的原因，如《宋史》本传所说：“彦进频立战功，然好聚财货，所至无善政。”在赵匡胤看来，贪财总比滋生野心要安全得多，因而对他用而不疑。

杨义，瀛州（今属河北）人，963—972年担任殿前都虞侯，973—976年晋升为殿前都指挥使，是赵匡胤欣赏的一员爱将。

乾德元年（963年）十一月，为了报答神明赐予的祥和时世和丰收年景，赵匡胤决定举行祭祀大典。当时成立的筹备班子是以开封府尹赵光义为南郊御营使。殿前都指挥使韩重斌为仪仗都部署，杨义则以副手身份协助韩工作。

杨义之所以受到赵匡胤的信任和重视，主要是由于他的忠诚。史书说他对赵匡胤“忠直无他肠”。韩德四年（966年）杨义突然得暴病失音，按说很难再担任禁军指挥之职了，但赵匡胤不仅没有将他免职，反倒抚慰有加，不仅亲自到他家中探视，而且赐钱200万缗，同时又“命掌军如故”。

不能说话的杨义也自有一套办法。他手下有一名叫田玉的仆童，善解人意，深得杨义喜欢。每当杨义向皇帝奏事或接待宾客，或向部下发布命令，或申诫某人时，总要把田玉带在身边。杨义在手掌中写上几笔，田玉就会将杨义想说的话说出，田玉所说，尽如杨义所欲说，这个仆童便成了杨义的传声筒和代言人。所以杨义“虽不能言，而指顾之间，众皆禀令，军政肃然”。

党进，朔州（山西朔县）人，968—973年出任侍卫步军都指挥使，974—977年任侍卫马军都指挥使，掌握侍卫司兵权长达10年，也是赵匡胤十分器重的一员爱将。

党进是一名性格极其鲜明的军人。幼年家境贫寒，因无生活出路，曾给魏帅杜重威当仆童，由于他耿直憨厚，深得杜重威赏识。杜败后，他以力大过人来到军队，端上当兵的饭碗，成为一名职业军人。

随后的征战，党进以军功在后周晋升为禁军铁骑都虞侯。至宋初，顺理成章地成为禁军中的中级军官。乾德四年，代理步军都指挥使。开宝元年，赵匡胤正式委任他为步军都指挥使。从普通士兵一步一个台阶升为禁军高级将领，党进凭的是忠勇，凭的是军功。

党进对自己的职业有一种强烈的认同感。他平日招待宾客，总是温雅嬉笑，面慈目祥，不似武人。一披甲胄，则髭髯磔立，目光如电，视之有如神人。

尽管党进为人粗疏，但颇重义气，做了禁军高级将领，仍不忘杜重威旧恩。杜家子孙有贫困者，党进总要每月拿出俸资予以接济，这一点曾令许多士大夫对他刮目相看。正因为党进的忠勇仗义，赵匡胤才让他典领禁军长达十年之久。

以上是赵匡胤时代禁军重要将领的大致情况。从赵匡胤所配备的新班子构成来看，这位武将出身的皇帝的确是煞费苦心。一是将五个最高军职悬空，使禁军长期缺乏最高统帅，便于自己操纵和驾驭。二是低职高配，起用品位和声望都难负众望者来统领禁军，使他们难以形成自己的势力圈子。三是在具体人事安排上，以忠诚而没有野心为根本原则，一有风吹草动，即随时撤换，决不手软。

每个领导者都希望能够用人成功。在这一方面，我们仍然可以借鉴古代先哲的言论。在齐桓公称霸过程中，作为宰相的管仲立下了汗马功劳。

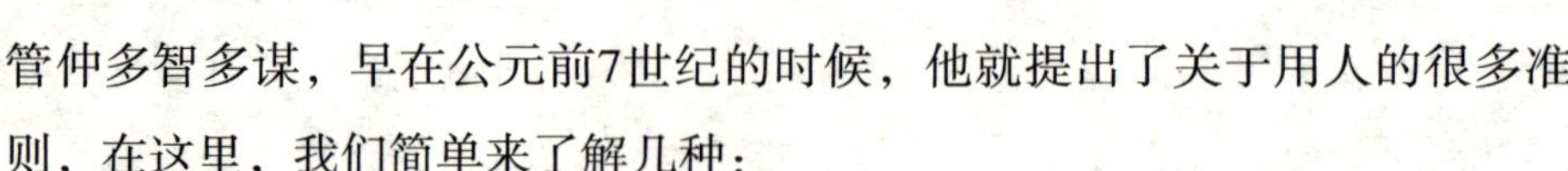

管仲多智多谋，早在公元前7世纪的时候，他就提出了关于用人的很多准则，在这里，我们简单来了解几种：

1. 妒忌心强的人不能委以大任

事实上，每个人都有嫉妒之心，这是人之常情，也是非常正常的。在很多时候，这种嫉妒之心可以转化为人前进的动力，但是有些时候它也会成为很多悲剧发生的导火线。因此，对于嫉妒之心我们应该一分为二地看待。

俗话说："宰相肚里能撑船。"那些有着强烈嫉妒之心的人是不可能有大气量的，也不会成为一个好的领导者，所以不能委以重任。在三国时期，周瑜是一位将帅之才，但是由于嫉妒心太强导致其没有好的结局。

2. 目光远大的人可以共谋大事

所谓有抱负就是有长远眼光。当然，对于同一件事情，不同的人有不同的眼光。有些人眼光比较短浅，只会顾及眼前利益，虽然暂时可能相当出众，但是其对未来没有进行宏观把握和规划，所以以后也不会有什么大的进步。

如果公司的领导者是一个有着远大目光的人，那么他也会对公司的发展有明确的定位，而且也善于重用对自己有帮助的人。

而一个能共谋大事的合作者则往往能在某些重大问题上提出卓有成效的见地，这样的人是领导者的"宰相"或"谋士"。如果一个领导者能有这样的助手，其事业发展一定会平步青云，越来越好。

3. 瞻前顾后的人能担重任

实践证明，那些喜欢瞻前顾后的人通常是思维缜密之人。在任何情况下，他们都能做到居安思危，对于可能发生的任何问题和情况都能进行系统考虑，明白自己在做什么，这样的人是非常有责任感的，在出现问题的时候，他能进行自我反省，找到问题发生的原因，总结经验教训以供之后借鉴，他的工作也会越来越好。如此精益求精，他的成绩也会越来越好。虽然有时候这类人会表现出优柔寡断，但是从某个方面来说是负责的表现，所以适合担任领导者，可以委以重任。

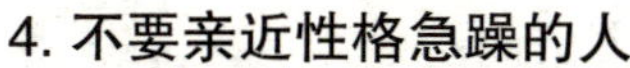

4. 不要亲近性格急躁的人

通常情况下，性格暴躁之人受不了失败的打击。这种人在做事情的时候从来没有什么计划，只是贸然采取行动。一旦事情失败了，他就会怨天尤人，从来不会找自身的原因，成功概率特别小。如果领导者遇到这样的人，最好疏远他，否则可能就会受到牵累。

5. 决不可以重用偏激的人

俗话说“过犹不及”，那些过于偏激的人往往是缺乏理智的，做事情容易冲动，很多事情就是因为他的偏激性格才被搞砸的。例如，那些过于挑食的人是不可能身体健康的，思想过于偏激的人也不会成就大事，等等。无论怎么做，很多事情是无法达到最佳状态的，所以一定要避免过于偏激。做事情更多要使用折中思想。

6. 一定要耐心期待大器晚成的人

有些人往往因为拥有一些小聪明，想到很多漂亮的小点子把事情弄得更好，在他人眼中，这样的人思维敏捷，反应灵敏，受到大家的喜欢；但是也有一些人，虽然表面上看来不聪明，甚至有点傻，但是属于大器晚成的人才。

如果领导碰到了这种大智若愚之人，一定要有足够的耐心和信心来相信他们是不可多得的人才。千万不可因为他们一时的无为而否定，一定要着眼于未来，追求长远利益。因此，在工作中一定要多信任和鼓励他。

7. 轻易就断定没有一点问题的人不牢靠

无论什么事情都不可能是完美的，其中一定会夹杂着这样那样的问题。如果一个人轻易就断定没有任何问题，最起码说明了他看事情并不全面，更不可能是深入的。这是做事草率的表现，更体现了这个人不靠谱。如果把一些大事情交给他去做，其结果一定是令人失望的。因此，千万不能轻易相信这种人，否则受伤的只有自己。

即使有十足的把握，很多人都不敢轻易承诺没有任何问题，更何况是没有把握之人呢？任何事情的发生都不是以人的意志为转移的，很多事情都会随时发生变化，因此凡是负责任的人都不会轻易许下承诺。所以，作

为领导，一定要在充分了解员工的基础上再重用他们。

另外，也有这样一类人，无论让他们做什么，他们都答应地特别痛快，但是什么都做不成，这种人是最不可信的。

8. 拘泥于小节的人一般不会有什么大成就

其实，无论做什么事情都会有得有失，利益也是如此。如果想要得到这种利益，那么必须要舍弃其他的利益。如果一个人总是在一些小节上计较，不愿放弃的话，那么是不可能成就大业的。

9. 说话少但很有分量的人定能担当大任

在现实生活中，在谈论事情的时候，很多人总是口若悬河，滔滔不绝，但是这样的人未必就可以担当重任，或许他们根本没有什么真才实学，他们只是通过口头表达来抬高自己。

其实真正有能力的人或许就是那些很少说话，但是一旦说话就特别有分量的人，他们不喜欢夸夸其谈，而是谨小慎微，做事情从来不会过于草率，在观察事情的时候会细致入微，一旦做出决定就会坚持下去。在公司中，被领导赞为“真人不露相”的人往往就是这种人。

因此，在一个企业中，领导应多观察那些少言寡语的人。在他们发表意见的时候一定要仔细听，千万不要被那些天花乱坠的言语所迷惑。一个成功的领导者一定是可以鉴别员工是否真有能力的。

优中选优，严格甄选

企业的卓越与否并非由企业中的某一个成员所决定的，而是整体成员共同努力的结果。由此，整个企业成员的素质便直接决定了企业的整体素质，决定了企业的生存与发展。也就是因为如此，便要求企业的组织者与领导者在挑选企业成员的时候，不仅要有一个严格的标准，并且还要做到优中选优，这样才能确保整个企业的力量发挥到最大。

虽然宋太祖对人才的渴望如饥似渴，但也不是良莠不分，一并收纳。他也是一位优中选优的人。

为了更真实、更有效地甄选人才，宋太祖恢复了武则天创立的殿试制度，亲自考核中举的进士，以防舞弊之举。

建隆四年（963年），宋太祖下诏说：研读透一本经书能让人白了头发，数十次应考才能登科及第，这是前朝贤人们埋头苦读的情景。开设科举选取人才，本来应当给予宽容政策才对。如果按照旧制度，参加科举九次而不中，就应停止该举子的考试资格，这实际上不能广开选贤才之路。从今以后，可以准许他们再来应试。正是宋太祖爱才惜才，才有后来的文治昌盛。

宋太祖坚持“取士之道，责实为先”。荀子在《君道》篇中说：“英明的君主急于求得治国的人才，昏庸的君主急于夺取权势，疏远人才。”964年，宋太祖下诏：国家得到有识之士的帮助就会昌盛。既然他们有聪明才智，就应该共同治理国家。推荐贤才者应该给予奖赏，大家应推举自己所了解的贤能之士。推选有贤能的人任职，必须力求名副其实。被推荐者必须为官清廉公正，还须通达世事，行动敏捷。而荐举者不得徇私舞弊，故意夸大其辞，乱举庸人。

在得知有的主考官在取士方面受贿营私，而导致真正的人才得不到任用时，宋太祖十分生气，决定亲自考问中第的进士，当面答对以辨优劣。从此殿试便成为科举考试的定制。省试选取人才，殿试授予出身。

973年，新科进士10人，诸科28人一起到讲武殿面圣谢恩。宋太祖亲自考问这些人，发现进士武济川、三传刘睿应对失策，才疏学浅，于是便当场取消了他们的资格。后来宋太祖又听说武济川是主考官李昉的同乡，经过调查属实后，更感到事情的严重性。于是，下令给李昉降职处分，并对落榜学子重新进行考试，从中选出近200人，录取120人。

对殿试制度，宋太祖曾自豪地说：“以往得中科举者，多为官僚世

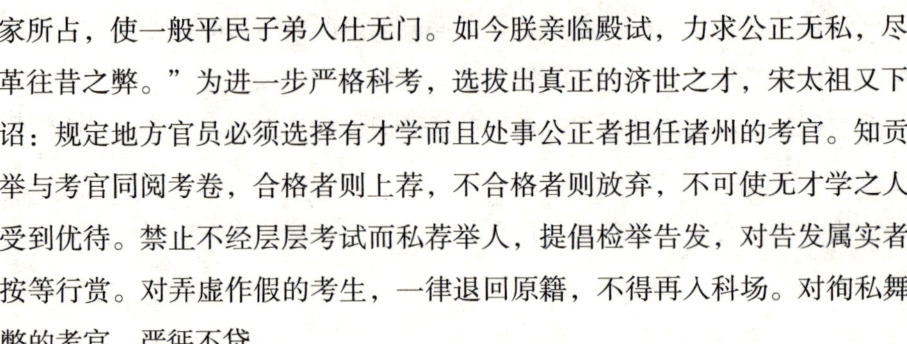

家所占，使一般平民子弟入仕无门。如今朕亲临殿试，力求公正无私，尽革往昔之弊。”为进一步严格科考，选拔出真正的济世之才，宋太祖又下诏：规定地方官员必须选择有才学而且处事公正者担任诸州的考官。知贡举与考官同阅考卷，合格者则上荐，不合格者则放弃，不可使无才学之人受到优待。禁止不经层层考试而私荐举人，提倡检举告发，对告发属实者按等行赏。对弄虚作假的考生，一律退回原籍，不得再入科场。对徇私舞弊的考官，严惩不贷。

有一次，主考官宋白收受贿赂，取舍不公。为堵塞他人之口，他预先将考中者排名呈送宋太祖。宋太祖大怒，斥责宋白说：“若榜出招致物议，当拿你杀头示众。”吓得宋白赶紧回去重改名次，如实汇报。另有一次，宰相范质的侄儿范杲在考前持自己以前的文章拜见主考官陶谷，希望得到陶谷的赏识。陶谷表示：“若考中进士，当先以甲科取你。”后来，有人将此事告发给宋太祖，范杲因此被取消了考试资格。

在人才选拔上，宋太祖有自己的眼光和方法。他识才别有慧眼，并不看谁和他走动亲近，也不看谁是哪个派系的，而常根据一些细节评判人。

曹彬是宋太祖手下第一儒将。不过，曹彬发迹前只是个管茶酒的小官，又是后周皇妃的亲戚，似乎有些裙带关系。宋太祖统率禁军时，曹彬不怎么接近他，没有公事从不拜访。有一次，身居高位的宋太祖家里办酒席，向曹彬要酒。曹彬拒绝了，“这是官酒，不敢给你。”但随后又自己出钱买酒送给宋太祖。这是小事一桩，但宋太祖却非常感动。即位后不久，他在一次公开场合说：“周世宗的旧臣中，不欺主的唯有曹彬一个。”宋太祖个性豪迈，却很喜欢这个清廉谨慎的人，因此让他掌军权。曹彬最终成了一代名将。

对于特殊人才，宋太祖打破陈规，破格录用。宋初文坛上有一位大家柳开，博学多才，尤其在古文上有极高的造诣。但由于命运的捉弄，柳开参加科举考试屡试不中，头发都快白了，仍然只是一个举人。有人向宋太祖推荐柳开，说他才华出众，只是因为篆书写得不好，所以考试屡次落第。宋太祖听后，立即召见柳开，并对其学识之广博极为赞叹，破例特赐柳开为及第。

赵匡胤优中选优的用人思想，很值得当今的管理层学习。其实在选人上不要一说到优秀就想到完美，只要企业成员的各项技能中有一项达到顶尖水平，那么他对于企业来说就是优秀的，是可以入选的。如果你还不明白其中的道理，不妨来看看下面这个故事：

中世纪欧洲盛行探险，无论是贵族还是平民都热衷于此。当时，英国的某座城市有两个贵族青年，他们受到此种风潮的影响，有了探险的冲动，可是一直没有付诸行动，因为他们还有一个问题没有达成共识，那就是应该寻找一些什么样的人组建这支探险队。

一个人认为，应当选择当地力气最大、反应灵敏的人，理由是因为探险中充满了危机，如果企业中有这样的人必定能化险为夷。

另一个人则认为，并不全部需要像这样的人，在他们中间最好有性格差异和特长不一样的人。

最终他们谁都没能说服对方，各自按着自己的想法组建了不同的队伍出发了。

这两支探险队伍中，一支全部由身形高大、勇武有力的人组成。另一支队伍却显得十分杂乱，什么样的人都有，更令人奇怪的是中间还有一个马戏团的小丑。

看到这两支探险队伍，所有的人都认为那支由不同类型的人组成的队伍用不了多久就会灰溜溜返回来。然而事实上，回来的竟然是那支清一色由壮汉组成的队伍。当人们看到这支队伍后，第一个念头便是另外一支队伍可能出现了意外。

时间慢慢地消逝，几年后，那支被人们认为遭遇到不幸的队伍竟然回来了，更让他们感到惊奇的是，这支队伍竟然到达了他们的目的地。

这到底是怎么回事呢？为什么一支精锐的队伍会在半途无功而返，另外一支看起来毫不起眼的队伍却获得了成功？人们的心中充满了好奇，询问那位到达目的地的贵族青年。

“我只是让不同的人做不同的事情，并且让他们各自发挥自己的特

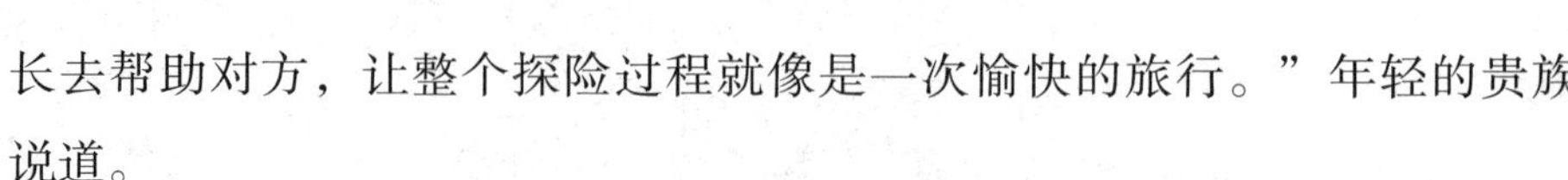

长去帮助对方，让整个探险过程就像是一次愉快的旅行。”年轻的贵族说道。

挑选优秀的企业成员是管理好企业的前提条件。从上面的故事中我们知道，决定企业是否真正具有竞争力的并不在于企业成员的整体技能有多强，而在于企业成员之间是否能够默契地配合和互补，形成一个行动统一的整体。

因此，在选择企业成员的时候，一定要避开一个误区：选择优秀的企业成员并不是要选择完美的成员，而只要他在某一方面优秀即可，而且这个方面正是企业所需要的。企业管理人员应该尽量做到让每一个成员能扮演最适合他个人及专业技能的角色，这样他们便会觉得自己能做出更多的贡献，会受到更多肯定与欣赏，从而会将他们的特点和优势充分发挥出来，真正地达到企业整体能力大于个人能力。

那么一个优秀的企业又需要哪些优秀的企业成员呢？马里帝兹·贝尔宾博士将企业中的主要角色归纳为九种，下面便是这九种主要角色及其特点。

1. 播种者

这种人非常聪明，并且思维活跃，在企业之中充当思考者的角色，其特长在于提出新的想法及解决困难、问题。他们撒下种子，由企业其余的成员负责培育，让种子成长并结出甜美的果实。播种者是企业中充满想法的人，但这并不是指其他成员没有自己的想法，而是播种者能以前卫、充满想象力及横向的角度思考。播种者倾向于在激发想象力的想法上花费大量时间，却往往忽略了企业的需要与目标。所以他们并不是将这些想法付诸行动的最佳人选，他们很快就会对这个构想失去兴趣，而且由于他们关注的是主要的问题而非细节，因此容易错过一些细节，并犯下无心之误。

2. 资源调查者

资源调查者虽然同样充满创造力，但是并不像播种者一样善于提出新想法，他们比较懂得运用播种者所提供的原料并加以发挥。他们个性随和、外向并且充满好奇心，通常人缘非常好，像处事机敏的外交官或协调者，也能独立思考，他们正面且积极的天性，对企业士气与工作动机的鼓舞可能有相当的影响力。

3. 协调者

协调者高度遵守纪律及擅长统御，他们天生倾向专注于一个特定目标上，让整体企业能朝共同目标迈进。他们能营造企业内部的凝聚力，通常会受到其他成员的尊重。

协调者充满自信，通常有权威气质，擅长授权与沟通，并且善于发掘一个人的长处和优点，并能将对方的长处和优点运用到对整个企业有益的地方。因此，协调者通常是规范工作角色及内容的人，自然也常成为企业的管理者，即使他们不能担任领导者，也会是企业中的重要核心人物。

4. 塑形者

他们是充满活力并容易紧张不安，非常外向、冲动而缺乏耐性的一群人，通常相当急躁，甚至有时在偏执的边缘；喜欢寻求和接受挑战，对事情的结果十分在意。他们要看到成果，也会要求他人展现成果，这可能导致争执，但并不会持久，不用多久他们就会把这些不快抛到九霄云外了。

他们能将企业的整体目标具体化。在企业会议针对某一问题讨论时，他们总会寻找模式，并试图将众人的想法、目标以及任务整合成一个可行的计划，接着热切促使大家做出决定并采取行动。

5. 监控评估者

他们大多是聪明、稳定且内向，个性单调乏味甚至可说是冷漠的人。他们的长处并不是提供想法，而是清晰、冷静地分析其他人的想法，他们会评估所有的好处与坏处，是敏锐的裁判，并且很少会出现错误的决定，他们通常能让企业免于采取错误的行动。

6. 企业工作者

企业工作者大都具有类似以下的性格特征：敏感而喜欢交际、个性温和、对企业忠心，正是因为如此，他们最清楚企业里成员们的情绪变化，是优秀的倾听者与外交官，对于新想法，他们的直觉反应是加以运用发展，而不是从中挑毛病。

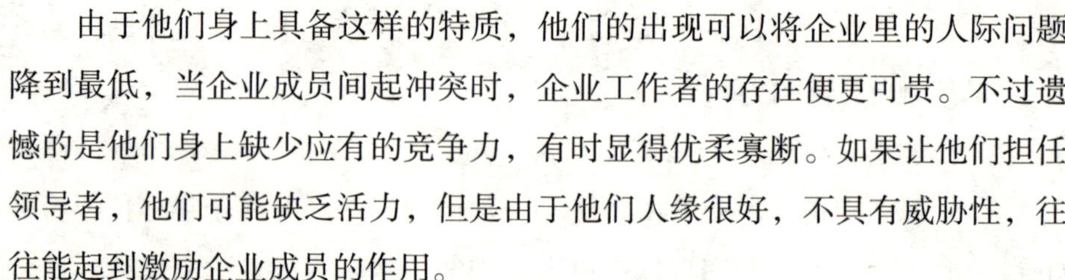

由于他们身上具备这样的特质，他们的出现可以将企业里的人际问题降到最低，当企业成员间起冲突时，企业工作者的存在便更可贵。不过遗憾的是他们身上缺少应有的竞争力，有时显得优柔寡断。如果让他们担任领导者，他们可能缺乏活力，但是由于他们人缘很好，不具有威胁性，往往能起到激励企业成员的作用。

7. 执行者

执行者具有组织化的技能、常识及自律能力，他们能将想法与决策转化为清晰且可操控的任务，将整体计划转变成行动计划。除了忠心及无私，他们工作认真且条理分明，执行者的可贵之处在于，不论个人对工作内容好恶如何，他们都乐于完成任何交办的工作。

8. 完成者

这种类型的角色因为天性易紧张且内向，担心做事情出错，所以他们要到彻底确认过每个细节后才放心，由于他们如此谨慎且不辞辛劳，因此他们是杰出的佼佼者。虽然完成者并非特别独断的人，但他们会传播一种感染整个企业的急迫感，而且无法忍受别人漫不经心的态度。

9. 专家

专家以所有的精力获取最专业的技能或知识，他们最感兴趣的是自己专长的领域，不懈地追求进步，对此保持高度的专业态度。不过他们对于别人的工作有不关心的倾向，而且很可能是不太留意别人的独行侠。他们拥有干劲、全心奉献，一心一意想成为特定领域里的完美专业人员。

高素质的人才，才能造就卓越的企业。

可惜的是，现在的一些企业似乎忘记了这一点。他们虽然知道自己的企业所需要的是什么样的人，也很想寻找到自己所理想的人员。可是在实际的操作运营中，他们在寻找和挑选企业成员时，好像也害怕找不到真正适合他们企业的成员一样，只要对方符合自己的条件，就不再加以筛选。

类似这样的方式，虽说给自己的企业寻找到了比较合适的成员，但是像这样的企业不一定能成为真正的无坚不摧的企业。企业并非一流人才的集合，又怎么能成为具有一流战斗力、竞争力的企业呢？

选择人才，以德为本

自古以来，一国之主，凡能知人善任者，几乎都事业有成，如果用人不分贤愚，不辨是非，不知当用不当用而随意任用，或徇私情而用，势必导致事业衰败。

作为君主，哪怕再昏庸无知，也需要臣下对他无限忠直。所以说君主褒奖臣下的忠直是理所当然的事，没有什么值得称道的，但宋太祖赵匡胤褒奖忠直，却与其他皇帝有所不同，从中可以看出他超人的胸怀。在他所褒奖的忠直人物中，有不少人曾是敌对于他而忠于故主的人。

当赵匡胤兵伐李筠的时候，北汉派宰相卫融去助李筠，结果李筠失败，卫融被俘。赵匡胤亲审卫融，责问卫融说："你为什么让北汉主刘钧发兵帮助李筠造反？"卫融从容不迫地回答："这就像狗一样，天下所有的狗都不咬自己的主人，而见别人就咬。"宋太祖又说："我现在把你放了，你能为我效力吗？"卫融说："我一家几十口全吃刘家的饭，穿刘家的衣，实在无心背叛他。陛下应当现在就把我杀掉，我一定不会投降为陛下效力。纵然不杀我，我早晚也得从小道逃回河东。"赵匡胤一听，勃然大怒，命令左右用铁杖击打他的头部，打得满面是血。卫融高呼说："人谁不死？能忠君而死，这就是我的福气。"此时，赵匡胤回过头来看看左右的人说："这是一个忠臣啊，放了他吧！"又命令侍者用良药涂敷他的伤口，十几天后，卫融的伤口痊愈，由于感念宋太祖看重忠直，所以表示愿为大宋效力，接受了太府卿的职务。

赵匡胤在征伐江南的过程中也遇到过此类情形。当江南主李煜感到形

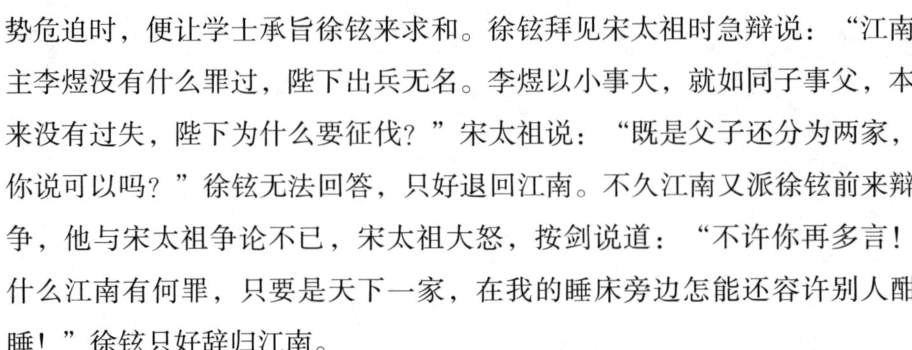

势危迫时，便让学士承旨徐铉来求和。徐铉拜见宋太祖时急辩说：“江南主李煜没有什么罪过，陛下出兵无名。李煜以小事大，就如同子事父，本来没有过失，陛下为什么要征伐？”宋太祖说：“既是父子还分为两家，你说可以吗？”徐铉无法回答，只好退回江南。不久江南又派徐铉前来辩争，他与宋太祖争论不已，宋太祖大怒，按剑说道：“不许你再多言！什么江南有何罪，只要是天下一家，在我的睡床旁边怎能还容许别人酣睡！”徐铉只好辞归江南。

当江南被平，徐铉随李煜到宋都汴京朝见宋太祖时，宋太祖一见徐铉又来了，便当众斥责徐铉为什么不早劝李煜投降，徐铉说：“臣在江南，身居大臣之位，国家灭亡而无力援救，论罪当死，还有什么好说的？”赵匡胤多次见到他这种忠于国家、忠于故主的样子，对他颇有好感，于是安抚他说：“你真是忠臣啊，希望你能像服侍李煜一样来服侍我吧！”

张洎是李煜的内史合人，当宋军围攻南唐都城时，他曾为李煜写过召救兵的文书，暗封蜡丸之内，结果被宋军所得，送到赵匡胤手中。赵匡胤见是写蜡丸书的人来了，不由大怒，斥责说：“这都是由于你劝李煜不降，所以使李煜拖延至今日才归服。”

说罢把蜡丸书出示给张洎。张洎一看，就知道一定没好下场了，但他毫不惶恐，面不改色，很自然地回答说：“这封蜡丸书确实是我写的。谁都知道，狗除了自己的主人外，一见别人就咬。这只是我忠于李煜的行为之一，其他方面更多，今日能得死，这就是我有幸能尽为臣之道了。”赵匡胤本想把张洎杀掉，但见到他临危不惧，对故主无限忠诚，死也甘心，觉得这样的忠臣实在难得，如能对己效力，岂不更好。于是就对张洎说道：“你的胆量很大，我不加罪于你，现在你可做我的臣子，希望你对我也像对李煜那样地忠诚。”当即封张洎为太子中允。

赵匡胤对于天下的忠直之臣虽然宠爱，但是否予以重用，还要看具体情况。以忠故主之忠，改忠宋太祖者，这是最好不过的了；始终坚持效忠故主，反而用之，则无利而有害；对故主有忠心，对宋太祖无异志，使用这种人，无可无不可，具体情况还需要进行考察。赵匡胤用人，始终是一

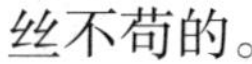

丝不苟的。

当赵匡胤刚即位时，监军陈思诲向宋太祖密奏成德节度使郭崇，说他“听说周恭帝把皇位让给宋太祖，有时就为此事流泪”，并建议早些把郭崇除掉，以免后患。赵匡胤却说：“我平时就知道郭崇有忠心，讲恩义，这大概是出于旧情吧。”不同意把郭崇杀掉。赵匡胤虽然这样说，但心中也有所疑，遂又派人去考察郭崇有无异志。无异志，则用之；有异志，则杀之。考察结果是不见有异志，于是宋太祖高兴地说：“我本来就知道郭崇是不会反的。”

在纳谏上，赵匡胤以李世民为榜样；在知人善任上，赵匡胤则以刘邦为榜样。

在历史上一谈到知人善任，很少有人提到宋太祖赵匡胤，其实他也是知人善任先贤行列中难得的佼佼者。那些善于溜须拍马、看风使舵、阿谀逢迎、谄媚取宠的人，在赵匡胤面前，只会得到鄙视，而得不到重用。

赵匡胤自陈桥驿返京后，当日便举行禅位大礼。百官就列于崇元殿，诸事齐备，只待周恭帝宣读禅位制书。周恭帝早晨还好好地当着皇帝，没有想到吃晚饭的时候就得让位了，哪里能想到预备禅位制书？事情匆匆，又怎能来得及撰写禅位制书呢？可是没有禅位制书，怎么行禅位礼？典礼中的内容是读禅文，无禅文怎能成礼？然而正当需要宣读禅文的时候，大家才意识到忙中疏漏，未有禅文。就在这紧张的关键时刻，翰林学士陶谷从怀中掏出禅文从容进上。尴尬的局面顿时烟消云散，禅让大礼告成，一切举措尽皆如意。在禅位礼中，陶谷可谓立了一个大功，用雪中送炭、雨中送伞来形容他的功劳，都未免太轻了。禅文对赵匡胤极尽歌功颂德之能事，甚至听了使人感到肉麻。陶谷很善于看风使舵，很善于说别人爱听的话。他预料到若行禅位礼，就必有禅文，他也估计到这突如其来的禅位礼，不会有谁先撰好禅文。于是他恰到好处地填补了这一空白，在急需的情况下献出来，才更显得可贵。禅位礼像预想的那样过去，陶谷非常得意，他觉得他为赵匡胤开创帝业立了一桩奇功，他认为赵匡胤一定会给他满意的报答。当时，许多大臣以羡慕或忌妒的眼光看着陶谷，觉得陶谷在

关键时刻给自己立好了向上爬的阶梯，无疑会平步青云。

赵匡胤知道陶谷有非凡的才华，更知道陶谷在禅位礼上的重大贡献，他由衷地感谢陶谷在那尴尬的时刻为他帮了大忙。但赵匡胤觉得陶谷多才少德，是一个投机取巧、谄媚取宠的人。他今天能对自己百般示好，明天又不知会对谁看风使舵，对这种人是不能重用的。所以赵匡胤对陶谷，既感谢又鄙视，正如司马光所说的“宋太祖由是薄其为人”。

历史上许多在位的帝王都曾被善于溜须拍马、投机取巧、阿谀逢迎、谄媚取宠的人弄得不知所以，而宋太祖赵匡胤在对待这种人上，却始终保持着清醒。

赵匡胤用人十分慎重，对所要用的人不到深刻了解的程度绝不重用。对赵普的使用，就是一个明显的例子。陈桥兵变前，赵普在赵匡胤属下任掌书记，掌书记就像是现在的秘书长之类的职务。当时赵普已流露出才华，对赵匡胤很有帮助。陈桥兵变中，赵普与赵匡胤的弟弟赵光义同在前台表演。

赵匡胤称帝后，赵普善于发挥才能，给赵匡胤出了很多良策，不论是削掉重臣兵权或先南后北的策略，还是刚建国时的几次御驾亲征等，都是他的主意。他还能对赵匡胤毫无顾忌地直言相谏，比如当赵匡胤对天雄节度使符彦卿不仅予以厚重的赏赐，还要委以典兵大权时，赵普就曾极力反对，可是屡谏不从，赵匡胤终于发出了委任令。赵普把委任令藏于自己怀中而不发，又去劝谏宋太祖收回此令。

赵匡胤不耐烦地指责赵普说：“你为什么坚决反对给符彦卿典兵之权呢？我待符彦卿最厚了，他怎能忍心辜负我呢？”

赵普反问：“周世宗待你也最厚了，你为什么能辜负周世宗呢？”

赵匡胤听了恍然大悟，默默地收回了委任令。此事足可看出赵普对宋太祖的无限忠诚。既有超人的才华，又能无限忠诚，本可早些重用，而直到北宋乾德二年（964年），也就是赵匡胤当皇帝的第四年，他才正式任命赵普为宰相。

在中国历史上，往往有的人因善于投机而被重用，可赵匡胤用人注重真才实学。护国节度使郭从义，善于骑驴击球。当他来朝时，赵匡胤令他做个表演，郭从义非常高兴，想乘此机会取悦宋太祖以便获得高升。郭从义换了衣服，跨在驴上，手持球棍，驰骋击球，用尽技巧。赵匡胤看得很高兴，击毕，赐给郭从义座位休息。郭从义见宋太祖高兴，以为一定会得到提拔。可是没想到宋太祖竟然说了这样一句话："你的球技确实精彩绝伦，但这种事，不是将相所应干的。"郭从义听了大失所望，非常惭愧。

国家的兴衰治乱，根源在于人事。亲贤臣、远小人，是所有明君的一贯做法。宋太祖赵匡胤不用庸人，对多才而少德之人也绝不器重，坚持举贤任能之道，从而巩固了新生的政权。我们当今社会，竞争激烈，归根结底是人才的竞争，而对于人才的选用，就出现了用人以德为先还是以才为先的争论。宋太祖的用人之道告诉我们，用人以才，更要用人以德。

《现代汉语词典》关于人才的定义是："德才兼备的人，有某种特长的人。"由此可见，"人才"最大的特征是"德才兼备"。有德无才算不上理想的人才，有才无德同样称不上是合格的人才。如果用人只重视所谓才能或技能，却忽视其做人应该具有的道德品质，结果往往是适得其反。

一个人的品德，不全部依赖于教育，更多的是源自于一个人的自我领悟，是在周围环境中努力修炼出来的。品德是一个人人品、人格、性格的综合体现。一个品德不行的人，才华越高，就越危险。

一企业招聘了两名业务员，经过两个月的试用期工作之后，两个人中的小王崭露锋芒，以自己的才能给公司创造了效益，得到了老板的赏识和同事的认可。老板多次对其进行公开表扬，并决定把她作为业务骨干予以重点培养。但是小王并不是一个高尚的人，她一味地讨好老板，精心揣摩老板的心理，曲意奉承，看老板的脸色行事，以图博取老板欢心，通过各种手段，她很快坐上了业务部经理的位子。在此之后，她的本性中不好的一面渐渐露出水面，她自以为是、无中生有，将各部门之间管理得一团糟，使得部门间矛盾重重，把一个好端端的公司弄得乱七八糟，最终给企业造成了损失。

与小王相比，同时进入企业的小刘在工作中则脚踏实地，很看重本职

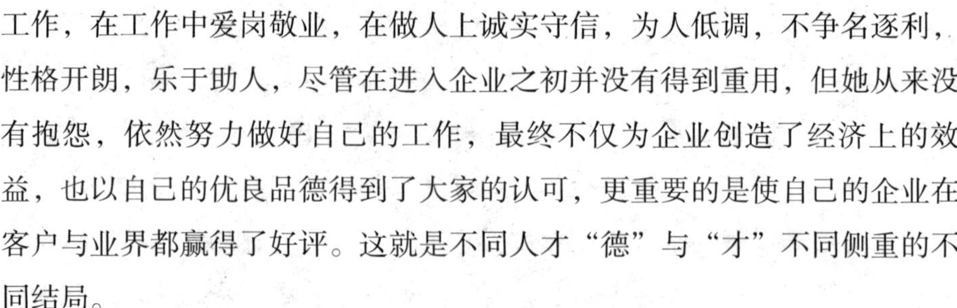

工作，在工作中爱岗敬业，在做人上诚实守信，为人低调，不争名逐利，性格开朗，乐于助人，尽管在进入企业之初并没有得到重用，但她从来没有抱怨，依然努力做好自己的工作，最终不仅为企业创造了经济上的效益，也以自己的优良品德得到了大家的认可，更重要的是使自己的企业在客户与业界都赢得了好评。这就是不同人才“德”与“才”不同侧重的不同结局。

日本经济的飞速发展，一定程度上源于日本企业的发展，而且日本企业也确实取得了骄人的业绩。在日本企业的人才任命中，是严格禁止品格低下的人做管理职务的，这在日本企业中，是一项不容动摇的制度。一个品德低下的管理者，首先会影响企业内部的团结。不难想象，一个对员工内心没有善意的管理者，如何处理自己和员工之间的关系。管理者和员工有时候更像父母与子女的关系，父母的德行将会直接影响到自己孩子的德行。而一个不良的管理者，带来的必然是一群不团结的员工。日本企业也因此从不任用品德低劣的人才担任要职。

一个团队要发展，就要依靠人才，但是对于人才的重用程度，决不能只取决于学历和才能，而是应该偏重于一个人的品德。因为一个人的学历可以不断进修，才能可以不断培养，可是一个人的品德却很难再次树立。这就是所谓的无才可以培养，无德难以弥补。古人云：“德不孤，必有邻。”有德之人的人心，得民意所以有“德”才能有“得”，所以在人才选用上，一定要以德为先。

俗话说得好，先做人后做事。讲的就是做人是做事的基础，人都做不好，难免要做坏事。意大利诗人但丁也有一句名言：一个知识不全的人可以用道德去弥补，而一个道德不全的人却难以用知识去弥补。所以无论是在过去，还是在我们现今的社会中，无论企业单位还是事业单位，用人都必须注重德才兼备，要深刻认识到那种过分看重才能而忽视品德的做法，是不利于人才的成长与事业的长远发展的。

选用良才，知人善任

知人善任，包括知人与善任两个相互联系的层面。古代帝王，“为政之本，在于选贤”，而选贤之要，务必知人善任。知人就是要辨识人才，善任就要将人才用到合适的位置，即所谓的好钢用在刀刃上；善任的前提条件是知人，知人的终极目的是善任；知人之后对人才善任，在善任中进一步辨识人才，继续知人识人。在竞争日益激烈的今天，能否真正做到知人善任，既是对领导者品行修养与领导能力的检验，也直接关系到在竞争中的兴衰成败。

961年9月，宋太祖派遣鞍辔库使梁义到江南吊祭，在临走的时候，宋太祖召见他，并告诉其注意事项。然后对左右侍臣说：“朕每遣使四方，常谕以谨饬，颇闻鲜克由礼，远人何观焉。”左右侍臣请求齐之以刑，宋太祖说：“齐之以刑，岂若其自然耶？要当审择其人耳。”当然，宋太祖的这句话也不是随便说说的，而是落实到实处。

其实，宋太祖也懂得不同的人适合做不同的官。他经常说，贵家子弟只知饮酒弹琵琶，对于民间疾苦一概不知。为此，宋太祖规定：凡是以资荫得到出身者，都应先派其监当场务，不可任为亲民官。975年，教坊使卫德仁因年老求外官，并援引后唐同光年间旧例要求领郡。宋太祖说：“用伶人为刺史，这是后唐庄宗的失政所在，难道可以效法吗？”宰相拟授给他上州司马，宋太祖说：“上州司马乃士人所处，不可轻授，此辈只适合在乐部系统内迁转。”因此，宋太祖任命卫德仁为太常寺大乐署令。963年，翰林学士王著因酒失被贬官，由谁来接任呢？宋太祖说：“翰

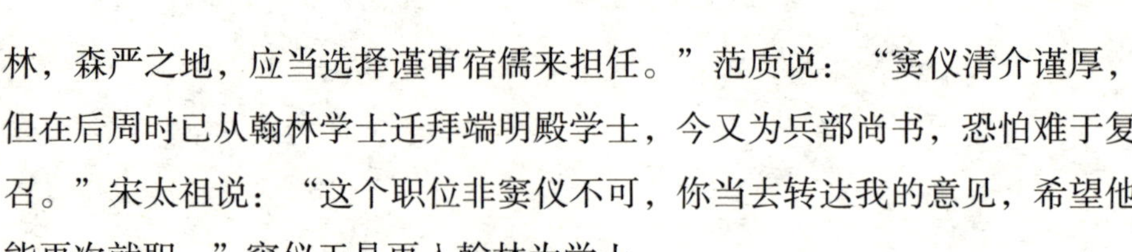

林，森严之地，应当选择谨审宿儒来担任。”范质说：“窦仪清介谨厚，但在后周时已从翰林学士迁拜端明殿学士，今又为兵部尚书，恐怕难于复召。”宋太祖说：“这个职位非窦仪不可，你当去转达我的意见，希望他能再次就职。”窦仪于是再入翰林为学士。

宋初，从中央到地方，官员都较缺，宋太祖招揽人才的心情也很急切。可是他并没有因此忽视官僚队伍的素质，降低官吏任用标准，而是采取了一种审慎的择人用吏原则。这个原则的内容包括在逐步清除前代择人用吏的弊端的基础上所确立的用人的三大指向和二大重点。

前代吏治旧弊不除，宋太祖择人用吏的设想就不能实施。实际上革除吏治旧弊本身也体现了宋太祖审择其人的用人思想。五代以来，领节旄为郡守的人，大多是武夫悍卒，没有文化知识，处理府郡政务的大权都交给自己选用的亲吏。这些亲吏多擅权不法。大宋之初，宋太祖还来不及马上对地方官府进行全面清理，只得暂时维持其对地方的统治。可是规定这些用亲吏代判郡政的州郡长官，不得再使用原班随从，可改用朝廷为之配置的属吏。另一种情况是，一些州府长官虽不自署亲吏代判郡政，却以仆从之人干预公事。宋太祖也及时颁布诏令，禁止长吏的仆从干预公务。宋太祖说：“朝廷比设宾佐，兼置掾属，同参郡政，务守诏条，岂可使纪纲之仆，干与公务？”不过，违反诏令、以身试法的现象依旧不可免。如武宁节度使高继冲的原从军将高从志不遵守朝廷规定，藐视法令，为非作歹，贪污受贿，结果被窜逐流放。宋太祖又借此事件警告各藩侯、州牧要“谨守前诏，勿自贻悔”。

宋太祖择人的三大指向：一是才能为本，资序居次。上文述及在制度上宋太祖考核官吏仍然以资序为主，但在用人的方向上努力做到以才能为本。宋初幕职州县官即选人，品级分为四等七阶，注拟差遣从两府司录到县尉分为十等，若按年限资序，那些低级文臣特别是其中才能卓著者很难有晋升的机会。宋太祖考虑到这一点，为了不埋没这些低级文官中的优秀人才，常常超等提拔使用。据《涑水记闻》记载，宋太祖备有一个小记录本，用于对臣僚的考察与了解，不论是朝中官员还是地方官员，只要有一才一行可取者，不问资历和级别，都记下来，等到某部门缺少官员需要补充时，就翻开笔记本，从中选用。对那些职位高而无真实才能的官吏，多处以无实际执掌的散闲之官，而品位低下的官员，只要有突出的才能，则多委以重要部门的政务。重视才能的择人指向，一方面保证了政府机构的工作效率，有利于封建政府政策措施的贯彻执行；另一方面有利于抑制官僚队伍中因循苟且的不良风气。

二是树立榜样，自警自奋。安守忠在永州、兴元、汉州等州府当地方官，颇有政绩。尤其是在汉州，正当宋军平蜀之时，军队费用开支巨大，国库供应不足，安守忠慷慨助以私钱。后来，宋太祖在其他官吏赴任前总忘不了告诫说："安守忠在蜀，能自律己，汝见，当效其为人。"对清廉的官吏，宋太祖总是勉励，树为其他官员学习的榜样。而对为政腐败的官员，除依法论罪外，又将其作为反面教材，告诫官吏不能效仿。西京留守向拱在河南府专事修饰园林第舍，纵酒淫乐。后来左武卫上将军焦继勋调来当知府，宋太祖对焦继勋说："西洛久不治，卿无复效向拱也。"焦继勋果然没有重蹈覆辙，到任视事一个多月，扭转了混乱的社会秩序。宋太祖用正反两方面的典型激发各级官吏自警自励，择善而从，从而达到"人思自效"的用人效果。

三是召对亲试，择优黜劣。这是宋太祖用人不同于其他帝王的又一显著特点。无论是派使臣出使，还是官吏赴任，宋太祖都要召来面谈一番，或勉励或告诫。对即将步入仕途的士人，宋太祖一般也要亲自召对策试，看看该人到底具备什么才能，适合担任哪方面的职务。宋太祖这样做的目的是为了择优黜劣，把好用人的最后一关。974年，密州所举贞廉德行忠孝人齐得一应诏来到京城，策试中选，被任命为章丘县主簿。像齐得一这样因召对、策试合格被任命为官的仅据《续资治通鉴长编》记载就不在少数。自然，召对策试中不合格的也有。如973年，宋太祖召京师百司吏700多人，见于便殿，亲自阅试，不合格者达400人，都被勒退。

宋太祖审择用人的重点放在两个方面，一是刑狱之官，这关系到人民的切身利益。五代乱世，禁网繁密，藩镇列郡恣意施刑。直到宋朝初年仍

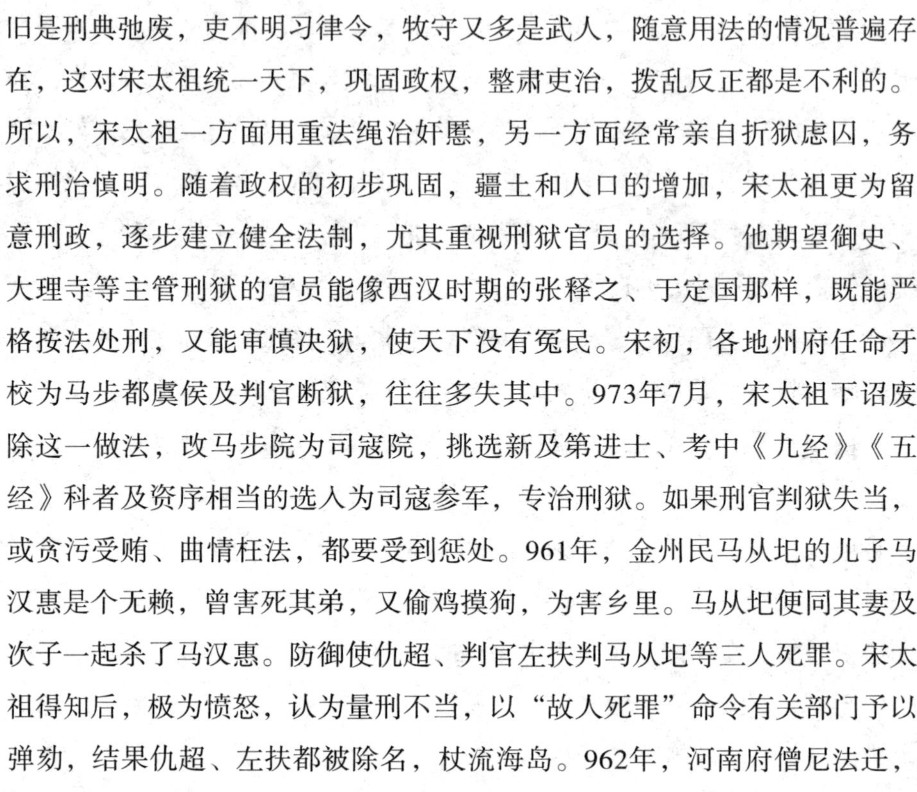

旧是刑典弛废，吏不明习律令，牧守又多是武人，随意用法的情况普遍存在，这对宋太祖统一天下，巩固政权，整肃吏治，拨乱反正都是不利的。所以，宋太祖一方面用重法绳治奸慝，另一方面经常亲自折狱虑囚，务求刑治慎明。随着政权的初步巩固，疆土和人口的增加，宋太祖更为留意刑政，逐步建立健全法制，尤其重视刑狱官员的选择。他期望御史、大理寺等主管刑狱的官员能像西汉时期的张释之、于定国那样，既能严格按法处刑，又能审慎决狱，使天下没有冤民。宋初，各地州府任命牙校为马步都虞侯及判官断狱，往往多失其中。973年7月，宋太祖下诏废除这一做法，改马步院为司寇院，挑选新及第进士、考中《九经》《五经》科者及资序相当的选人为司寇参军，专治刑狱。如果刑官判狱失当，或贪污受贿、曲情枉法，都要受到惩处。961年，金州民马从圯的儿子马汉惠是个无赖，曾害死其弟，又偷鸡摸狗，为害乡里。马从圯便同其妻及次子一起杀了马汉惠。防御使仇超、判官左扶判马从圯等三人死罪。宋太祖得知后，极为愤怒，认为量刑不当，以"故人死罪"命令有关部门予以弹劾，结果仇超、左扶都被除名，杖流海岛。962年，河南府僧尼法迁，因私用本师财物，按法律规定不当判定死罪，判官卢文翼以盗论处，置于极典。卢文翼因而被除名，与此案有牵连的法曹参军桑植被削夺两官。

二是边疆将帅。宋太祖对边将的选任，主要凭借功劳。这些边将多多少少都有缺点，如骄恣专横、好大喜功等。但只要他们忠于朝廷，不过分刻薄边民，能征服少数民族，经常率兵打胜仗，宋太祖就常予以召见，厚赐赏，多勉励。宋太祖对边将的选任明显有别于文臣和内地的武将，这一区别完全是由当时的客观形势所决定的。边境的安宁对于刚刚取得皇位的宋太祖来说，极其重要，何况当时全国尚没有统一，南方有南唐、后蜀、吴越、楚、南汉、南平等割据政权，北方有北汉和契丹，西方有少数民族建立的政权。在这种形势下，宋太祖常注意于谋帅。命李汉超屯关南，马仁瑀守瀛州，韩令坤镇常山，贺惟忠守易州，何继筠领棣州，以拒契丹。又以郭进控西山，武守琪戍晋州，李谦溥守隰州，李继勋镇昭义，抵御北汉。赵赞屯延州，姚内斌守庆州，董遵诲屯环州，王彦升守原州，冯继业镇灵武，以备西疆。宋太祖常说：安边御众，须是得人。

宋太祖对边将这样优惠，这样宠异，意在责其边功。从实际情况看，宋太祖的期望基本实现了。这些将领大多能恪尽职守，安边御众，屡立战功。如易州刺史贺惟忠，洞晓兵法，在易州葺治亭障，抚养士卒，能得其心。每次用兵，所向无敌，名震契丹。十多年间契丹不敢骚扰边境，当地百姓赖以安之。李谦溥任隰州刺史十年，敌人不敢来犯，被调任济州团练使后，边将失律，宋太祖只得又调回李谦溥。正因这些边将肯以死效力，宋太祖在位期间才没有边患之忧，才可能从容地进行统一中国的战争。

对一些既不称职又趾高气扬的边将，宋太祖一般不采取严惩而采取调离的办法，然后选择合适的人选取而代之。如灵武节度使冯继业杀兄代父领镇，颇为骄恣，经常出兵掠夺羌人羊马，戎人不附。又抚士少恩，部下多怀有异心。宋太祖在没有即位前与之有旧。即位后，冯继业多次到京城朝见进贡。可宋太祖对其军政举措放心不下，于是考虑替代人选。宋太祖认为知泗州段思恭曾经在眉州有功，于是召其赴京，任命他为灵州知州。宋太祖对段思恭说："冯继业曾言灵州非蕃帅主之，戎人不服，虽卫、霍名将，必见逐矣。意谓非我，他人不能治也。汝能治之乎？"段思恭回答说："谨奉诏。"宋太祖对段思恭的魄力很佩服，又说道："唐李靖、郭子仪皆出儒生，立大功，岂于我朝独无人耶？"勉励段思恭向名将学习，为朝廷立功。段思恭到任后，矫正缺失，悉心安抚，周访利害，上报民情。不久，"戎人不附"的灵州一跃而为"夷落安静"。宋太祖之所以不严惩这些骄恣专横的边将，旨在避免矛盾激化，从而减少边将反叛的可能性。

知人善任是古今用人者用人的高境界，要做到知人善任需要首先知人，就是识别人才，这需要非常透彻的眼光；而要做到善任，则需要在正确评价人才之后，对人才进行大胆的取用的魄力。宋太祖为政，就做到了知人善任。

人才的重要凸显出识才的重要，世有千里马，而少有伯乐，将具有千里马能力的人才放到驾辕拉车的位置，无疑是对人才的巨大浪费。所以我们说用人要先识人，要识人，就要知人，识人的目的是要更好地用人，在

现今的社会发展中，有很多技术过硬、能力强的人才埋没在芸芸众生中，等待管理者去发掘，期待着展现自己的能力，实现自己的价值。而人才对于发展的重要性，可以说，一个人识人的能力决定了这个人事业的大小。

任何人作为独立的个体而各不相同，人才的能力也就会各不相同，德行有高下，智慧有贤愚，做到知人善任就更显得珍贵。水浒传中，一百零八个人物各有所长，也各有所能，并且都根据自己的才能坐到了自己合适的位置，并且处处体现着知人善任的亮点。

在水浒众人中，时迁贡献不小，他的贡献和为人也受到大家的认可，但在座次排名上时迁是第一百零七位，位居倒数第二，之所以这样安排，是因为他的技能是“偷”，名声不好，而且他不会管人，因而也没授予他管人的权力。但是要注意的是他的实际待遇是按照第三位来安排的。

与此相对应的是有一位“大刀”关胜，他在水泊梁山的建设中贡献和能力都显得很一般，但因为他是关羽后人，放到今天就是有所谓的名人效应，因而名誉上给他的排名挤进了前五，并享有很高的待遇。要注意的是到了两军阵前的时候，关胜仍然只是作为普通的将领上阵，对于关胜来说相当于给位、给利，不给名，也达到了知人善任。

还有一位朱武，他在梁山军事管理中有着举足轻重的地位，相当于现在军队中的“副总参谋长”的角色，而且论个人能力来说，朱武能力很强，所以权力很大，但综合其他因素，他只排三十七名，给的实际待遇也一般。

正是有了这种知人善任，根据个人不同特点加以不同的用人安排，梁山众好汉才能啸傲山林，和朝廷大军相对抗。但是后来招安之后，有了朝廷的介入，将梁山的人事制度打破，知人善任无法施行，也就使得最后梁山好汉们分崩离析，甚至有客死异乡的悲哀。从水浒的故事中，我们可以了解一点知人识人，并做到知人善任的重要性。

在赵匡胤的管人之道中我们也能够看到知人善任的重要性，在当今的竞争中，我们在认识到人才的决定作用的同时，也应该努力做到知人善任。

用人不疑，疑人不用

用人不疑，说起来简单，做起来却很不容易。封建时代的官场延续了上千年，除了一些正直不阿的臣子，多数是厚颜无耻的小人。所以皇帝面前尔虞我诈的谗言肆行，正所谓三人成虎，即使是开明的帝王也往往难免受其所惑，故而能将用人不疑坚持到底的皇帝不多。但是赵匡胤作为一代开国皇帝真正做到了用人不疑，给我们后世树立起了借鉴的榜样。

北宋开宝五年（972年）八月，大理正李符出知归州回朝后，因京西诸州钱币不登，赵匡胤任命李符为京西南面转运时，并亲笔写下“李符到处，似朕亲行”的条幅以赐，嘱他将这八个字揭于大旗，便宜从事。

赵匡胤任用的边将，数十年不易，郭进守西山前后20年，李汉超镇关南前后17年，赵匡胤对他们充分信任，不受谗言左右。其他如赵普为相，长达10年；刘温叟任御史中丞，长达12年；魏丕主持作坊事务10余年，这都是充分信任、放手使用的例子。宋人评价赵匡胤在用人上，是“择之精”“任之久”。择之精，讲的是把握好用人关；任之久，讲的是放手使用。赵匡胤的用人之道，收到了预想的效果。

在新王朝中，赵匡胤确实培养了一批励精图治、才干出众的官员。《宋史》评论宋初诸将“率奋自草野，出身戎行，虽盗贼无赖，亦厕其间，与屠狗贩缯者何以异哉？及见于用，皆能卓卓自树”。张万平则吹捧赵匡胤是“擢贤任能，使人如器”，“升沉取合，唯才是视”。“唯才是视”应该说是符合事实的，从赵匡胤随身带着的那个专记官员优点的记事本上我们也能略知一二，但“唯才是视”有一个重要前提，那就是忠诚。离开这个前

提，一切都无从谈起。这其实正是赵匡胤用人的一条重要原则。

北宋建隆二年（961年）三月，赵匡胤对雄武节度使王景委以重任，将其调任凤翔节度使并充西面沿边都部署。这次改任并不带有防范的性质，主要在于赵匡胤深知王景的为人。同赵匡胤相比，王景是前辈人物，周世宗显德年间收复被后蜀占领的秦、凤、成、阶四州，王景与向拱出力最多。

当时王景被任命为西面行营都部署，负有方面指挥之责，王景率兵出大散关进讨，大破蜀军，斩首数万，秦州由此得以收复。对这次战争，赵匡胤是熟知的，当时他曾以帝皇使的身份亲临前线，与王景等人有过深入的交往。这次任命，同那场战争多少有些关系。

另一个原因是王景比较谦虚谨慎，折节下士。赵匡胤即位后，每有使者来藩，无论品级多低，王景都要亲自迎送，全力招待，因而颇能博得一般使者的好感，带回来的情况自然对王景十分有利。更难得的是王景这种屈首并不是表面文章，而是发自内心的一种对朝廷的忠诚。

当时他的幕僚曾对此不以为然，称“节度使职位颇高，不宜过分自行损抑”，王景则回答说：“人臣重君命，固当如此，我唯恐不谨耳。”

赵匡胤曾在建隆年间派吏部尚书张昭出使王景藩镇，王景一次即赠钱万缗，手下有人认为此礼过重，王景则说：“我素闻张昭之名，今日派他来我处，乃是国家看得起我王景，怎么可以按惯例办事？”

王景就这样靠着自己对朝廷的那份诚心诚意的拥戴，博取了赵匡胤的信任。此外，王景为政宽厚也是他获得重用的一个原因。

《宋史·本传》称他：“素无智略，然临政不尚刻削，民有讼必面诘之，不至大过即谕而释去，不为胥吏所摇，由是部民便之。”后周广顺元年（951年），王景由地方调任中央，当时曾有数百人堵道挽留。可见王景做地方工作也是有经验、有声望的。

王景离任雄武节度使后，建隆三年（962年）六月，赵匡胤任命枢密使吴廷祚接任。

吴廷祚是文官，在后周时期曾担任过怀州和郓州的地方主官和西京、

东京两都留守，是赵匡胤比较尊重的一位官员。

赵匡胤即位之初，吴廷祚仍继续担任枢密使。李筠叛乱，吴向赵匡胤献策，提出李筠勇猛而轻敌，此次征伐宜速击而不宜久战，赵匡胤深以为然。在赵匡胤亲征李筠期间，他决定让吴廷祚担任东京留守，同时主持开封府工作，这对吴廷祚来说，无疑是一种高度的信赖。随后征战淮南李重进，赵匡胤再次让吴担任东京留守，让他全权处理后方的一切事务。

此次派吴廷祚出任雄武节度使，赵匡胤经过了长时间的考虑。原来在建隆二年（961年），尚书左丞高防出知秦州（甘肃天水，雄武节度使驻地）后，见秦地盛产木材，又见西部的少数民族以伐木谋利，于是建议朝廷在此设立采造务，圈地数百里，筑堡设关，又动用军卒300人进行采伐，供应京师。如此一来，因利益关系必然导致与当地少数民族发生冲突。

当时双方商定以渭水为界，以北属当地少数民族开采范围，以南则归采造务伐取。当地少数民族并不同意这种划分，一时纷争频频，高防于是动用军队抓获了40多人。

赵匡胤接到报告后，感到边境生事，可能将来难以收拾，认为高防的做法有欠妥当，于是便将高防调回开封担任枢密院直学士，转而让有多年地方工作经验、深得自己信赖的吴廷祚出镇秦州，以平息事端，保持边境安宁。

在任命下发的前一天，赵匡胤特意召见了吴廷祚，把自己的考虑告诉了他，同时还颇为深情地对吴说："卿久掌枢务，年龄渐高，今与卿秦州，庶均劳逸。明日制出，恐卿已离朕左右，不能不忧故先告卿也。"赵匡胤让人效力效忠之时，这些事情总是做得很周全的。

由于赵匡胤"以节度使受禅"的缘故，因而在最初，这个职位曾经是他手中所握着的一个筹码和一件赏赐品，显得颇有分量，无论是授予新职还是对原任节度使的处理，赵匡胤都持着小心谨慎的态度。

一般来说，对原有的节度使，只要肯积极与新政权合作，赵匡胤还是会留用的。尽管这些节度使中也有个别是靠门第关系坐上去的，但大多数是靠战功、靠资历、靠本事才获得的。赵匡胤对他们的态度如何，直接影

响到他们与新政权的合作，也直接关系到新政权的稳定。

赵匡胤是聪明的，在政权新立时期，他对这些节度使待之以礼，让他们感受到新天子对他们的重视。建隆元年（960年）七月，河阳节度使赵晃因病回京，不久去世，赵匡胤把丧事办得很隆重，同时又赠他为太子太师，后又赠他为侍中。其实赵晃在藩镇专事聚敛，“无他勋劳”，但他曾与赵弘殷一道在后周禁军中共事，“有宗盟之分”，所以赵匡胤才有这种姿态。

俗话说：“用人不疑，疑人不用。”许多有谋略的政治家深谙此道，并挖掘出很多人才。赵匡胤对忠于自己的贤臣，十分信任，并放手地任用他们，从而为自己培养出一大批励精图治的官员。可见，赵匡胤是个知人善用的君主。

古代政治家通常都具有“用人不疑，疑人不用”的才略，表现最为出色的应该算是三国时期的刘备，他“弘毅宽厚，知人善任”，从不怀疑部下的忠心，在乱世中，以自己为核心组建起一个小团体，逐渐发展到雄踞一方称王于世。

在刘备最困难的时期，一次战役失败之后，他率领着剩余的将士和那些不愿离开自己的百姓，一路撤退，后边是曹操率大军在一路追击。这时候本来被冲散了的张飞，带着一些残余的士兵赶了上来，在刘备问及赵云下落的时候，张飞怒骂道：“赵云那厮，见我们战败，率了步卒，投降曹操，去享富贵了！”这时候的刘备，已经几乎陷于绝境，在这种情况下，有将士产生二心，转头别主是理所当然的事，况且张飞是自己的亲兄弟，他说的情况肯定不是骗自己的，根据情况分析，也能够推断这一点。可是刘备却很相信自己的部下，他只是很坚定地说：“贤弟勿要妄言，赵云定不负我。”

事实上，赵云也并没有背叛刘备，他在军中负责保护刘备家小，而此时刘备的家小已经被冲散，陷于乱军之中的长坂坡了，赵云发现这一情况后，率领自己的步卒杀入曹军，是去救刘备的家属的，在百万曹军中，赵云七进七出，最终救出了刘备的儿子幼主阿斗，最后返回了刘备身边。误会消除后张飞主动为赵云殿后。

刘备真正做到了用人不疑，他不仅对于自己的结义兄弟给以充分的信任，对自己的其他下属也给以充分的信任，就算多次叛主的降将魏延，刘备在世的时候，都是十分信任，没有私下怀疑。刘备正是凭借着这一份信任，用人不疑，才让天下英雄为自己所用。关羽，过五关、斩六将，放弃曹操高官厚禄的诱惑，虽历尽苦难却坚定的要回到刘备当时十分穷困的旗下；张飞，腥风血雨中费尽力气打下一块小地盘，却要等着当时在战乱中毫无音信的刘备来做主当家；赵云，长坂坡前，可以冒生命危险，百万军中舍命冲杀，救出刘备的儿子，以保护刘备的香火；诸葛亮，为刘备谋划天下，甚至受刘备临终重托后，“鞠躬尽瘁、死而后已”。刘备的用人不疑给自己博得了一分天下。

在“疑人不用，用人不疑”中，“疑”指的是不分明，不确定，不能够充分信任，对手下存有疑心。

历史上明朝最后一个皇帝崇祯帝就是用人多疑的失败典型，他不能充分信任自己的大将，恰恰相反，对每一个将领他都心存怀疑。为剿灭当时还是流寇的李自成，崇祯先用杨鹤主抚，后用洪承畴，再用曹文诏，再用陈奇瑜，复用洪承畴，再用卢象升，再用杨嗣昌，再用熊文灿，又用杨嗣昌，对农民军的战争持续了13年，13年中频繁更换围剿农民军的将领。除熊文灿外，其他多数的将领都在战争中表现出了极为出色的才干，如果随便一个将领能够一直处于指挥的位置，李自成都会被剿灭，然而，因为崇祯帝频繁换将，所有人都功亏一篑。“闯王”李自成数次大难不死，最后在河南聚众发展，终于成为明朝的掘墓人之一。

有史学家曾对崇祯的行为作出评价：明朝灭亡因为天灾瘟疫和崇祯多疑，与士大夫无关。明思宗崇祯求治心切，生性多疑，刚愎自用，因此在朝政中屡铸大错。前期铲除专权宦官，后期又重用宦官；中后金反间计，自毁长城，冤杀袁崇焕。思宗的性格相当复杂，在除魏忠贤时，崇祯表现得极为机智，但在处理袁崇焕一事，却又表现得相当愚蠢。这些评论在我们后世看来，还是相当中肯的。可以这么说，如果崇祯用人不疑，李自成

很可能被杨鹤、洪承畴、曹文诏、陈奇瑜、卢象升、杨嗣昌等将领剿灭，如果崇祯用人不疑也不会冤杀袁崇焕，如果崇祯用人不疑、用好洪承畴，也不会导致洪承畴最终降清。虽然崇祯可能阻止不了明朝灭亡的结局，但如果他做到了用人不疑，那他很可能就不会成为亡国之君。

用人不疑就是告诉我们，对经过自己考核，认为感觉不错的可用之人，就应该放心、大胆使用，并且在使用过程中也不必有疑虑而是要充分信任。我们当今时代的管理者永远应该做到用人不疑，对于自己的部下，在确认其可用之后，就要充分信任，切不可疑心过重，从而扰乱下属做事的思路，影响大局。

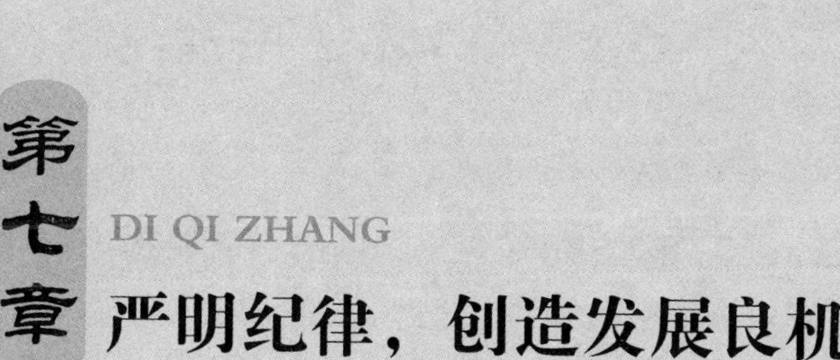

第七章 DI QI ZHANG 严明纪律，创造发展良机

纪律是在一定社会条件下形成的、一种集体成员必须遵守的规章制度、条例的总和，是要求人们在集体生活中遵守秩序、执行命令和履行职责的一种行为规则。纪律是一切制度的基石，组织和团队要长久生存和发展的重要维系力量就是团队纪律。严明有序的纪律，可以为企业带来发展的良机。

以时发展，因时树纪

一个团队要谋求发展，首先就要有严明的纪律，没有纪律的团队，很容易就会陷入混乱的情况之中。宋太祖虽然以宽厚之心对待下属，但是一直都很重视纪律，从来没有放松对纪律的要求。

在赵匡胤还在柴荣手下做军官时，雄心勃勃的周世宗发动了针对南唐的统一战争——南征。随着南征不断向纵深发展，周世宗柴荣一方面命周军继续实施对寿州的包围，另一方面，在探知南唐的江北重镇扬州兵力空虚之后，立即派韩令坤率军前往，奇兵突袭，一举攻克了扬州城。韩令坤挟攻取扬州之余威，一鼓作气，乘胜扩大战果，又连续攻克了泰州等地。

南唐朝廷一片慌乱。现在周军与国都金陵只有一江之隔，一旦渡江，南唐将从根本上动摇国基，甚至会从此不保。为了保证国都的安全，只有拼死相搏。南唐主李璟派大将李景达，在国内挑选精锐之师六万，出扬州方向迎战周军。

五天之后，南唐将领陆孟俊率领一万兵马攻打泰州，经过一天一夜的激烈搏杀，泰州重新回到南唐军手中。李景达乘胜进击，六万精兵锋芒直指扬州。

此时，韩令坤镇守扬州只有两万人马。他见敌强我弱，众寡悬殊，便准备弃城而逃。

消息传到滁州，周世宗柴荣焦躁万分。眼看已经取得的战果就要付诸东流，如何才能变被动为主动?

紧急关头，周世宗柴荣又一次把赵匡胤推上了风口浪尖。他命赵匡胤带领两千人马迅速赶往扬州西北的六合镇。任务十分明确：迅速扭转战局。一是要立即阻止从扬州溃退的周军，保住扬州城；二是相机攻打唐军，遏制唐军猛烈的进攻势头。

赵匡胤接到命令，必须立即出兵，可此时老父赵弘殷却在滁州城身染重病，卧床不起。赵匡胤到父亲病榻前辞行，心中万般不忍。赵普在旁劝道："自古忠孝不能两全，赵将军且放心前往督战，为国尽忠。你我兄弟情深，汝父便是我父，自有赵普在此代将军尽孝。"

赵匡胤走后，赵普每日守候在赵弘殷床前，躬亲药饵，朝夕无倦，在他的精心照料下，赵弘殷的病情渐渐好转。从此以后，赵匡胤出于感激之情，完全将赵普待以"宗分"，也就是看成了一家人。后来，当赵匡胤被封为匡国军节度使兼殿前都指挥使时，他立即上表推荐赵普做节度使推官，协助赵匡胤治理节镇事务。再后来赵匡胤移镇宋州时，又表荐赵普为掌书记。终其一生，这位年长他5岁的赵普一直充当他的谋臣，几乎始终不离左右。

赵匡胤率两千人马来到六合之后，已有部分驻扬州周军溃退至此。俗话说"兵败如山倒"，赵匡胤看得十分清楚，溃败的势头不迅速遏止，战局将无法收拾。在此非常时刻，不采取非常手段不足以成事。他必须将自己带来的两千名督军的士兵变作冷酷无情的执行军法的武器。

他将刚刚驻扎下来的两千士卒召集起，刷的一声将周世宗柴荣临行时交给他的尚方宝剑抽出来，高声喝道："天子宝剑在此。"士卒们立即齐刷刷地跪倒在地。

赵匡胤脸色铁青，双眼冒火，话声冷得像结了冰："扬州周军有敢越过六合者，不论何人，一律斩断双腿。有敢擅放一人者，斩！"

一时间，肃杀之气弥漫了整个军营。两千士卒荷刀仗剑，严阵以待。

与此同时，匡胤又火速修书一封，派快马交与他儿时的伙伴、如今的同事韩令坤。书中以报国效忠、气节名声和友情乡情晓以利害，督促韩令坤改变主意。韩令坤见信后，既被赵匡胤的兄弟情谊所感染，亦为赵匡胤决心代天子行事的冷峻和严酷所震慑，心中一层层热浪滚过，脊骨却一阵

阵发冷。他已明确地感到，撤退只有死路一条。

于是，韩令坤急下严令，将出扬州城的周兵全部收回。又破釜沉舟，在扬州城外与陆孟俊拼死一战，终于使唐兵大败溃逃，总算保住了扬州城。赵匡胤得到捷报，又赶紧修书为韩令坤请功求情。周世宗准予将功补过，不予深究。

赵匡胤在六合成功的阻止了周军的溃退，扬州一带暂时处于平静。

可是他却万万没有想到，李景达亲率两万唐军，绕过扬州城，自瓜步渡江，直逼六合而来。一时黑云压城，险象环生。

赵匡胤手下只有两千人马，本来只是为阻止溃军而来，现在却面临着十倍于自己的敌军，由原来的执行军法变作正面交锋。这支数量极少的孤军一下子被推入了凶险万分的绝境。

两千人对两万人，正面交锋无异于以羊搏虎，以卵击石。

面对突如其来的危险，赵匡胤并没有手忙脚乱，而是镇定自若。当探马报知敌军距六合尚只有二十里路的时候，赵匡胤命兵士们将营帐后撤，只是在一片小树林中安营扎寨，让人看不清楚。而且还命令将士们在大帐外席地饮酒，个个都喝得酩酊大醉。与此同时，赵匡胤派快马飞驰扬州，让韩令坤派兵增援。

李景达由瓜步渡江后，本欲直取六合。但先头军派哨作来报，说周军在树林中安营扎寨，不知兵力究竟有多少。又有士卒在帐外饮酒作乐，又歌又舞，有的甚至醉如烂泥。

李景达听了，大吃一惊，急忙传令停止进军，在距六合二十里处扎下营寨。部将们都感到诧异，纷纷前来请战。李景达说道："赵匡胤用兵诡诈，多有奇谋。在林中设寨，兵家大忌，临战纵酒，更属荒唐。赵匡胤乃大周名将，这些普通常识岂能不懂？这是明摆着设下钓饵，诱我上钩。我料他必有重兵伏在四周，且不可中计。"于是他下达严令，没有军令，任何人不得擅自进军。

李景达部由攻转守，一连几天都在等待观望。

赵匡胤手下的一些将领们信心大增，纷纷要求主动出击。赵匡胤笑道："敌军设营扎寨，停滞不前，是摸不清我军底细而产生畏惧。此时若主动出击，让敌军知道了我们人数不多，势必拼命进犯。只能待敌军主动进犯，我们借此处的复杂地形，伺机杀敌，方保无虞。"

两军相持数日，在这种忍耐力的较量中，唐军终于沉不住气了，开始鼓噪呐喊，蜂拥而至。赵匡胤下令反击。郑恩从左侧岗埠中率五百人杀出，张令铎率五百人从右侧树林中杀出，赵匡胤自率一千人马迎面截击。一时间金鼓齐鸣，杀声震野，双方杀得难分难解。这一带场地狭长本就不适于大兵团作战，唐军失去了人马众多的绝对优势，只能与周军单兵较量。

"两军相遇勇者胜"，对这一点赵匡胤深信不疑。他亲自在战场上来回督阵，指挥冲杀。见到有怯战退却的士卒，便以督战为名，在他的皮斗笠上以剑画上记号。主帅就在身边，将士谁不用命？周军个个以一当十，越杀越勇。郑恩抡着大刀片子，在敌人丛中杀进杀出，每劈倒一个，便炸雷似的大吼一声。他浑身上下已经沾满了鲜血，一条战袍早染成了红色，脸上、手上都溅着血点，两只眼睛也变得血红，简直像凶神恶煞一般。每到一处，唐军便躺倒一片，余者像见了魔鬼似的，号叫着四处乱窜。

张令铎挥动长枪从西边杀入敌阵，遇者身亡，挡者丧生。与郑恩相遇之后，二人又率兵分头向南北杀去。激战约一个时辰，唐军已死伤五千余人。其余的成了惊弓之鸟，节节溃退。就在这时，扬州的五千名援军杀到，一齐鼓噪呐喊，从背后向唐军猛烈冲击。李景达见势头不好，慌忙带领残兵败将渡江逃遁。士卒们因争抢上船落水而死者不计其数。

六合一战，赵匡胤以两千兵力，击败了南唐两万余精锐之师，又一次创造了五代时期征战史上罕见的以少胜多的奇迹，周军将领们对此无不交口称赞。周世宗对于赵匡胤忠勇可嘉的精神和炉火纯青的战术大为表彰。不久之后，即颁诏晋升赵匡胤为殿前都指挥使和匡国军节度使。从此，赵匡胤成为大周的朝廷重臣之一。

但人们发现，面对如此重大的胜利和朝廷奖掖，赵匡胤却没有一点喜色。

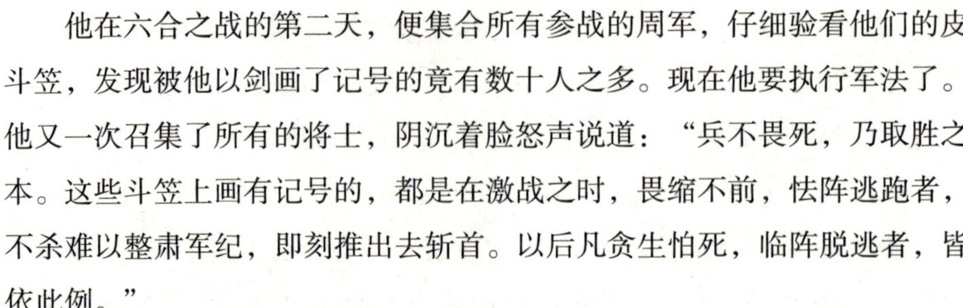

他在六合之战的第二天，便集合所有参战的周军，仔细验看他们的皮斗笠，发现被他以剑画了记号的竟有数十人之多。现在他要执行军法了。他又一次召集了所有的将士，阴沉着脸怒声说道：“兵不畏死，乃取胜之本。这些斗笠上画有记号的，都是在激战之时，畏缩不前，怯阵逃跑者，不杀难以整肃军纪，即刻推出去斩首。以后凡贪生怕死，临阵脱逃者，皆依此例。”

几十名活蹦乱跳的年轻士卒，霎时间成了无头之鬼。赵匡胤只觉得一颗心在下沉，士卒们更是身战股栗，心胆俱裂。

宋太祖曾有一部侍卫亲兵，称“班直”，数量约万人。他自豪地称赞这支由他亲自训练的队伍皆猛如虎狼，无不以一当百，足可备肘腋、同休戚，尽管数量不多，但素质极高。他很看重这支队伍，平时多有赏赐。开宝四年（971年）十一月，他在郊祀礼结束后又对侍卫亲兵进行赏赐，因赏钱不等引起了川班内殿直的不满，他们“相率击登闻鼓”，大呼不平。

川班内殿直亲兵是赵匡胤平蜀后从后蜀亲兵选拔的，计百人。他们善习弓马，但骄习难改。以往，他们的廪赐优厚，与掌管饲养宫廷马匹的御马院亲兵相等，但这一次，内殿直亲兵却每人比他们多得了五千钱，故击鼓闹事。赵匡胤大怒，派中使对他们说：“朕之所与，即为恩泽，又安有例哉？”并斩妄诉者四十余人，其余皆配隶许州，并将川班废除。当时，宋太祖曾与左飞龙使李承进谈起后唐庄宗亲国不久的教训，李承进回答说是因为庄宗对亲兵不能严加训教，赏赐无节，赵匡胤深以为然，感叹道：“二十年夹河战争得天下，不能用军法约束此辈，纵其无厌之求，以兹临御，诚为儿戏。朕今抚养士卒，固不吝爵赏，若犯吾法，唯有剑耳！”

宋太祖所云严于治军，以剑行法并非停留在口头上。他对下级军官和士卒违法者处理极严，同时健全各种制度，严格阶级编制，不得逾越，小有违犯，罪皆诛死。他特别反对攻陷城池后大肆抢掠，滥杀无辜，“违者以军法从事”。他还规定禁兵之衣长不得过膝，营区附近商贩不得入城门向士卒出售酒食，驻扎在城西的军队要到城东的仓库请领粮秣，城东的到城西领，以使兵士通过担运粮秣锻炼他们的体力，整治他们的骄惰情绪，使其安于辛苦而易于指挥。

宋太祖赵匡胤在挑选地方健卒入补中央禁军的同时，也对原有的中央禁军进行了整顿，主要是进行大规模的彻底清查，强者留，弱者去。被淘汰者称为“剩员”，他们下到诸郡。虽仍给兵俸，但都不再是战斗人员，只是一些担当掌符、看仓、守护、清洁的杂役。宋朝立国时其禁军从晋、汉、周以来留下甲兵几万人，多老弱病残者，经过这样一番汰弱留强，又补入了从藩镇挑选来的精兵健卒，再施以严格的训教与管理，使中央禁军强盛一时，不仅藩镇之兵已远不能与其比肩，而且成为宋太祖统一天下的重要力量。当武人出身的赵匡胤驾临便殿大阅武士的时候，面对着战戟百重，雄兵千列，不禁豪情满怀，喜形于色。经过了费尽心机的谋划和运作，他终于化宏愿为现实。他要凭借着这专制的刀斧，摧枯破竹，劈砍出一块幅员辽阔的赵家天地。

一个领导者有多大的纪律性就能表明其有多大的气势。而纪律性对组织的竞争力也有很大的影响。事实证明，一个好的领导者一定是懂得自律的人，更是可以带领手下人遵守纪律的人。

作为管理者，不管你要做什么，一旦开始，就要从整肃纪律入手。

战国时期的西门豹是一个纪律严明的代表人物。由于他性情比较暴躁，在射箭的时候从来都是射不中靶心，于是就把靶心捣碎。在下棋的时候如果输了就把棋子咬碎。由于魏文侯认为他有才能，所以就任命其为邺县县令。或许在我们的记忆中，西门豹的功绩只有纠治“河伯娶妇”这一陋习上，殊不知，在担任邺县县令期间，通过采取措施使得邺县渐渐富裕兴盛起来。

魏文侯却常听到有人经常告发西门豹，说邺县官仓没有粮食，钱库没有钱，即使是必备的部队也没有什么装备。为了弄清他人所说是否属实，魏文侯亲自去视察，事实果然如此。魏文侯非常生气地责问西门豹到底是怎么回事。西门豹说：“王者使人民富裕，霸者使军队强盛，六国之君使国库充足。邺县官仓无粮，因为粮食都积储在百姓家里；钱库无银，因为

钱在百姓兜里；武库无兵器，因为邺县全民皆兵，武器都在他们手中。”在说完这些话后，西门豹就上楼敲鼓。在敲了第一声鼓之后，百姓披盔戴甲，手执兵器赶来集合。第二阵鼓声之后，另一批百姓推着装满粮的车，集合到楼下。看到西门豹在管理地方方面有着如此好的业绩，心里特别高兴，于是让西门豹停止练习。没想到西门豹不同意，说：“老百姓是不能被欺骗的，既然今天已经集合起来了，就不能随便解散，否则老百姓会有受骗的感受。大王可不能重蹈千金一笑的覆辙。燕国经常侵我疆土，掠我百姓，不如让我去攻打燕国。”看到西门豹是如此忠于自己，于是派他带兵攻打燕国，收回了失地。

其实，在每一个团体中都应当有一套为大家所共同遵守的纪律规范。如果想要建立良好的规范，首先要做的就是在某个范围之内集中进行整顿，之后再去惩罚个别不守纪律之人。当然这种惩罚方式是多样的，不管是加班或者是扣薪水。总之，要做到让员工心服口服。

如果是在纪律比较松弛的情况下，千万不能采取强硬的手段来惩罚属下。这不仅会对领导产生恶劣影响，更不会让属下心服口服。所以，切记把握好惩罚的度。

没有规矩，不成方圆

在中国，周公制礼，孔丘传儒早已经成为人们必须要恪守的典范。正是以此为基础，我们才有了今天良好的传统文化。俗话说“有理走遍天下，无理寸步难行”，的确，纵观中国历史，很多帝王将相之所以能够取得成功，就得益于一个“理”字。

法制就是法律制度。《周礼·月令》中称：“命有司，修法制，缮图圄，具桎梏。”封建社会中的法制是按照统治阶级的意志，通过政权机关建立起来的法律制度，包括法律的制定、执行和遵守三个方面。统治阶级利用法律制度来进行专政。当然，这里的法制与民主、共和体制中由人民当家做主、通过民主立法程序建立的法制是有本质区别的。

在封建时期，任何朝代都会建立自己的法制。当然，他们制定法制都是有自己目的的，独裁势力可以用法律来限制和压迫人民，而人民的立法也可用来保护自己，限制专制特权。究竟如何才能使法律更加公正和合理呢？最终主要的就是符合人类公理，这主要体现在人类道德标准方面。从某个方面来说，人类社会的主体是进步力量，而在这种主体力量中体现的价值评判才能体现尽可能公正合理的道德标准，只有符合主体力量所约定的公理的法制，才能体现出更多、更高的人类价值。

作为一名封建帝王，宋太祖从封建君主的地位出发，在其道德评价中，较大可能地为民着想，体现了所处条件下的最大道德公约数。

我们谈到宋太祖的法制意识之强，体现在当他成为统治者的时候，他就要按自己的意志去参与国家法律制度的制定这一点上。这里有个故事：宋太祖登基的第二年间，在金州安康郡（今陕西安康）有个叫马从记的百姓，妻子早死，留下他和儿子马汉惠。后来马从记又续弦，娶一寡妇，带来一位男孩，马从记为他取名马再从。马从记的亲生儿子马汉惠长大以后，品行不端，道德败坏，逞强为霸，横行乡里。继弟马再从因看不过马汉惠的所作所为，经常加以劝告，马汉惠竟将继弟马再从残害至死。做父亲的马从记十分气愤，经过同全家人商量，便与续妻共同杀死了残暴的儿子马汉惠。

马从记大义灭亲，在封建社会里可算是个忠良之人，因而受到乡人的赞誉，但却触犯了刑法。因为从法律上来说，马从记杀人就是犯罪，按律当斩。于是，金州防御使仇超、判官左扶就将马从记夫妇及全家人逮捕，以杀人罪斩杀了马从记全家。

马从记因大义灭亲杀死儿子马汉惠，却被官府斩杀之事在乡里议论很大，此事传到朝中，被宋太祖知道了。他对金州官府的判决勃然大怒，斥

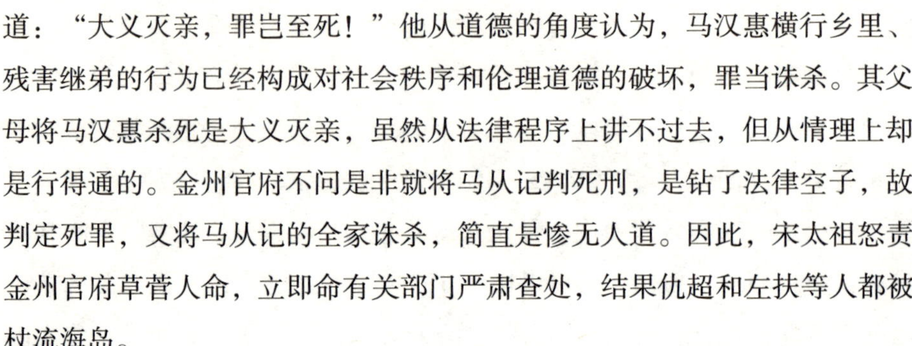

道："大义灭亲，罪岂至死！"他从道德的角度认为，马汉惠横行乡里、残害继弟的行为已经构成对社会秩序和伦理道德的破坏，罪当诛杀。其父母将马汉惠杀死是大义灭亲，虽然从法律程序上讲不过去，但从情理上却是行得通的。金州官府不问是非就将马从记判死刑，是钻了法律空子，故判定死罪，又将马从记的全家诛杀，简直是惨无人道。因此，宋太祖怒责金州官府草菅人命，立即命有关部门严肃查处，结果仇超和左扶等人都被杖流海岛。

宋太祖通过对金州大义灭亲案的干预，感到必须对判死刑的这类法律持慎重的态度，以防止下官草菅人命。因而对判处死刑的量刑司题应当做到程序规范化，于是他根据金州大义灭亲案的处决不公、不合情理这一问题，专门发布了一道诏令："对犯大辟需判处死刑的犯人，应当送所属州、军鞫（勘验狱辞）处之，不得随意处断。"

《道德经》中说："法令滋章，盗贼多有。"老子以自己的法制观念，针对法规、法令说出了这样的话，带有极深的哲学性。他这句话的意思是说，法令越多，那么社会上的盗贼就越多。如果没有了盗贼，那么就没有法令了。但老子的意思并不是说没有了法令，社会上也就没有了盗贼，他这句话含有法令应谨慎，不要太多地限制人民，而使一些盗贼钻法令的空子，依法犯法的本意。

从上例来看，金州马从记夫妇大义灭亲，金州防御使仇超和判官左扶就是依据杀人者死的法令，来武断地判定马从记夫妇及全家杀人，杀人者当死，从而使案情简单化，草菅人命。如果仇超等人对金州大义灭亲案持慎重态度，进行详细的审理，给马从记定个越俎代庖罪而酌情轻判，且不罪及其他人，于情于理就顺畅多了。如此，宋太祖决不会盛怒，而仇超等人也绝不会被杖流海岛了。

在封建社会里，由于皇帝本身就是法律，皇帝可以生活在法律之外。在这种体制下，官吏很少有法制意识，他们把皇帝的话当作是最高法律。所以宋太祖过问金州大义灭亲案，又下诏不得随意对死刑做处断之后，各地方的司法审判官员，在地方上审案都十分小心谨慎，对案件不敢轻易判决，许多案子都要上奏听从圣裁，而造成了从一个极端走向另一个极端的倾向，又使宋太祖哭笑不得。在当时的历史条件下，这是一件令他犯难的事，他很难解决这个矛盾，找不到症结，认识不到这种弊端缘自专制社会本身。他气恼地方官吏没有法制意识，唯皇帝之言为法制，又很清楚地知道，地方官吏的这种做法无非是推卸责任，因此下诏对诸州道府进行了严厉批评，又下令让地方司法部门“依法断狱，毋得避事妄奏取裁，违者量罪停罚”。

国家制定法律法规，一方面要准确打击和制裁危害社会的犯罪分子，另一方面也要防止一些执法者依据法律法规办客观上犯法的事，宋太祖经常考虑这个问题。三国时对于法律的制定，在刘备和简雍君臣之间有过讨论。当时蜀国旱灾，粮食歉收，于是刘备便下了禁酒令：酿造酒者以刑论处。当时有官吏从民家搜出酿造酒的工具，论罪要将这家藏酿具者与酿酒者一样定罪。为了纠正偏颇，简雍与刘备一块外出游观景物时，见有一个男子行于道，简雍借机说：“这个人欲行奸淫，怎么不把他抓起来呢？”刘备说：“卿怎么知道这个人要行奸淫呢？”简雍正色答道：“这个人身上带着淫具，与家中有酿酒具欲酿酒者是一个道理。”刘备知道简雍的用意后大笑，因而将收藏有酿酒具的人释放。据法犯法，说明法规的解释往往有不周全的地方，有漏洞，这是需要加以防范的。

有鉴于此，宋太祖在法制建设上很是慎重，一方面，他认为国家必须有法制，必须以法制来积极维护社会秩序、保护人民的利益；另一方面，他又认为制定的法律不能伤害人民，不能用法律去草菅人命。为此他要求各地的司法官要依法断狱，而对需判死刑的人，规定州、军要勘察清楚，仔细审讯，详细调查后再做决定，以防止草菅人命。

从某种程度上说，法律与道德是对立的。从道德中的“礼”演变而来的“理”是用温和的方式教化人民，而“法”却是用暴力手段来解决问题。但从实质上来看，“法”的依据恰恰又是“理”。包拯、海瑞等之所以能够成为流芳千古的青天大老爷，其根源就是他们在执法时时刻把“公理”放在心中。

有法可依，有法必依

纪律的保证，需要依靠明确制度的支持，为了保证严明的纪律就要建立明确的制度，做到有法可依，有法必依。封建统治者历来推崇以武得天下，以文治天下，而且他们都认识到得天下易而治天下难，所以文人是最具先进性的社会力量之一。文化需要文人来传播，礼仪需要文人来制定，科技需要文人来发明，可见文人对社会和国家的重要程度。在“知识就是力量，知识就是财富”还没有被提出的古代，许多圣哲就早已悟出了这个道理，因为所有的律法都是由文人制定并执行的。

中国是个有史以来即重视刑律的国家。《诗经》有句：“仪式刑文王之典，日靖四方。”由于刑法之不可少，宋太祖修订了《宋刑法》，以靖民众。“靖”是“安”的意思。他下诏说：“纲欲自密而疏，文务从微而显。”所谓纲，即纲要，总纲大要也；所谓密，缜密也；所谓疏，义理通明也，宋太祖要求作法典要缜密细致，义理通明。所谓微，精妙也；所谓显，通达也，又要求作法典的文辞内容要精妙通达。

按照宋太祖这一修订法典的原则，由翰林学士窦仪等人在不到一年的时间内修订成《宋刑法》，并编成《新编敕》四卷，分二百十三门，共三十卷，首列律条、律疏，以下按顺序分列敕、令、格、式。其中的敕、令、格、式则是前代法律条文中没有，成为一部有独创性的新型法典。

窦义等人经过不懈努力，《宋刑法》很快修订成书，宋太祖十分高兴，知道在修订法典上选对了人。当时，宋太祖欲作法典，寻觅适当人选，遂与宰相范质商量。范质推荐了窦仪。窦仪是后晋时的进士，素有学名，清廉重厚，不畏权势，精通法典，文辞优美。当宋太祖知道他在端明殿当学士时，特令窦仪再回翰林院出任学士，并对范质说："非斯人不可处禁中，卿当谕以朕意，勉令就职。"窦仪出任翰林学士后，奉命修订法典，进表奏宋太祖，明确指出编纂这部法典的主要目的是要使普天之下共同遵行，使国有常科，吏无敢侮。听他这样说，宋太祖更加赞赏，这一说法正与宋太祖想法一致。因为宋太祖能够认识到，中国历来是礼不下庶人，刑不上大夫，既然民为邦国之本，就要尊重国民，因而制定新的法典就要体现出民为邦本的思想，不能只针对老百姓，而是各层人士都得遵行，官吏们既有驭民之责，也就更要有模范守法的义务和责任。

建隆四年（963年）七月，《宋刑法》连同新《编敕》四卷一同刊板摹印，颁行天下。这部带有民本思想的法典在全国立即生效，官民一体，都要遵行，不分阶级，从此结束了长期以来混乱的司法历史。

有法可依，有法必行，这就是法治。《宋刑法》的颁用，对于宋朝各地司法机关依法办案，规范司法程序，实行统一法律，防止司法官员徇私枉法起到了重要作用。充分显示着宋太祖以法治国的思想和具体以法治国的内容。

在封建皇帝的统治下，封建社会也可以有法治国家。遵行法制，依法办事，这就是法治国家的标志。与以往也崇尚法治的秦、汉等朝不同的是，宋朝的法治具有了更多的民本性和公理性，也不再具有更为严酷的刑罚，这正是宋太祖引为欣慰的。

为此，他意识到抓紧进行普法宣传的现实性，诏令全国各地认真贯彻《刑法》，以使官吏和民众共同树立法制观念。

开宝二年（969年）四月，有关人员就四川地区存在的执法不严情况，向宋太祖提出建议，称："朝廷自削平川、峡，即颁刑统、编敕於管内诸州，具载建隆三年三月丁卯诏书（指关于诸州处决死刑犯，须录案奏闻，报刑部详复的命令）及结状条样。而州吏弛怠，靡或遵守，所决重罪，袛作单状，至季未来上。状内但言为某事处斩或徙、流讫，皆不录罪款及夫所用之条，其犯者亦不分首从，非恶逆以上而用斩刑。此盖兵兴以

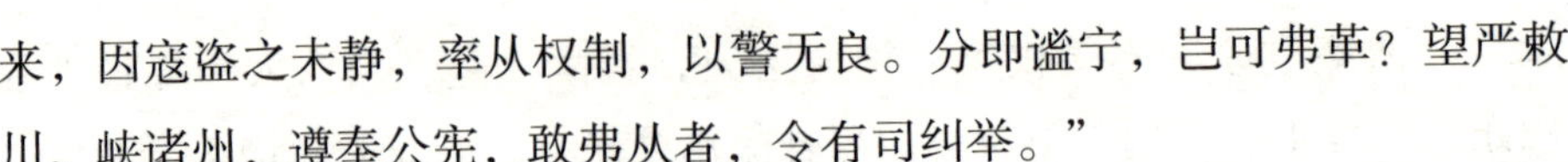

来，因寇盗之未静，率从权制，以警无良。分即谧宁，岂可弗革？望严敕川、峡诸州，遵奉公宪，敢弗从者，令有司纠举。”

这篇报告充分表达出地方官员对新颁刑法的熟悉程度及其对新占领地方进行法治的需求。地方官员对《宋刑法》既已颁布，而州吏弛怠，靡或遵守的现象表示气愤。认为既有法典，就应率从权制，以警无良，并要求朝廷严敕遵法，有不遵法守法者，要求有司纠举。

由此可见，《宋刑法》在全国颁布后的影响是多么大，也可以看出地方官吏已经有了很强的法制观念和积极要求以法治国的愿望。朝廷既已颁行了统一的法典，各地完全可以做到有法可依，而新占领地区也应该和其他地区一样普法执法，官吏的这种要求充分表明，此法是可行的，宋朝原属地的官吏有着执行新刑法的自觉性，说明宋朝的法制通过《宋刑法》已经得到完善，人民对以法治国的政策也已经认可。

一部《宋刑法》产生了深远的影响，后世的人们也对宋朝的法制给予了很高的赞誉，文学上有反映宋朝以法治国内容的作品，戏剧和说唱艺术上反映宋朝法制的作品也每每所闻，“包公”认法不认权的形象至今为人民所传颂。所以说，在中国封建社会中的朝代里，宋朝算得上是一个做得比较好的封建性质的法治国家。宋太祖在封建社会诸多的帝王中，也算得上是一个崇尚法制的封建皇帝。

宋太祖以法治国，并不只是作一部法典就算了事，他不但注意法典在国家的贯彻执行，而且认真挑选执行和掌握法典的人，从而达到以法治国的目的。宋初，由于刚从五代发展沿袭而来，必然法制不健全，司法活动仍是实行军事干预。譬如在京城开封设左右军巡院，在诸州设立州司马步院，以此来进行司法工作，管理监狱，军中都虞侯担任审判官。在地方和京城里，州府军队管理的监狱为了防止犯人逃跑，在监狱之外又另修了一道子城加以环卫，司法者则不经一定的程序，动不动就关押人犯。

宋太祖对军队干预司法的事是了解的，因为他在后周军中也曾经干预过司法。在攻下南唐所属的滁州之后，如果不是赵普反对简单地照搬法律，建议他对军方捕获的一百多个所谓的盗贼先审讯，然后再判决，他也差一点会冤枉70多名并非盗贼的无辜者。正因为认识到了军队干预司法的弊端和严用刑罚，所以他即位之后，曾下令禁止各地州府在监狱之外再另外加修子城。

据《史记·夏本纪》所记："皋陶曰：'日宣三德，早夜翊明有家。日严振敬六德，亮采有国。翕受普施，九德咸事，俊贤在宫，百吏肃谨。毋教邪淫奇媒。非其人居其官，是谓乱天事。'"皋陶很明确地表示，法制需"俊贤在宫"，不能"非其人居其官"，指出那样就会乱了法制上的事。

开宝六年（973年）六月，宋太祖首先将京城左右军巡院的典狱官换成了非军人的文官，任命前馆陶县令李萼为光禄寺丞兼左军巡检，任命安丰县令赵中衡为太府寺丞兼右军巡检，取代了典狱的牙将。到了同年七月，他又进一步废止各州的州司马步院，改名为司寇院，同时将马步军都虞侯判官改名为司寇参军。对这些较为职位高级的掌刑狱的官员，他都以新及第的进士、九经（以易、书、诗、春秋、左传、礼记、周礼，孝经、论语、孟子这九种经书立学所考出的官）、五经（以诗、书、礼、易、春秋这五种经书立学所考出的官）及选入资序相当者来充任。

正可谓"济济多士，秉文之德"，所以宋太祖在任用有知识有文化的人，使其作为地方司法官员有利于法律的贯彻和执行。对于法制的内容，文人们不仅过目就懂，而且还能准确地利用法律条文去处理案件，这对于严格依法办事是非常有益的。

由于宋太祖对军人干政、干法具有独特的体验和认识，所以他才要实行以法治国。为了实现这个目标，首先要做的就是让全体官员和民众了解法律法规的具体内容，与现在社会的普法教育非常相似。所以，宋太祖大力提倡读书人学法，以通吏道。为了培养和选拔优秀的法律人才，他特地设置了律学博士之职，教授法律，在中国历史上最早创立了法学。除此之外，宋太宗还在科举考试中设置了刑法试，其基本的考试内容都包括在宋朝法典《宋刑法》中，奏补人愿试刑法者，兼治两小经，如果中举，就可以作为人大理评事，或者是任刑司检法官，如果表现好的话还可能升至刑

部尚书。

当然刑法试的设立产生了很多积极的影响。很多有志于做司法工作的人可以通过参加考试进入最高司法机关。同时，刑法试使宋朝的法典在文人中得到广泛普及，这在其之前是绝无仅有的。

在962年8月的时候，知制诰叫高锡的人建议说："对注授法官及职官，问书法十条以代试判。"他这句话的意思是说如果要对一些人委以司法职务的重任，一定要以十条法律知识来进行考试，如果对法律并不了解，那是不可以授予司法之职。对于他的提议，宋太祖如实采纳。为了更加彻底地实现以法治国，宋太祖还把这条建议列入考核官员政绩范围，要求为吏者必须明白法令。

对于那些有才能的人，宋太祖特别重视，而且还留意有司法才干的官员，尽量做到人尽其才。除此之外，他还留意听地方官吏的断案，了解地方是否有冤案存在。所以，在选用法官御史、大理的时候会特别小心，避免草率。他曾在任命殿中侍御史冯炳为侍御史知杂、判御史台事之后，特意召见冯炳，嘱咐说："朕每读《汉书》，见张释之，于定国治狱，天下无冤民，此所望于汝也。"

《汉书》中所记的张释之是汉朝文帝时人，任廷尉（掌刑狱，为九卿之一）。一日，汉文帝行出中渭桥，因有一人从桥下走过，文帝的马因而受惊。于是侍卫将这个人捕获送了廷尉那里。张释之怕加枉此人，当即奏道："这人论法当罚金。"汉文帝大怒，欲重罚。张释之说："法者，天下公共也，今法如是也，更重之，是法不信于民也。"文帝听了，悟到了道理而息怒称是。当时有个叫于定国的人，是汉朝宣帝时的廷尉，他决狱审慎，有疑者皆从轻处理，被人称赞为宽平的执法者，当时不少人都称赞他能够决疑平法。在这里，宋太祖以汉时的张释之、于定国为执法的榜样来教育官吏，可见以法治国心之深重。正缘于此，宋朝时形成了重法的社会风气，为中国封建专制社会的一个奇迹。

在古代社会，文人是社会上最活跃的一支力量，他们的思想足以能够影响一个国家的意识形态和观念。同时。作为学识渊博的人，他们不仅懂得治国之策，为国家的建设和发展提供有力的参考；而且他们了解人民的心理，所以又能很好地承担起教育和感化人民，维护统治的重任。文人的这种性格，使得他们在法制不健全的封建社会中的作用尤为重要。

我们说到的有法可依，并不仅仅限制于法律，其实可以推广到各种规章制度，确定明确的规章制度，也是为了给纪律提供明确而有力的制度保障。

还是那句话："没有规矩，不成方圆。"没有纪律的约束，人类的行为就会陷入混乱。这是一个朴素而重要的思想，其正确性不容置疑，但它却在生活中被人们不经意地忽视了。这就是因为我们缺少明确的相关规章条文性的制度保障，使得纪律在我们的意识中不够明确，进而造成了对纪律的重视性不够。

举例来说，我们社会中延续千年，屡禁不绝的腐败现象，历史上从古至今对腐败惩治从来没有间断，但是腐败现象却一直没有灭绝，而且只要有适合的土壤，就会迅速的生根发芽，蔓延开来。腐败现象引人注目，究其原因，在一些社会学家看来，这是因为执掌权力的人（官员）道德水平的下降。但是，如果我们透过现象，进入本质中寻找根源，我们会发现，其本质还是因为我们的纪律及我们确立的制度、法律中存在着问题。一个社会存在的腐败问题，不仅是社会道德的下降，更多的是这个社会对于腐败没有有效的制度性约束，即"无法可依"或者"有法不依"，这就造成了纪律的破坏和被践踏。

不仅是腐败问题，万事万物的道理都是相通的。我们要想确立明确的纪律，就要有制度作为"法"来进行保障，并且，对这个"法"要严格执行，只有这样才能保障团队纪律的严明。因此，现代社会要保证一个团队中有效的执行力，就要建立明确的规章制度，以保证纪律的落实，做到有法可依，有法必行。

根据发展，制定考核

考核是促进企业与员工共同成长的一种手段。通过考核发现问题、改进问题，找到差距进行提升，最后达到双赢。赵匡胤在执政期间，根据时代的需要，也采取了考核的制度。

乾德二年（964年），赵匡胤赞同宰相的举措，接二连三地就考核问题发布诏令，整顿吏治。

整顿首先是从地方州县长官开始的。

这年正月，赵匡胤发布诏令，对州县官员中“昏耄笃疾不任从政者”，让判官和录事纠举，与长吏同署，列状以闻。判官、录事是否胜任，则委长吏考察。

二月，重申后周广顺年间（951—953年）的除官办法，对州县长官及防御、团练、判官等依据相关条件和资格予以正常晋升。

七月，在翰林学士承旨陶谷的建议下，由赵普主持的中书门下省制订和出台了一个关于官吏考核的详细办法——《少尹幕职官参选条件》，它系统和详细地规定了官吏的任官资格、考核条件和升降办法。这实际是宋政府对由科举进入文官系统的官员的任官资格、期限和考核升降予以明确规定的条例性文件。

宋代的文官可分为朝官、京官和选人三类。科举进士出身，除一甲前几名释褐后可授京官外，一般多以选人资格出任各种幕职、州县官员。

官员的一任，普通是指扣除闰月的三周年，每年通过一次“磨勘（即考核）”成一考，三考磨勘合格，就依例升转，称为“得资”。

得资可分两种情况，一是依资正常升转，称“逐资”；一是特殊情况下越资升转，称“超资”。

按照这一文件的规定，进士出身的校书郎、正字、诸寺监主簿，要升至京官的最高一级——大理寺丞（秘书郎），在既无奖酬又无罚责的情况下，通常需要二任六考。

当然，这只是通常情况下的规定，实际上，在官员的升迁中，本人才能、亲友荣辱、家庭遭遇，特别是皇帝好恶仍然起着重要的作用，这在任何时代都是难以避免的。

这个条例性文件的出台，对于多数官员来说，是一桩值得庆幸的好事，条例所包含的公平性和体现的透明度，使他们从此有了一个努力奋斗的目标。

同时，条例也使人事管理纳入了规范化的轨道，可以基本上做到有据可依，这些方面的积极意义还是应当加以肯定的。

乾德四年（966年）正月，赵匡胤下令对盐铁、度支、户部等经济部门的官员进行考核，增加政令是否畅通、遇事是否推诿、与有关方面的关系是否协调等内容。

盐铁、度支、户部，总管国家财政，是北宋前期最高财政机构，号称“计省”。它们事关国家经济命脉，工作运转的好坏，直接关系到国计民生，所以赵匡胤要对这些经济部门的官员进行严格管理。

同年八月，赵匡胤考虑到中央政府中的检察、选吏、审刑官员所处的特殊地位，下令在转任方面给予照顾。

“御史台、吏部铨南曹、刑部、大理寺，自知杂，侍御史、郎中、少卿以下，本司莅事满三岁者迁其秩。御史中丞、尚书、侍郎、大理卿别议旌赏。其奏补归司勒留官，令史、府史，各减一选。”

赵匡胤还利用监察制度来加强对各级官吏的控制。宋代的监察机构，沿袭唐制，中央设御史台，下设台院、殿院和察院。御史台设御史大夫，御史中丞。御史台官员的职责是“掌纠察官邪，肃正纲纪，大事则廷辩，小事则奏弹”。这样一来，上至宰相，下至一般官员，均在监

察弹劾之列。

乾德二年（964年），高锡在出使青州期间，私下接受节度使郭崇的贿赂，所到之处颐指气使，盛气凌人，引起地方百姓不满。

种种不法行为反映到赵匡胤那里，于是赵匡胤就下令御史台详加核实，将高锡贬为莱州司马。

同年八月，御史台参与办理了一桩科场舞弊案，当事人受到了严厉处分。

当时由前宰相王溥之子、库部员外郎王贻孙和《周易》博士奚屿主持对品官子弟的录用考试，翰林学士承旨陶谷请求奚屿在考试中对其子陶戬予以关照。

陶戬诵书不通，奚屿却判他合格而被录用，结果被人检举。

赵匡胤指示御史台严加查处。御史台经过一个多月的调查，认定检举内容属实。结果，奚屿因循私枉法被贬为乾州司户参军，王贻孙虽不知情，但负有领导责任，被降为赞善大夫，陶谷则被扣除两个月薪俸。

同年十一月，御史台介入了一桩对地方官员玩忽职守案件的调查与审理。

由于王全斌在平蜀战争中烧杀抢掠，激起了全师雄等一部分后蜀军队的反抗。在全师雄部进攻剑州之际，剑州刺史张仁谦因足疾不能交战，便打算弃城逃跑。

这一计划遭到剑州通判董枢的坚决反对。董枢引兵击敌，打退了全师雄部的进攻，并招降数百人。

张仁谦感到董枢的胜利对自己构成了威胁，于是设宴将董枢灌醉，私下将投降者全部杀死，并上奏朝廷，诬称董枢与敌军相勾结，请朝廷对董枢治罪。

赵匡胤接到报告后将信将疑，此时刚好有朝廷使者从蜀地返京，向赵匡胤详细报告了事实经过。

因此，赵匡胤把两人同时召回，下令由御史台主持，让两人在殿上说明情况，而且命令御史台认真调查事实真相。最终结果是张仁谦被贬为宋州教练使，董枢则被提升为兵部郎中。

974年5月，御史台处理了另一桩地方官员的贪污案，这个贪污案把更多的地方官员给牵扯出来了。

最初，兵部郎中董枢出任桂阳监知监，在董枢离任后，由右赞善大夫孔磷继任，孔磷离任后，由太子洗马赵瑜接替，后来赵瑜因病离职后，由著作朗张侃出任知监。张侃到任后不久，发现他的前任们个个都曾经利用桂阳监出产白银的机会贪污受贿。于是就把这件事情禀告给皇上，通过暗中调查，发现银数特别多，所以请求皇帝对其进行查处。

接到报告后，赵匡胤怒不可遏，立即下令让御史台核查。

经过认真调查，御史台确认张侃反映的情况属实。于是，将董枢等人提交有关部门处理。

结果，曾经在剑州因战功得到晋升的董枢和孔磷葬送了性命，而赵瑜则被决杖流放。

在宋初出任御史中丞兼判吏部铨后，刘温叟即上疏指陈朝廷官制混乱，官职年限无定，调集无常，造成“两京百司，渐乏旧人，多隳故事”，影响正常运转。于是他建议有其名应任其职，不应寄禄、空设官阶。赵匡胤采纳了他的意见。

刘温叟在家庭生活中也堪称道德楷模。他侍奉继母，犹如亲人，哪怕在盛夏时节，也要穿戴整齐才见继母。

有人说，五代以来，恪守礼仪者，首推刘温叟。在当时，刘温叟的孝道曾闻名全国。

刘温叟在建隆元年即担任御史中丞，至开宝四年（969年）七月因病去世，前后12年。在任期间，除按赵匡胤的旨意，处理了许多案件外，刘温叟还在开宝二年（969年）主持弹劾了皇亲国戚符彦卿，开宝四年（971年）参与了前右监门卫将军赵砒控告赵普贩木规利一案的处理，是赵匡胤控制官员的得力助手。在任期间，刘温叟因病多次请求解除职务，赵匡胤权衡再三，感到很难找到像刘温叟那样“重厚方正”之人，迟迟不予批准，刘温叟最终死于任上。刘温叟死后，赵匡胤深为惋惜，在讨论继任人

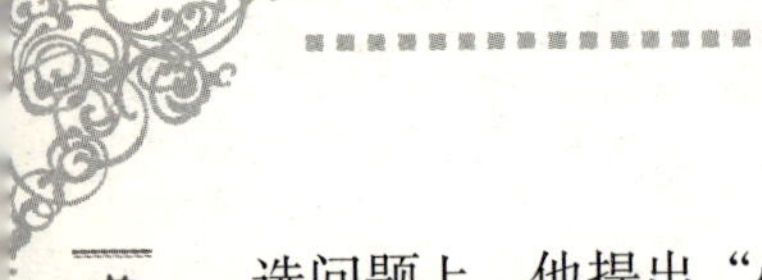

选问题上，他提出“必得纯厚如温叟者乃可”。

综核名实，循名责实，都是法家的思想。赵匡胤用人不仅坚持了任能的原则，还建立了一套考核、选拔的制度，不仅继承和发展了唐朝以来的用人制度，也为后世提供了可资借鉴的经验。

在现代社会中，一个企业的管理者一定要根据企业的具体情况来决定采取什么样的考核制度。在考核的时候也应当遵循一定的原则和步骤。通常来说，这些步骤分为六个方面，把每一个步骤都放在一个单元中，而且在进行之前还要进行充足的准备，如果可能的话还要提前进行演练。

第一步，确定考核周期。根据企业的具体经营管理情况，领导者确定合适的考核周期。通常来说，工作考核是以月度为考核周期。每个周期进行一次例行的重点工作绩效考核。对于那些需要跨周期才能完成的工作也要列入工作计划对其进行考核。其考核方法可以使用实行时段与终端相结合方法，在开展工作的考核周期考核工作的进展情况，在完成工作的考核周期考核工作的终端结果。

第二步，编制工作计划。按照考核周期，作为考核对象的职能部门、业务机构和工作责任人可以制订自己的工作计划，然后对被纳入考核的重点内容进行描述。

第三步，校正量效化指标。绩效考核强调要求重点工作的开展和完成必须设置量效化指标，量化指标是数据指标，效化指标是成效指标。量效化指标是重点工作，它反映了重点工作的效率要求和价值预期。除此之外，在实际工作的操作中，并不是所有的工作结果或成效都可以用数据指标进行量化的，因为效化指标在设置和确定的时候是非常苦恼的，需要一定的专业素质和及时地信息沟通。所以，考核执行人应会同考核对象，对重点工作的量效化指标进行认真校正并最终确定，保障重点工作的完成质效。

第四步，调控考核过程。在管理运转中，有很多不确定的因素在经常发生，这也就造成了很多工作的变动，考核也是如此。当工作的很多情况都发生变化的时候，需要对变化的事物进行全面的分析，然后找出变化的原因和未来的发展趋势，最后对工作计划和考核指标做出及时、适当的调整改进。

第五步，验收工作成效。每当一个周期结束之后，在一定的时间内，考核执行人依据预置或调整的周期工作计划，在考核完成之后进行成效验收。按照每项工作设置的量效化指标和考核分值，逐项核实工作成效，逐项进行评分记分，累计计算考核对象该考核周期重点工作完成情况的实际得分，并就工作的绩效改进做出点评。

第六步，考核结果运用。改进绩效、推进工作、提高效率是考核的目的。考核结果也就是考核对象重点工作完成情况的实际得分。如果直接使用考核结果必然会对考核的激励作用产生影响。此时，一定要考虑企业管理资源的实际情况，考虑企业文化的负载能力，只有这样，才能找到最好的考核结果运用方式。

赏罚分明，以树军纪

治国之道，要赏罚分明，信赏必罚，当赏则赏，当罚则罚。奖赏有功，可以激励他人，导人为善；刑罚有过，可以抑制恶习，净化社会。只有赏罚分明，才能树立严明的纪律。

宋太祖为政时期，无论是率兵征伐，还是治国安民，都强调信赏必罚，并且说到做到。他曾经发布诏令说："国家慎重选贤用才，参加国家大事的管理。钱、财、物等权力集中的职位尤其重要。已经被选拔任用的官员，应各自竭力诚心，尽职尽责。每年年终时都要考核官员的政绩，赏罚的规定是一定要实行的。没有功劳或是不能胜任的就要罢免或辞退，有功劳的则要分别给予奖赏。"

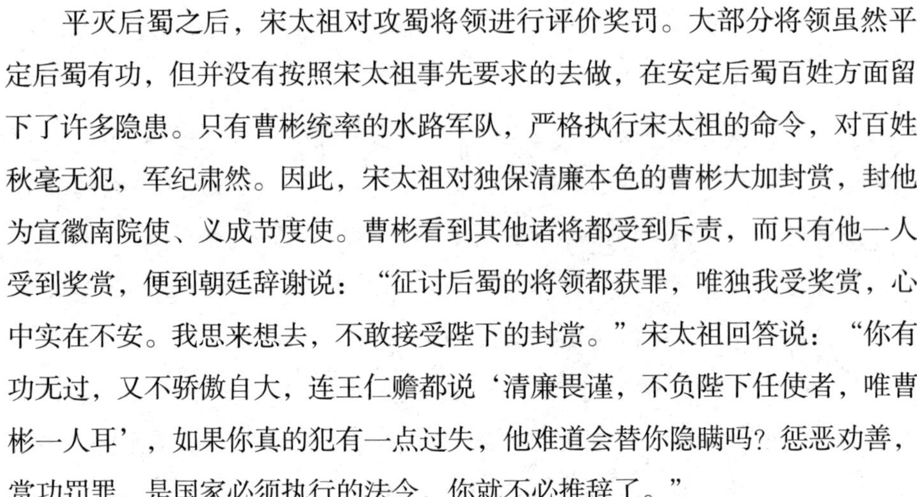

平灭后蜀之后，宋太祖对攻蜀将领进行评价奖罚。大部分将领虽然平定后蜀有功，但并没有按照宋太祖事先要求的去做，在安定后蜀百姓方面留下了许多隐患。只有曹彬统率的水路军队，严格执行宋太祖的命令，对百姓秋毫无犯，军纪肃然。因此，宋太祖对独保清廉本色的曹彬大加封赏，封他为宣徽南院使、义成节度使。曹彬看到其他诸将都受到斥责，而只有他一人受到奖赏，便到朝廷辞谢说："征讨后蜀的将领都获罪，唯独我受奖赏，心中实在不安。我思来想去，不敢接受陛下的封赏。"宋太祖回答说："你有功无过，又不骄傲自大，连王仁赡都说'清廉畏谨，不负陛下任使者，唯曹彬一人耳'，如果你真的犯有一点过失，他难道会替你隐瞒吗？惩恶劝善，赏功罚罪，是国家必须执行的法令，你就不必推辞了。"

同时，宋太祖还对王全斌等人违抗圣命、掠夺人口财货、杀戮降兵、私开府库等罪状严加审查。经文武百官议定，王全斌等人罪当大辟。但宋太祖考虑到他们虽犯有重罪，但在平蜀过程中也立有大功，本着将功抵过的原则，特地对他们从宽处理。王全斌被贬为崇义军节度观察留后，崔彦进被贬为昭化军节度观察留后，王仁赡被贬为右卫大将军。对于宋太祖如此处理，后人吕中评论说："我宋太祖之兴，其用兵行师，伐叛吊民，尤切留意于赏罚之际。王全斌、曹彬，平蜀将帅也，曹彬有功无过，则擢用而不疑；王全斌贪恣致乱，则贬降而不恤。"

为了求得永远的和平安宁，宋太祖还用赏赐的办法，鼓励百官上疏直谏。972年，宋太祖下诏：凡官绅、儒士、贤才等一切平常熟知治河的有识之士，或懂得疏导之法的实干之才，可写奏折上疏，经驿站送至京城。朕当亲自阅览，采用他们好的建议。凡上疏建议被采纳的人，将分别给予不同的奖赏。

把握住刑罚的尺度，当严则严，当轻则轻，是宋太祖处世的又一原则。967年，禁军将领吕翰率众谋反，有人揭发说禁军中大多数人都参加了这一叛乱，请求将他们及其妻子、儿女一起处以极刑。宋太祖刚开始既震惊又愤怒，决心严惩谋逆之人，但转念一想，此案牵涉人员过多，如果举报不实，岂不枉杀大批的无辜。经过慎重考虑，宋太祖召来检校太傅李崇矩商讨。李崇矩认为，叛乱是不赦之罪，应该杀掉，但是这样一来，该杀的人有一万多，也未免太多了。宋太祖说："我认为这其中绝大多数人是被迫的，谋反并非他们的本意，他们其实并不想谋反。"于是，宋太祖当机立断下诏免除所有参与叛乱之人的罪，声明只追究为首者的责任。如此一来，立即在叛军中产生巨大反响，被胁迫参加叛乱的将士被宋太祖的宽厚行为所感动，纷纷脱离吕翰，重新回到宋太祖阵营。吕翰众叛亲离，不久便被平定。

对待犯有重大过错的官员，宋太祖一般不会轻易宽恕。《宋史》称，开国之初，一些武将功臣贪赃遇赦，经过一段时间后仍然可以被升迁。宋太祖发现这种情况后非常生气，说："这样做，怎么能够惩戒贪吏呢？"于是下诏重新修改法令。新的法令规定：即使大赦之时，十恶之罪、官吏受赃罪等不予赦免。

对于既有功又有过的大臣，宋太祖赏其功，罚其过，尽量做到公正公平。

建隆四年（963年）三月，宋太祖授命军校尹勋督民夫疏浚五丈河。尹勋本是个很负责的军校，但处事浮躁，缺少经验，对"度"的掌握不够，结果对民夫督责过严，导致陈留的民夫夜间逃跑了不少。尹勋没有请示上级就亲自率兵去将逃跑的民夫全部捕获，而后又将带头逃跑的10名队长斩杀，将70余名逃夫的耳朵割掉，以示严惩。

尹勋的这种残暴行为引起公愤，很多疏浚河道的民夫到京中上诉要求严办尹勋。兵部尚书李涛气愤不过，抱病上奏，力请宋太祖斩杀尹勋以平民愤。李涛的家人担心他的病会加重，极力劝阻他不要管这件事，李涛断然说道："我身为兵部尚书，知军校无辜杀人，岂有不论？"

宋太祖非常赞赏李涛的作为，对他慰勉有加，又委任他为督疏浚河官，对被害民夫予以抚恤。但他认为尹勋是忠事朝廷，并无私情，只宜薄责，不宜处以极刑，于是降尹勋为许州团练使而了事。

宋太祖赞赏李涛，慰勉有加，便是以轻诺相许，而未对肇事人尹勋给予重责，必将受到李涛的不信任。宋太祖宁受寡信而不多杀一人，真可谓

"圣人犹难之，最终无难"。

《宋史》赞曰："宋初诸将，率奋自草野，出身戎行，虽盗贼无赖，亦厕其间，与屠狗贩缯者何以异哉？及见于用，皆能卓卓自树，由御之得其道也。"按照《宋史》此论，驾驭宋初出身于草野戎行的军中将领，甚至包括盗贼无赖、屠狗贩缯者在内的乌合之众，是"非圣人不能为之"的事，宋太祖虽非圣人，然而却本着一颗真诚之心，通过种种难为的手段，将之整饬为一支训练有素、战无不克的军队，可见他的用人谋略之高明。

正因为宋太祖坚持赏罚分明的治国、治军方法，宋太祖得到了有功之臣的忠心辅佐，也有效地防止了不法之臣的作乱。他的军队纪律严明，具有强大的战斗力。

宋太祖通过恩威并重的方法实现了对臣民的有效统治。他对有功之臣不吝施恩，通过金钱和感情获得将士的忠心。同时，他又宽严有度、赏罚分明，给臣下以威严。正是这种恩威并重的方法，让宋太祖的臣下对他既忠心又尽心，维护了大宋的统治，使宋朝摆脱了五代十国以来"短命王朝"的命运，为大宋统一中原打下了坚固的基础。

赏与罚，曾被古人称为管人的两把利剑，是领导者统御部属，使用人才的重要手段。孙武把"法令孰行""赏罚分明"，作为判明胜负的两个重要条件。曹操也说："明君不赏无功之臣，不赏不战之士。"赏罚分明得当，是古今中外一切用人者的根本原则。领导者一定要正确使用赏罚，切莫随心所欲，无原则赏罚。

不赏私劳，不罚私怨。不奖赏对私人利益有功的人，不惩罚对自己有成见或隔阂的人。现实生活中的很多当权者，在这个问题上往往处理不好。封建社会中的帝王将相常常把大量恩荣给予侍候自己的心腹之人，慈禧太后对大太监李莲英恩宠有加就是一例。

有功即赏，有过即罚。领导者要正确的用人，真正调动部下的积极性，必须做到按功行赏，论过处罚。这样做至少有三点好处，一是为部下提供了一个公平竞争的环境。既然功过是非是决定一个人的升降荣辱的唯一准则，那么，大家就尽心尽力地工作，以争取奖赏，避免惩罚。二是可以避免人为的矛盾。如果不坚持功奖过罚，部下难免有亲疏嫡旁之感，而部下一旦产生这种情绪，相互之间的隔阂便会随之而生。而唯功是奖，唯过是罚，部下感到领导一视同仁，矛盾自然消失。三是可以调动大多数人的积极性。无论赏还是罚，只有得当，才能起到激励作用。如果失度，不仅没有受到赏罚的人心里不服，即使受罚者也不以为然。因此，在赏罚上不能坚持平均主义，不能吃“大锅饭”，必须坚持功过分明。无功受禄，罚不当罪，都是领导者的大忌。

贤明的君主，一般都能够依照制度规定，比较公正地行使手中的权力，对官员进行赏罚鉴定，能起到激励贤能、打击邪恶的作用。

唐太宗曾说过：“国家大事，唯赏与罚，赏当其劳，无功者自退，罚当其罪，为恶者咸惧，则知赏罚不可轻行也。”

《十六经》中说：

“天德皇皇，非刑不行；穆穆天刑，非德必倾。刑德相养，逆顺乃成。刑晦而德明，刑阴而德阳，刑微而德彰。其明以为法，而微道是行。”

也就是说，帝王的奖赏是光明的，但如果没有刑罚的配合也不能生效；帝王的刑罚是严肃的，但如果没有奖赏的配合也注定要失败。所以刑罚与奖赏应该相辅相成，治理国家既需要施以光明之赏，也需要施以阴晦之刑。

奖赏，是对人的为善之举和功劳的一种肯定和褒扬，用以激励人们朝着这个方向前进，继续为国家和社会做出自己的贡献。刑罚，是对人的作恶之举和过错的一种否定和惩戒，用以制止这种行为的继续发生，防止再出现危害社会和百姓的不良影响。

随着封建官僚制度的出现和确立，赏赐制度也越来越完善，统治者采用各种手段来激励官员建功立业。俗话说：“不予奖励，何以勉善？重赏之下，必有勇夫。”在和平年代，奖赏可以导致民风教化淳美，狱中无囚，争讼绝息。在战争年代，奖赏可以激励士气，振奋人心，使将士们作战更加勇敢，对将帅更加效忠。

随着赏赐制度的逐步完善，褒扬也更多地出现在国家政治生活中。

作为一种精神鼓励，褒扬虽不能直接带来物质上的实惠，但对振奋人心，满足人们的虚荣心却大有益处。古人重视名节，信奉“雁过留声，人过留名”，把名节看得比生命还要重要。统治者正是看到这一点，才广泛采取这种没有本钱的做法，以玺书勉励，荣誉称号、画图像、榜记、赐谥号等方式，对有功之臣大加封赏，从而起到激励人心向上、向善的作用。

刑罚作为惩恶的手段，自古以来便存在于社会之中，并且随着社会的发展进步，其内容与程度也不断发展变化。官员遭受刑罚的原因很多，大致也归为四类：一是谋反作乱，二是贪污受贿，三是渎职失守，四是残害百姓。刑罚的方式也是多种多样，数不胜数。

在诸多刑罚中，最严厉的应数株连九族。秦王嬴政曾下令，将与太后私通并扰乱朝政的缪毐“灭九族”。在历代史书中，遭受灭族之灾的官员也不在少数。随着法制的强化，刑罚也逐渐变得更为严密。仅死罪一项，便有凌迟、枭首、弃市、赐死等许多形式，其他的刑罚更是多如牛毛。因《史记》而名传后世的司马迁，便曾因上疏汉武帝而招致宫刑；孙膑因遭庞涓妒忌而惨遭膑刑；屈原也曾被楚王杖刑后放逐。此外，还有罚俸、降职、免官等较轻的刑罚。

但是，不论赏罚，都是人治社会对某些行为规范的判断，其出发点也是基于统治者个人的好恶。君主的决策正确与否，对于赏罚制度的公正起着决定性作用。

治国之道，在于赏罚分明。只有赏罚公正，才能起到惩恶扬善的作用，否则，乱赏就会使臣民不思进取，不严守国法；滥罚，就会使坏人暗中为非作歹，不思改过自新。无功受赏，无罪被罚，就会丧失民心。君主一旦失去民心，就失去了治国的稳定基础。

西汉哀帝因宠爱年轻帅气的郎官董贤，不仅提拔他做官，而且对他言听计从，赏赐他大量的珍宝，他的家人也因此被授予各种封号和爵位。随后，哀帝又晋封董贤为高安侯，位列三公，掌握朝中军政大权。像董贤这样一无战功，二无政绩的人得到如此重赏，自然引起大臣们的不满和反对。丞相王嘉代表众臣向哀帝进谏说：“高安侯贤，佞幸之臣，陛下倾爵位以贵之，单货财以富之，损至尊以宠之，主威已黜，府藏已竭，唯恐不足。”但哀帝丝毫听不进去忠言，反而下令将王嘉逮捕入狱。正是因为哀帝的滥赏与乱罚，引起了朝中百官的强烈不满，一些有野心的政客乘机广结势力，图谋篡权。哀帝死后，外戚王莽便夺取了政权。

滥赏不行，严刑峻法同样不可取。前秦厉王苻生性格乖僻内向，反复无常，经常滥杀臣吏。一次，京城刮起龙卷风，苻生认为这是有人故意捣乱，便随意杀了不少无辜的大臣和侍卫以平息天怒。还有一次，他突然下诏让群臣至咸阳故城面圣，因事情仓促，许多大臣未能及时赶到，苻生二话没说，便宣布将迟到者通通处死。大臣们在他面前说话，个个心怀恐惧，唯恐哪句话得罪了苻生而招致杀身之祸。

贤明的君主赏功罚过，应遵循一定的尺度，而不应随着个人的喜怒情绪肆意妄为。臣民们依法办事而建有功业，就应当奖赏；臣民违法办事而犯下罪过，就应当惩罚。应该得到奖赏的，即使对君主没有直接益处，但只要有利于国家和民众，也应同样依法奖赏。应该受到惩罚的，即使对君主的名声威望没有损害，但只要损害国家和百姓的利益，也要依法惩处。同样，贤明的君主不能让臣民不经努力便轻易获得奖赏，也不能惩罚那些尽了力而没完成任务的人。

领导者为了树立严明的纪律，一定要做到赏罚分明，只有这样，才能树立严明的纪律；只有这样，才能保证管理的有效实施，才能够让下属自觉地遵守纪律。

恩威并重，慑服众人

要慑服众人，须有一定的胆魄和权谋。芸芸众生，大家看起来都相差

不多，但总会有出类拔萃之人。在一个群体中，总会自然而然地产生出一个领袖人物，也就是大家公认的头领。

在统治天下的过程中，对于恃宠而骄的将领，宋太祖绝不袒护。

自古以来，世上就多居功自傲之人，往往恃其功名而横行于世，做出种种违法之事，这里的张琼就是一个例子。他依仗着自己救过皇帝的命，所以才敢私自选用官马乘骑、收纳叛臣仆从、私养部曲、自作威福，使禁军中的将士畏惧。

建隆年间，宋太祖命张琼出任殿前都虞侯。张琼英勇无畏，但性格暴躁，士卒稍有得罪，便重加治罪。禁军军校史珪、石汉卿奉宋太祖命负责反映将士动态，监视官兵言行。张琼就对他们产生怨恨，斥责史珪、石汉卿是一伙搅乱军心的巫媪。张琼私养部曲、自作威福、禁旅畏惧。因他私自选用官马乘骑，收纳叛臣李筠仆从，被举报有罪。虽然论罪当诛杀，但宋太祖念及他救过自己的命，就亲自对张琼审讯，怕冤枉了他。谁知张琼面对指控，拒不认罪，于是便把他交御史台调查核实罪状。张琼性情刚烈，见皇帝没有袒护他，便羞愤自杀了。对张琼之死，宋太祖大为震惊，但对举报张琼有罪的史珪、石汉卿二人也没有治罪。

宋太祖治军严厉有法，因而使军中无骄将悍卒。因此也使宋军在统一战争中屡战屡胜，很快就消灭了大多数的割据势力，实现了统一大业。这里需要谈的是宋太祖不仅厉行军法、执法如山，而且不徇私情。

古人有大义灭亲的忠臣，宋太祖也能大义灭亲。乾德三年（965年）十一月，宋太祖的内弟、国舅王继勋指挥的禁军雄武军，因为主官领导无方而导致军纪松懈，竟在大街上掠人子女，京城里巷为之不安。宋太祖闻讯大惊，将肇事者全部捕获，又将百余名参与者连同肇事者悉数斩杀，连小黄门阎承翰也因为见而不奏被决杖数十。直接长官王继勋虽然由于孝明皇后的关系，又因没参与违纪的事而未被追究责任，但在次年六月却因恃恩骄恣、多办违法之事而被部曲告发。经查实后，宋太祖立即把他的军职革除。

被免职后，王继勋闷闷不乐以致心理变态，便拿家中的奴婢发泄怨气，将奴婢身上的肉割下来切碎为乐，前后被伤害者很多，而外人不得而知。一日下大雨，王继勋家的围墙倒塌，被他伤害的奴婢一起逃奔到国门诉冤。宋太祖这才了解了王继勋所做的坏事，立即将他的一切官职全部免去，又将他软禁在私宅，后又定罪流放登州，继而斩杀。

王继勋是王皇后的亲兄弟，皇后母仪天下，他便是国舅。他若能老老实实地做人，决不会失去富贵，可他却依仗地位的尊贵，不好好做官，对属下不加约束，恣生邪僻，违乱法纪。他自己也恃恩骄恣，多为不法，以脔割奴婢为乐，伤害苍生。《诗经》上说："人而无耻，不死何俟？"荒淫无耻，不守法制，诛之事小，万人唾骂事大。

宋太祖不仅以执法如山、惩治奸邪、镇压暴虐之徒标榜于天下，而且以身作则，身为皇帝而处事质朴自然，不藏邪僻，不徇私情。既不惜爵赏，也不吝执法。软硬结合，刚柔相济，宋朝之初社会风气之澄明，由此可见其成因。

借用自己和身边的亲信来立威，大概是最简单而又最有效的捷径了，因为大家容易从中感受到公平和公正。曹操割发代罪，诸葛亮泪斩马谡，都是极有说服力的范例。这样的举动，虽然对自己的心理造成一定的损伤，但其收效却事半功倍，不仅树立了自己的威信，而且鼓舞了士气，起到了良好的宣传作用。

对待原来各割据小国的君主，宋太祖也是很好地贯彻了恩威并施、以恩取胜的策略。

平定后蜀后，宋朝的疆域急剧扩大，与建都于广州的南汉政权相接壤。在当时各个割据政权中，南汉统治者最为昏庸残暴，其奢侈残忍，令人发指，使国中臣民人人自危。南汉主刘鋹在位时，整日在后宫淫乱，将政事全部委托给宦官和宫女，宫中仅宦官就多达7000余人。他还认为，大臣有家室，便不能对国主竭忠尽智，于是强迫朝中有才能的官员全部自宫，然后才可以做官。此外，刘鋹还仿效商纣王，在宫廷中设立烧煮、剥剔、刀山、剑树等酷刑，或者强迫犯人与虎豹等猛兽决斗，从中取乐。在他的统治下，全国上下怨声一片，人民生活得极为痛苦。宋太祖听说后，

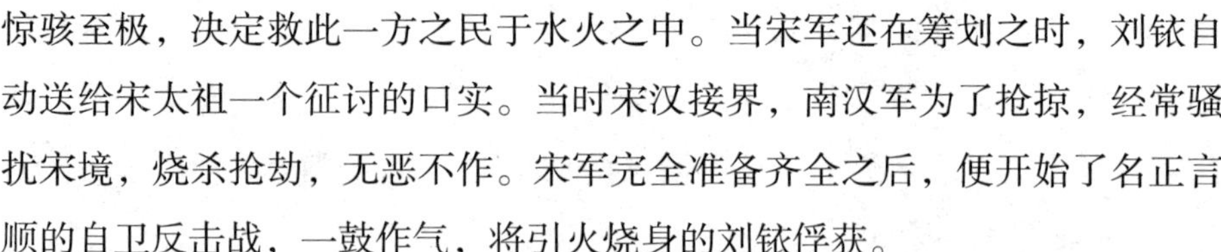

惊骇至极，决定救此一方之民于水火之中。当宋军还在筹划之时，刘鋹自动送给宋太祖一个征讨的口实。当时宋汉接界，南汉军为了抢掠，经常骚扰宋境，烧杀抢劫，无恶不作。宋军完全准备齐全之后，便开始了名正言顺的自卫反击战，一鼓作气，将引火烧身的刘鋹俘获。

南汉主刘鋹降宋后，被封为恩赦侯。一天，刘鋹随宋太祖到讲武池，宋太祖赐刘鋹一大杯酒。这一举动宋太祖虽是无意，却把刘鋹吓得魂飞魄散，以为性命休矣。原来，刘鋹在南汉时经常用鸩酒毒害臣下，此时他以为赐给他的也是一杯鸩酒，所以泣不成声，跪地求饶说："臣承袭祖父基业，违抗朝廷，有劳王师前来征讨，本来罪重当斩。陛下既然赦臣之罪而不斩，但愿做一个普通百姓，有机会能看到大宋的太平盛世，实在不敢饮此酒。"宋太祖听到侍从的解释后，抚须大笑，上前搀起刘鋹，说道："我与你推赤心于腹中，哪里有想毒死你的意思？"于是命人取过刘鋹的酒一饮而尽，又另赐给刘鋹一杯酒。刘鋹感到十分惭愧，无地自容。

在平定江南时，宋太祖以南唐后主李煜托词有病而不到开封觐见之名，命大将曹彬率10万大军伐南唐。后主李煜虽然在文学方面卓有建树，号称"词中之帝"，但对于治国和统军却知之甚少。战前便自乱阵脚，多次在部下中散布悲观情绪："宋军强劲，谁能敌之！"而宋太祖为了一举灭掉南唐，战前做了充分的物资和心理准备，他一方面周密部署部队，另一方面又告诫统帅曹彬："平定江南之事，全靠你了。切记要严明军纪，用恩信争取民众，不要滥杀无辜，不要抢掠民财；并应尽可能地迫使南唐投降，不要逞一时的匹夫之勇而攻城陷阵，避免无谓的伤亡。如果迫不得已而攻城，破城之后也不要加害李煜及其家属。"这一番话，虽然主要意图是巩固胜利成果，以便尽快恢复南唐的安定，但也不难看出，宋太祖对后主李煜及其家属，甚至南唐百姓还是比较仁义的。

统一基本实现之后，对各地政权统治者的安抚工作又摆在宋太祖的面前。要想安定各地民心，稳定形势，除了要在各地废除苛捐杂税，取消以前的暴政外，对各地的统治者也要妥善安置。宋太祖在这一方面是毫不吝惜官位和金钱的，他隆恩广布。

后蜀主孟昶被封为检校太师兼中书令、秦国公；南汉主刘鋹被封为检校太保、右千牛大将军、恩赦侯；南唐后主李煜被授予检校太傅、右千牛卫上将军、违命侯。其家属也都得到厚赏和封赐。这些本来担心受斩的降王，看到宋太祖如此厚待，非常感激宋太祖的仁厚。在讨伐北汉之前的一次宫廷宴会上，刘鋹高兴地向宋太祖进言："现在皇上的恩泽遍布天下，天下的伪主今天都在此，只是缺少北汉的刘继元。刘继元迟早也会来的。等到天下的伪主都聚齐的时候，请皇上按照先来后到的顺序，在降王中封我一个降头。"这话虽然是嬉笑之言，但也可以从中看出宋太祖仁政怀柔之下，降王们尽皆心悦诚服之态。

宋太祖对这些降王，可以说仁至义尽，不要说把他们杀死或处罪，连责骂也很少听见。宋太祖之所以这样做，目的是让他们感受大宋王朝的皇恩浩荡，借以晓谕新征服地区的官员和百姓，使他们认为宋太祖是一个仁义的贤君圣主，以此使百姓和官员能够很好地遵守国家的法令，本本分分地做人，以维护赵宋王朝的基业。

宋太祖虽给这些小国的君主封公赐侯，但不难看出，在其所赏赐的封号中，有威权的意思。刘鋹被封为恩赦侯，其意很明显，说明刘鋹本来是罪犯之身，理应受到重罚，但考虑到安抚南汉民心，所以才封他为侯，其中的"恩赦"二字，便是宋太祖对他以往罪行的宽大。南唐后主李煜投降之后，被封为违命侯。这其中的意思更加明显，意即李煜胆敢违抗圣命，对抗天朝的统一大业，实乃违抗天命，应当重罚。虽然出于与对待刘鋹同样的目的，但对李煜却是比较严厉，故封其为违命侯，使其时常牢记自己的违命之举。

事实证明，采用仁政和恩义要远比采用暴力和滥杀更有益于国家的稳定。秦始皇统一六国时，对六国君主杀的杀，贬的贬，造成国内怨声一片，各地的亡国之君迫于无奈，纷纷豢养死士，准备刺杀秦王。像荆轲刺秦，图穷匕首见的故事，已从民间传说中被搬上了戏剧舞台。恩惠与威慑一样，都是笼络人心的一种手段，只不过方法不同而已。一把无坚不摧的绝世利刃，虽可以削金断铁，无往而不胜，但它在绵绵的流水面前，却也

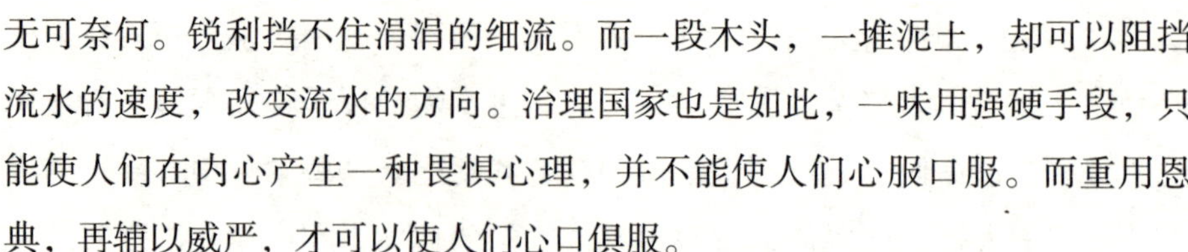

无可奈何。锐利挡不住涓涓的细流。而一段木头，一堆泥土，却可以阻挡流水的速度，改变流水的方向。治理国家也是如此，一味用强硬手段，只能使人们在内心产生一种畏惧心理，并不能使人们心服口服。而重用恩典，再辅以威严，才可以使人们心口俱服。

对群臣的驾驭，仅凭皇帝九五之尊的身份和高高在上的地位是不够的，还需要一些权谋，用威望震慑住他们。宋太祖运用“恩”和“威”这两样攻心术，牢牢控制住将士和大臣，使他们成为维护其统治的基石，巩固了自己的权力。

所谓恩，即亲切的话语及优厚的待遇，特别是话语。记得下属的名字，每天早上打招呼时，如若能亲切地叫出下属的名字并加上一个赏识的微笑与信赖的眼神，这名下属当天的工作效率会大大提高，他会感到，上司知道我，我得好好干！另外，还要关心他们的日常生活，聆听他们的心声。特别是要为他们解决后顾之忧，比如户口、住房、子女上学、养老保险等忧虑。

所谓威，就是一定要有严格的命令与严厉的批评。一定要令出行随，不可为了维护自己谦和的形象而不对其错误给予严厉批评与斥责。上司的威严必须要拿出来，让下属知道你的决策是正确的，必须不折不扣地执行。

对下属交代工作、布置任务时更要显示出你的威严。一方面，要敢于放手让下属去做，不要自己打天下；另一方面，交代任务时，要求要明确，比如什么时间完成，达到什么标准。之后，必须检查任务的完成情况。

恩威并重，树立严明的纪律，才能管理好下属，发挥他们的潜能。

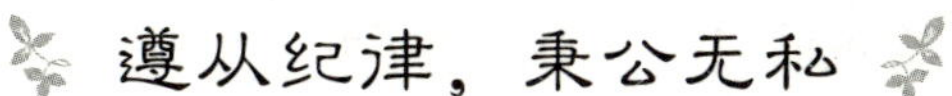

遵从纪律，秉公无私

人都有个人感情，而个人感情对一个人对事情做出的判断会有很大的影响，个人感情因素甚至会对对纪律的贯彻执行产生影响，这就要求在个人感情与纪律产生冲突时，放弃个人感情，而选择遵从纪律，做到不因公废私。

古人有云：三十而立。30岁的时候，赵匡胤还是后周将领，在后周军中南征北伐，也正是赵匡胤恰好30岁这年，发生了滁州之战，当时飘扬在滁州城下的后周军旗为他的30岁生日增添了光彩。站立在滁州城关，北望开封，回想伴驾出征的经历，赵匡胤心中充满了得意。这一段时间来，后周军数与南唐军交战，多获胜利，但也有兵锋受挫和损兵折将的记录，而赵匡胤却是不辱使命，每战必胜。

想起这些，高辛庙台卜时那个“圣铰”吉兆又浮现于赵匡胤脑际，他暗自思忖：当初求神问卜是在颠沛流离、大志难伸时不经意而为之，想不到真的成了大吉之兆，今后的路若还是这样一帆风顺，步步登高，执国政、当天子也许并不虚妄！

赵匡胤越想越兴奋，激情澎湃，热血沸腾。但是，赵匡胤却理智地克制住自己的情绪。他深知，自己资历尚浅，功不高位不显，还远不是自鸣得意的时候。木秀于林，风必摧之，须谨慎从事，处处小心，对皇帝要表现出始终一贯的忠诚，绝不能给谗谄小人留下可乘之机。若谗谄之口不禁，君怀猜忌之心，将会前功尽弃，功亏一篑！

经过这一番利弊得失的权衡比较，赵匡胤发热的头脑又冷静下来。他

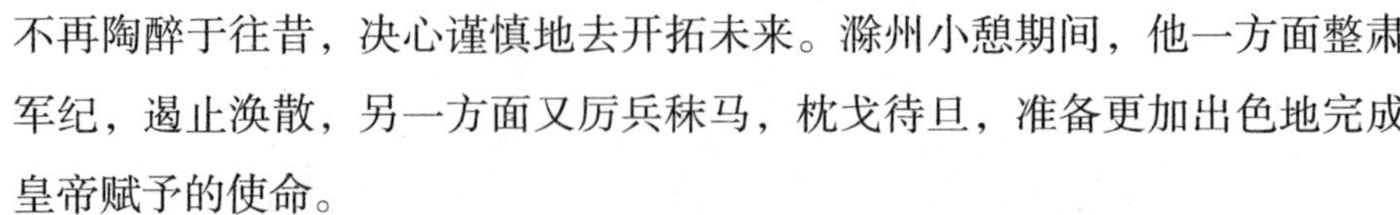

不再陶醉于往昔，决心谨慎地去开拓未来。滁州小憩期间，他一方面整肃军纪，遏止涣散，另一方面又厉兵秣马，枕戈待旦，准备更加出色地完成皇帝赋予的使命。

这天夜半，滁州城外来了一千人马，声称是马军副都指挥使队伍，急迫地传呼开门。守城的兵士将来人的旗帜标志仔细地察看了一番，虽觉确为自己人，却仍不肯把城门打开。他们委婉地对来人说，主帅有令，夜间不得开城门，以防有诈，请他们天亮后再进城。

当时正值严冬，天气寒冷，夜风如刀，那干人马听说不让他们进城，鼓噪声大起，连声埋怨滁州守军不讲情面，故意刁难，还有的大声叫骂，污言秽语不绝于耳。守城的兵士们却只当没听见，硬是不肯开城门。

这时，一位50多岁的老将驰马近前，怒气冲冲地说："我乃马军副都护使赵弘殷，是你们主帅之父，快将城门打开，让我等进城！"

守城兵士闻听，惊得直咋舌，赶紧去报知赵匡胤。刚刚就寝的赵匡胤得知此事，马上披衣而起，随守城兵士来到城门楼上，当赵匡胤的目光投射到城下那位老将身上的时候，心中陡然升起一股热流。自己20岁离家出走，闯荡天下，不觉已历十年。十年来，他无时无刻不在怀念着他的亲人，始终如一地牢记着父母对他的教诲。这期间，他也打听过父亲的消息。他得知，父亲在后汉乾祐年间，曾领兵征讨王景于凤翔，战于陈仓。那次战斗中，他左眼中箭，仍奋勇冲杀，大败敌军，因功迁护圣都指挥使。周太祖广顺末年，改为铁骑第一军指挥使，转右厢都指挥，领岳州防御使。征淮南之役，也建有战功。赵匡胤为父亲的成功而欣喜，也为父亲失去左目而牵挂。但是，因征战连年，无暇多顾，鲜尽孝心。今日父亲风尘仆仆夜至滁州，赵匡胤何尝不想把父亲迎入城中，倾诉别情?

然而，父子亲情却没有动摇他严守军纪的意志，他没有让兵士把城门打开。他歉疚地对赵弘殷说："父子虽至亲，城门王事也，不敢奉命。"

赵匡胤看似无情的拒绝使赵弘殷一时愣住了。他有些恨这个不孝的儿子。但转念一想，儿子舍弃父子之情而尽忠王事，无可指责。他身为人子，亦为人臣，事君高于事父，国事重于家事。匡胤能舍小而取大，疏亲情而重君命，堪称明理之举。于是，赵弘殷原谅和理解了他的儿子，带领部下在城外露宿一夜，直到天亮才进入城中。可是，入城后却因夜感风寒病倒了。

在赵弘殷病卧滁州的日子里，赵匡胤精心照料，恪尽孝心，使赵弘殷颇感宽慰。这期间，还有一人殷勤侍奉于赵弘殷病榻之侧，“朝夕奉药饵”，赵弘殷“待以宗分”，此人便是赵匡胤的挚友和谋士赵普。

据《宋史·赵普传》记载，赵普成年后曾为永兴军节度使刘词幕僚，后由刘词和后周宰相范质举荐于朝廷，与赵匡胤同为周世宗部下，并一起攻入滁州，任军事判官，所以便有了赵弘殷病卧滁州期间赵普朝夕侍奉这段故事。现在我们姑且不去考证赵匡胤与赵普的结识始自何时，还是回到滁州城内，回到赵弘殷病榻前。此时，赵普已像对他自己的父亲一样，精心照料赵弘殷多日了。

也许，就是在这些暂无战事的日子里，赵匡胤与赵普交情益深。赵匡胤惊异于赵普的才能，暗自钦佩不已。一日，赵匡胤欲斩盗贼百余名，交赵普审讯，赵普怀疑内有无辜者，便详加审讯，以避免错杀，结果使许多人得以幸免，赵匡胤从此更加敬重赵普。赵匡胤因功被封为定国军节度使后，立即把已任涓州军事判官的赵普招到自己身边，做了佐理节镇事务的推官。从这以后，赵普始终跟随赵匡胤，成为他创立北宋王朝的核心人物。

赵弘殷在滁州病愈后又参加了扬州之战，与周世宗会师于寿春，因功封检校司徒、天水县男，与赵匡胤分典禁军，一时荣之。他死于显德三年（956年）。按古礼，父母死，得免官守丧三年。但因战事紧张，重任在身，赵匡胤略尽孝心后便又忙于战事去了。

在感情与原则、纪律、法律发生冲突的时候，一定要放弃个人感情，而重视原则、纪律和法律，一定要尽力做到讲党性不讲私情，讲原则不讲关系，讲真理不讲面子，千万不可意气用事，否则就会违反纪律，甚至是触犯法律。

在中华民族的传统美德中，孝道是最为人看中的个人情感，正所

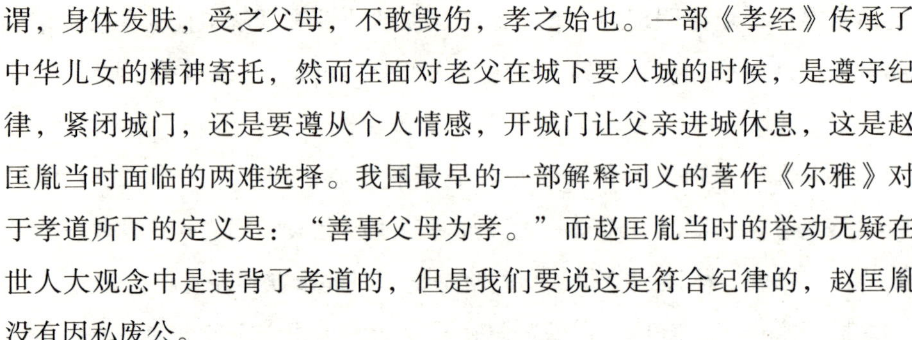

谓，身体发肤，受之父母，不敢毁伤，孝之始也。一部《孝经》传承了中华儿女的精神寄托，然而在面对老父在城下要入城的时候，是遵守纪律，紧闭城门，还是要遵从个人情感，开城门让父亲进城休息，这是赵匡胤当时面临的两难选择。我国最早的一部解释词义的著作《尔雅》对于孝道所下的定义是："善事父母为孝。"而赵匡胤当时的举动无疑在世人大观念中是违背了孝道的，但是我们要说这是符合纪律的，赵匡胤没有因私废公。

英国人一向很看重纪律的重要性，有这样一个小故事：小火车站的站长威廉是一个非常注重纪律的人。因为车站较小，所以作为站长，威廉要负责车站的所有工作，卖票、检票、打信号甚至打扫卫生都是威廉干。威廉平时严格遵守所有的制度，并竭力维护制度。可以说在车站内，如果有谁胆敢破坏制度，谁就会被威廉看为敌人。威廉退休时，为了表彰威廉出色的工作成绩和他勤劳的工作态度，铁路部门给他一件礼物——一节报废的火车车厢，威廉将他放在自己家后院。一个下雨天，威廉的一位朋友去看望他，发现他十分狼狈地坐在那节车厢的外面在雨中吸烟。朋友不解地问他为什么不到车厢里吸烟，威廉沮丧地回答说：他们送给了我一节禁止吸烟的车厢。

这个故事颇有一些英国式的幽默，却在一定程度上反映出英国文化对纪律的重视。在这个幽默的小故事中，威廉本来可以在车厢中安逸地吸烟，可是如果为了自己的舒适而违反纪律，那就是因私废公，是对纪律的不遵守，所以威廉固执地选择在室外淋雨吸烟。

也有许多人会在一定的时候选择倾向于个人情感，而不遵从纪律，因私废公，甚至会造成很严重的后果。三国时期的大将关羽，是个很注重个人感情的人。曹操曾经礼遇关羽，希望关羽能够为自己所用，但是关羽顾念和刘备的情谊，还是过五关斩六将，离开了曹操。时光流逝，到了赤壁之战，曹操战败，一路逃亡，诸葛亮神机妙算，要在华容道埋伏兵马诛杀曹操，这时候关羽主动请战，考虑到关羽注重个人感情，并且曹操有恩于关羽，诸葛亮不主张关羽出战。但是关羽强行请战，并为此立下了军令状，保证诛杀曹操。但是华容道上，关羽念及旧情，不忍心下手，反而放走了曹操，最终曹操得以北归，一代枭雄才能东山再起。

在华容道捉放曹的故事中，可以说就是以私废公的典型，他顾念旧情，不忍杀曹操，就是私的一面，而与诸葛亮立下的必杀曹操的军令状，就是树立的纪律，是公的一面。关羽因私废公，使得曹操在华容道得以生还，错失了消灭曹操的最佳时机，战争的局势也转入了三家鼎立、相互争雄的局面。这就是不遵从纪律而放纵个人情感带来的不良后果。

我们在发展的过程中，一定要确立严明的纪律。对纪律的看重，就会让人忍痛放弃个人情感，而遵从于纪律的约束，进而做到不因私废公。

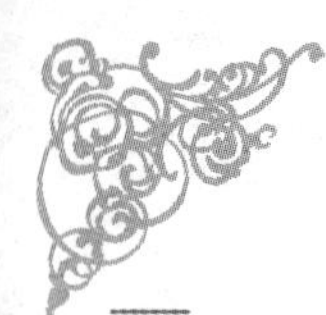

后　记

在人生道路上，成功与个人的努力是密不可分的，更与时代机遇有着千丝万缕的联系。思路决定出路，只要做一个有心人，就能在别人看不到希望的地方，发现闪光的机遇，创造奇迹。在我国几千年历史中，涌现出了一批叱咤风云、扭转乾坤的帝王，这些帝王无不具有一部非凡的传奇，如夜空中的群星般璀璨夺目。他们开创了一代王朝的新纪元和新气象，荡涤着时代，演绎着历史；他们是一个朝代的先锋，挥舞着新政权的猎猎旗帜，翻开了历史的新篇章。解读古代皇帝，剖析中国历史，还原其真实的面目，可以让我们从中学到宝贵的人生经验。

在本书编写过程中，得到了北京师范大学历史学院、北京大学历史学系各级领导的关心和支持，以及安徽师范大学文学院多位教授、博士的悉心指导，在此表示衷心的感谢！还要感谢所有对本书编写给予支持的各位老师和同学！

本书在编写过程中，参考引用了诸多专家、学者的著作和文献资料，谨对这些资料、著作的作者表示诚挚的谢意！有些资料因为无法一一联系作者，希望相关作者来电来函洽谈有关资料的稿酬事宜，我们将按相关标准给予支付。

邮箱：945767063@qq.com　　联系人：姜正成